Hans-Lothar Merten
Markus Schuhmann

VERMÖGEN RICHTIG SCHÜTZEN

Hans-Lothar Merten
Markus Schuhmann

VERMÖGEN RICHTIG SCHÜTZEN

Gefahren erkennen und
Vermögenswerte gegen
Risiken, Forderungen
und Verluste absichern

FBV

Bibliografische Information der Deutschen Nationalbibliothek
Die Deutsche Nationalbibliothek verzeichnet diese Publikation in der Deutschen Nationalbibliografie.
Detaillierte bibliografische Daten sind im Internet über http://dnb.d-nb.de abrufbar.

Für Fragen und Anregungen:
info@finanzbuchverlag.de

1. Auflage 2016

ein Imprint der Münchner Verlagsgruppe GmbH
Nymphenburger Straße 86
D-80636 München
Tel.: 089 651285-0
Fax: 089 652096

Redaktion: Ulrike Kroneck, Georg Hodolitsch
Korrektorat: Hella Neukötter
Umschlaggestaltung: Melanie Melzer
Umschlagabbildung: Geldschein: Spectral-Design/shutterstock.com
Wasser/Himmel: Sergey Nivens/shutterstock.com
Satz: Daniel Förster, Belgern
Druck: GGP Media GmbH, Pößneck
Printed in Germany

ISBN Print 978-3-89879-988-1
ISBN E-Book (PDF) 978-3-86248-919-0
ISBN E-Book (EPUB, Mobi) 978-3-86248-920-6

Weitere Informationen zum Verlag finden Sie unter

www.finanzbuchverlag.de

Inhalt

VORWORT

Vermögen will geschützt sein

Null Wachstum. Null Inflation. Null Zins – Vermögen sind heute nicht nur diesen Risiken ausgesetzt. Das Spektrum reicht von zunehmender staatlicher Repression, systemischen Risiken im Finanzsystem, einer verschärften geopolitischen Gefahrenlage bis hin zu neuen Formen der Cyberkriminalität. Vor diesem Hintergrund ist bei allen Überlegungen zum Vermögensschutz nicht nur ein monetäres, sondern ein umfassendes Vermögens- und Risikoverständnis notwendig. Außerdem muss man verstehen, welche Faktoren den Aufbau von Vermögen begünstigen und welche seinen Bestand gefährden können.

Der Besitz von Vermögen ist in der Regel das Ergebnis eines erfolgreichen Lebenswerks. Den Vermögensbestand gegen Forderungen, Risiken und Verluste zu sichern und selbstbestimmt aus der Hand zu geben, muss beim Vermögensinhaber oberste Maxime sein. Das heißt auch, in Generationen zu denken. Denn eine generationsübergreifende Nachfolgeplanung (»*Estate Planning*«) ist wesentlicher Bestandteil eines nachhaltigen Vermögensschutzes. Ein Vermögensschutz, der nur den Vermögenserhalt zu Lebzeiten des Vermögensinhabers zum Ziel hat und für das Ableben keine Lösungen bietet, kann nicht in seinem Sinne sein.

Im Mittelpunkt jeder Vermögensschutzstrategie steht die Sicherung der finanziellen Werte. Dabei hat sich die Risikoeinstellung von Vermögenden in den letzten Jahren verschoben. Stand früher die Renditemaximierung im Vordergrund, geht es heute verstärkt um einen nachhaltig realen Vermögenserhalt. Die systemischen Risiken, etwa durch staatliche Überschuldung, expansive Notenbankpolitik, schwache Demografie (*Europa*), politische Krisen oder Kapitalverkehrskontrollen (*Zypern*), sind größer geworden. Historisch niedrige Zinsen, dauerhaft schwächere Wachstumsraten und erhöhte Volatilität an den Aktienmärkten sind Merkmale einer neuen »Normalität«. Es ist wenig wahrscheinlich, dass die Renditen in den kommenden Jahren deutlich steigen werden. Vermögende müssen davon ausgehen, dass die Notenbanken die Zinsen noch lange künstlich niedrig halten, da sich die hoch verschuldeten Staatshaushalte anders dauerhaft nicht finanzieren lassen.

Eine neue Art der Vermögensbedrohung bringt das Internet. Im virtuellen Datenverkehr hinterlässt jeder Spuren. Schon einfache Suchmaschinen-Abfragen liefern auch potenziellen Entführern und Erpressern schnell wichtige Anhaltspunkte. Zum erweiterten Sicherheitskonzept für vermögende Familien gehören deshalb auch Präventivmaßnahmen, etwa beim Umgang mit sozialen Netzwerken. Diskretion und Vorsicht sind hier im besonderen Maße geboten.

Optimaler Vermögensschutz ist kein Produkt »von der Stange«. Jedes Vermögen erfordert seine maßgeschneiderte Lösung. Das gilt auch beim Schutz privater Vermögen vor Risiken aus unternehmerischer Tätigkeit. Gläubiger akzeptieren Haftungsaussonderungen auf Rechtsträger, Angehörige, Vermögensverwaltungsgesellschaften oder Stiftungen häufig nicht. Doch die Strategien, Vermögenswerte zu schützen, sind – wie nachfolgende Ausführungen zeigen – nicht auf diese Möglichkeiten beschränkt, sie sind facettenreich und auch mit erschwinglichen Mitteln umzusetzen. Der Einsatz kostenintensiver, gegebenenfalls auch ausländischer Strukturen und Rechtsinstitute ist zum Vermögensschutz im Einzelfall möglich, aber nicht zwingend nötig. Unabhängig davon, dass Vermögensschutz über Offshore-Konstruktionen in den letzten Jahren aufgrund veränderter steuerrechtlicher Bedingungen, eines verstärkten internationalen Informationsaustausches und weitreichender grenzüberschreitender Kontrollmaßnahmen heute nur noch legal möglich ist.

Dabei sollte der Aspekt, dass internationale Gestaltungen zwar legal sind, aber zunehmend als »grenzüberschreitende Grauzonen« verschrien und als aggressive Vermögensplanung angeprangert werden, nicht unterschätzt werden. Die Enthüllungen rund um die Offshore-Leaks à la *Panama Papers* oder *Luxemburg-Leaks* bestätigen das. Vermeintlicher »Enthüllungsjournalismus« kann rasch in Denunziation umschlagen und das persönliche Ansehen der Betroffenen beschädigen. Während dabei gegen das Sozialvermögen Front gemacht wird, liegen Vermögenswerte schnell wie ein verborgener Schatz auf einer einsamen Offshore-Insel.

Nichtsdestotrotz bietet sich der Standort Schweiz nach wie vor für Maßnahmen innerhalb eines Vermögensschutzkonzeptes als rechtlicher Schutzwall innerhalb Europas an. Unser Nachbar ist unverändert eines der sichersten Länder weltweit, etwa für die Aufbewahrung physischer Vermögenswerte wie Gold oder Kunst.

So vielfältig Vermögen sein kann, so vielfältig können auch dessen wirtschaftliche, rechtliche, soziale oder politische Bedrohungen für Bestand und Erhalt sein. Das sind Bedrohungen, die nie isoliert oder vereinzelt verortet, sondern als interdisziplinäre Gemengelage verstanden werden müssen. Auch setzt der Faktor Zeit bei der Risikobeurteilung und dem damit verbundenen Wunsch nach Risikominimierung regelmäßig Schranken. Vermögensschutzplanungen sollten daher frühzeitig angegangen werden, um Chancen und Gestaltungen bestmöglich umsetzen zu können.

Trotz zunehmender globaler Risiken und unsicherer Entwicklungen auf den Finanzmärkten besteht kein Anlass zu hektischem oder vorschnellem Handeln. Es ist jedoch sinnvoll, sich als Vermögender mit Worst-Case-Szenarien auseinanderzusetzen, um durch eine vorausschauende Implementierung entsprechender Maßnahmen jederzeit handlungsfähig zu bleiben. Je seriöser dabei die entsprechenden Maßnahmen sind, desto sicherer und nachhaltiger ist auch der Schutz des Vermögens. Dabei kann ein nachhaltiger Vermögensschutz nur im Rahmen des rechtlich Zulässigen umgesetzt werden.

Dazu gehört auch, die eigene Steuerlast so gering wie möglich zu halten. Denn das Verhältnis des Bürgers zum Steuerstaat ist ein zentraler Bereich des Vermögensschutzes. Selbst nach dem Tod haftet der Staat mit der Erbschaftsteuer am Vermögen seiner Steuerbürger. Steuerminimierende Gesetzesbefolgung ist keine Steuerhinterziehung oder Steuerverkürzung, sie ist Teil des Vermögensschutzes. Nicht der Steuerbürger schafft verfassungswidrige Gesetze oder erfindet Gesetzeslücken. Es ist der Staat selbst. Wer die Möglichkeit, Steuern zu sparen, anprangert, sollte den vermeintlichen Fehler also nicht beim Steuersparer, sondern beim Steuergesetzgeber suchen.

Die nachfolgenden Ausführungen zeigen sowohl auf der Anlage- als auch auf der rechtlichen, erbrechtlichen und steuerlichen Seite Wege auf, wie sich Vermögenswerte im In- und Ausland in allen Lebensphasen und generationsübergreifend schützen lassen. »Vorsicht vor Nachsicht« sollte bei allen Überlegungen zum Vermögensschutz das Motto sein. Insofern ist Prävention das Gebot der Stunde.

München, September 2016

TEIL 1

VERMÖGENSSCHUTZ 2.0

1

Die Entwicklung privater Vermögen

Die Zahl und Höhe privater Vermögen hat sich über die vergangenen Jahrzehnte weltweit stark erhöht. Das weltweite Bruttogeldvermögen stieg von 65,4 Billionen Euro im Jahr 2000 auf 135,7 Billionen Euro Anfang 2015. Allein 2014 nahm es um 7,1 Prozent zu. Erstmals gehören mehr als 1 Milliarde Menschen zur Vermögensmittelklasse. Und die Vermögen werden weiter wachsen. Die verantwortungsbewusste Verwaltung dieser teilweise über Jahrhunderte gewachsenen Vermögen erweist sich als zunehmend komplexer und anspruchsvoller.

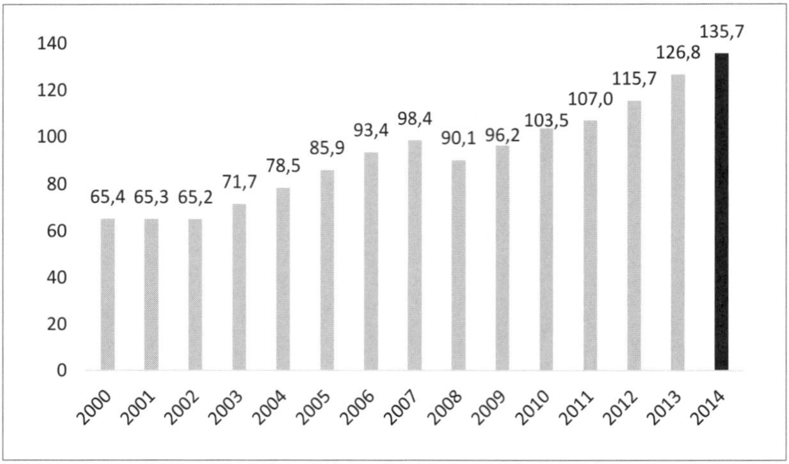

Abbildung 01: Nettogeldvermögen privater Haushalte in Milliarden Euro, Quelle: IMF, WFE, Allianz SE

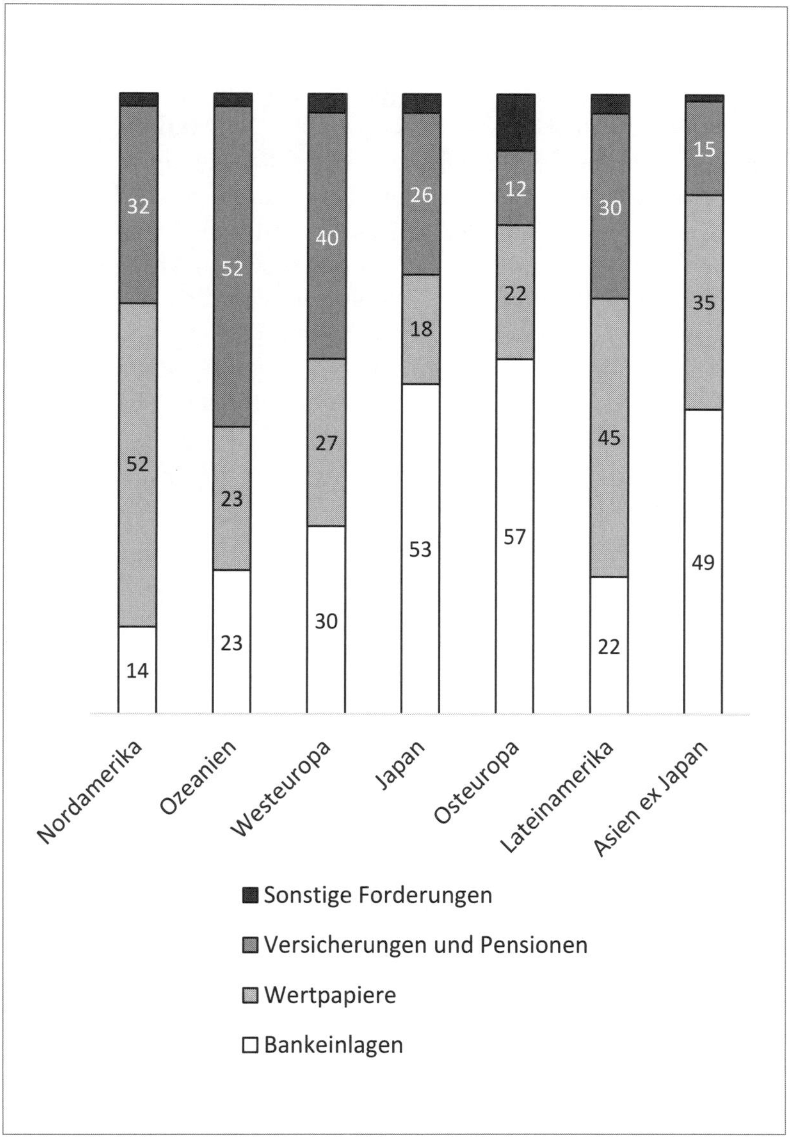

Abbildung 02: Anlageklassen in Prozent des Bruttogeldvermögens, Quelle: Allianz SE

Für Zwecke des Vermögenswachstums bedienen sich Vermögensinhaber einer Vielzahl von Dienstleistern, vor allem Finanz-, Rechts-, Steuer- und Investmentexperten. Die Zusammenarbeit vieler Berater bündelt isoliertes Expertenwissen. Denn nur bei ganzheitlicher Betrachtung des Vermögens im Hinblick auf den Vermögenserhalt lässt sich ein effizienter Vermögensschutz gewährleisten. In Zeiten, in denen die Renditen gedrosselt sind und Nullrunden drohen, gewinnt der Schutz des bereits geschaffenen Vermögens zunehmend an Bedeutung. Im Lichte dessen wird die herkömmliche Vermögensverwaltung ihren Kurs ändern. Vermögen kann nicht einfach vor Anker liegen bleiben, sondern muss gewohnte Fahrwasser verlassen. Ein Umdenken und eine gesamtheitliche Betrachtung des betroffenen Vermögens ist unumgänglich.

2

Der Mensch als Schlüssel und Garant für einen erfolgreichen Vermögensschutz

Vermögensschutz installiert sich nicht von selbst. Er ist immer das Ergebnis einer rechtlichen Gestaltung, die die Folge eines menschlichen Bedürfnisses ist. Hierbei handelt es sich um das Grundbedürfnis nach Sicherheit. Das Sicherheitsbedürfnis ist im Menschen tief verankert. Sein Ursprung kann aus der Entwicklungsgeschichte des Menschen erklärt werden. In einer Zeit weit vor unserem zivilisierten Leben waren die natürlichen Gefahren so mannigfaltig, dass der Mensch nur überleben konnte, wenn er ständig auf der Hut war. Sicherheit bedeutete (Über-)Leben. Mittlerweile hat sich die menschliche Zivilisation weiterentwickelt. Mit dieser Entwicklung entstanden neue, andere Gefahren. Die täglichen Existenzbedrohungen kommen nicht mehr ausschließlich aus der Natur. Was dem Menschen bleibt, ist sein Sicherheitsinstinkt, der tief in ihm verankert ist.

Besonders die westliche Welt neigt dazu, sich gegen alle mögliche Gefahren absichern zu wollen:

- Es werden Versicherungen abgeschlossen, um Risiken eines Einzelnen durch finanzielle Beiträge von vielen zu tragen;
- PKWs erhalten diverse Sicherheitssysteme;
- Lebensmittel werden mit Haltbarkeitsdaten versehen und vieles mehr.

Während der »Urmensch« seinerzeit die Gefahren relativ stringent der Natur zuordnen konnte, muss der Mensch von heute breiter forschen. Ausgangpunkt dieser Analyse ist dabei der Mensch selbst. Im Rahmen einer kritischen Selbstanalyse müssen Risiken und Erwartungen eines jeden Einzelnen bedacht werden. Hierzu gehört es auch, seine Familie, Freunde, sein komplettes »Lebensumfeld« unter die Lupe zu nehmen. Das kann anstrengend und unangenehm sein, ist aber – wie sich noch zeigen wird – zwingend notwendig.

Der Mensch macht es sich selbst nicht leicht. Die persönliche Wahrnehmung wird gehemmt durch das menschliche Phänomen der Verdrängung. Zwar kann sich der Mensch Verdrängung leisten, weil die meisten Gefahren nicht mehr unmittelbar das (Über-)Leben betreffen. Außerdem handelt es sich bei dem psychologischen Phänomen der Verdrängung um einen Abwehrmechanismus. Dieser kann aber dazu führen, dass Risiken ausgeblendet werden, bis eine unerwünschte Gefahr tatsächlich eintritt. Hier kann ein Berater, der nicht aus dem Vermögen, sondern auf das Vermögen und sein Umfeld schaut, abhelfen.

Was bedeutet das?

Die erste Hürde, die der Mensch nehmen muss, um sein Sicherungsbedürfnis Vermögensschutz befriedigen zu können, ist er selbst. Der Mensch selbst ist Schlüssel und Garant für eine erfolgreiche Vermögensschutzplanung.

3

Was bedeutet Vermögensschutz?

In der Vergangenheit konzentrierte sich die Vermögensplanung und Vermögensstrukturierung auf Renditeerzielung. Seitdem die Zeiten für private und unternehmerische Vermögen stürmischer geworden ist, steigt das Bewusstsein für einen nachhaltigen umfassenderen Vermögensschutz. Der reale Vermögenserhalt durch Vermögensschutz gewinnt zunehmend an Bedeutung. Die tradierten Vermögensschutzkonzepte (»Asset Protection«) fokussieren sich auf den bloßen Schutz »des Vermögens« vor dem Zugriff von Gläubigern – wie etwa Geschäftspartnern, Pflichtteilsberechtigten oder dem Finanzamt. Mit »Vermögen« war bislang vor allem das finanzielle Vermögen gemeint. Die meist beworbene Standardformel einer Vermögensschutzplanung lautet daher: »Ohne Eigentum kein Zugriff.«

Wenn man ehrlich ist, muss diese Aussage um einige weitere Aspekte ergänzt werden, denn die Formel ist grundsätzlich mit dem Verlust der Handlungsmacht über den Vermögensgegenstand verbunden. Das ist nicht in allen Fällen erwünscht. Über die wahre Motivlage vieler Gestaltungen lässt sich an dieser Stelle nur spekulieren. Diese Art der Vermögensverlagerung könnte als Vermögensschutz 1.0 beschrieben werden. Doch auf ein solches Vermögensverständnis und eine darauf basierende Strategie lässt sich Vermögen, insbesondere Familienvermögen, nicht reduzieren. Das Programm »Vermögensschutz 1.0« bedarf einer Aktualisierung.

Der »Vermögensschutz 2.0« ist auf den Plan gerufen. Dabei müssen der Begriff Vermögen, die Gefahren, die Ziele und die Schutzmechanismen neu bedacht werden. Denn das Leben bringt viele Gefahren für das Vermögen mit sich. Es geht um weit mehr als nur die Verlagerung von Haftungssummen zum Zwecke des Schutzes vor Gläubigern.

Vorab nur ein kurzes Beispiel: Bis 2020 übergibt die Generation »Wirtschaftswunder« jedes Jahr Vermögen in Höhe von 200 bis 300 Milliarden Euro in Form von Erbschaften und Schenkungen. Der Generationenwechsel ist hierbei die Achillesferse von Vermögen, insbesondere der Familienvermögen. Dieser Prozess erfordert gewaltige psychologische, steuerliche und rechtliche Anstrengungen. Dabei geht es nicht nur um das Endprodukt, sondern auch um den Weg zum geschützten Vermögen sowie um präventive Methoden der Gefahrvermeidung. Für den Vermögensschutz ist es nicht von Bedeutung, ob das Vermögen selbst geschaffen wurde oder als Familienvermögen in der Nachfolge fortgeführt wird. Im Zentrum steht immer der Vermögensinhaber und dessen nachhaltiger Umgang mit seinem Vermögen als eigener Leistung.

Das Thema Verantwortung sollte im Rahmen der Vermögensschutzplanung nicht vernachlässigt werden. Die deutsche Verfassung schützt in Art. 14 Grundgesetz (GG) die Freiheit des Einzelnen, mit seinem Eigentum nach Belieben verfahren zu können – im Rahmen der Gesetze versteht sich. Der gewährleisteten Freiheit steht jedoch auch eine Pflicht gegenüber. Im zweiten Absatz von Art. 14 des Grundgesetzes heißt es kurz und knapp: »Eigentum verpflichtet.« Mit der Zuschreibung von Pflichten ist die Übernahme von Verantwortung verbunden. Das heißt, mit Vermögen ist Verantwortung zu übernehmen. In dieser Aussage verbirgt sich kein tiefrot-sozialistischer Gedanke. Sie soll auch nicht als Einladung zur Umverteilung des privaten Vermögens zum Gemeinwohl verstanden werden. Die Aussage soll vielmehr die Vermögensinhaber ansprechen. Denn vermögende Personen nehmen innerhalb der Familie und der Gesellschaft häufig Führungsrollen ein. Diese erlauben es ihnen, Unternehmertum und Philanthropie zu fördern. *Es geht um den bewussten und verantwortungsvollen Umgang mit Vermögen als eigene Aufgabe.*

Bereits hier wird klar, dass es nicht (mehr) möglich ist, sich auf seinem Vermögen »auszuruhen«. Vermögen aufzubauen, ist harte Arbeit. Ist dies gelungen, ermöglicht Vermögen viel. Vermögen zu erhalten, ist ebenfalls harte Arbeit. Insoweit ist Vermögen »Segen und Fluch« zugleich.

4

Vermögen – was ist das?

Wenn man Überlegungen zum Schutz von Vermögenswerten anstellt, muss man sich zunächst klarmachen, ob und wenn ja, welches Vermögen schützenswert ist.

Grundsätzlich gilt: Jedes Vermögen hat Schutz verdient! Denn jedes Vermögen ist Teil eines Lebenswerks, das es wert ist, fortgeführt zu werden. Und jeder Mensch besitzt Vermögen, auch wenn es sich oft objektiv unterscheidet. Denn Vermögen ist subjektiv zu definieren:

Vermögen ist das, was einem »lieb und teuer« ist. Das ist mehr als nur Reichtum, Besitz und Wohlstand. Vermögen darf also nicht auf das Finanzvermögen reduziert werden. Genauer betrachtet besteht »Vermögen« aus folgenden drei Vermögensarten:

- Finanzvermögen
- Humanvermögen
- Sozialvermögen.

Zum Finanzvermögen gehören die durch Markpreise bewertbaren Vermögensgegenstände wie beispielsweise Geld, Wertpapiere, Immobilien, Edelmetalle und Kunst – unabhängig von der Höhe seines konkreten Werts oder der Zugehörigkeit zum Privat- oder Betriebsvermögen. Zum Human- und Sozialvermögen gehören Vermögenswerte, die man nicht unmittelbar in Geld beziffern kann.

Zum Humanvermögen zählen die einer Person innewohnenden Ressourcen, die einer Person Nutzen stiften können wie beispielsweise Gesundheit, Motivation, Handlungsfähigkeit oder Arbeitsvermögen. Ein weiterer wesentlicher Bestandteil, der nicht in Geld messbar ist, ist der Wert, sich persönlich frei entwickeln zu können. Damit ist vor allem die freie Entfaltung im Rahmen der Rechtsordnung gemeint.

Das Sozialvermögen umfasst all jene Ressourcen, die durch ein dauerhaftes Beziehungsgeflecht des Vermögensinhabers entstanden sind wie beispielsweise Reputation, Familie und Tradition.

Zwischen diesen Vermögensarten bestehen vielfältige, zumeist unterschätzte Wechselwirkungen. So kann einerseits das Finanzvermögen das Human- und das Sozialvermögen beeinflussen. Andererseits können auch das Human- und Sozialvermögen auf das Finanzvermögen Wirkungen zeitigen. Bedrohungen in der einen Vermögensart gefährden somit die Substanz der anderen.

Jedes geschaffene oder fortgeführte Vermögen ist Ausdruck des verfassungsrechtlich gewährleisteten Rechts auf Freiheit in seiner konkreten Ausformung der Eigentumsfreiheit. Diese Aussage ist nicht – wie manche politische Absichtserklärung – als bloßer Programmsatz, sondern als oberste Maxime für die Wertschätzung des Lebenswerks zu verstehen. *Vermögen schützen heißt, Vermögen in seinem Bestand zu sichern und Vermögen nur selbstbestimmt aus der Hand zu geben.*

Dies bedeutet zum einen, Vermögenswerte dadurch zu erhalten, dass sie von substanzvernichtenden Anlagen ferngehalten werden. Auch heißt es, Zugriffen von privater oder öffentlicher Seite im Rahmen der eigenen Gestaltungsfreiheit aus dem Weg zu gehen. Vermögensschutz bedeutet zum anderen, in Generationen zu denken. Die generationsübergreifende Nachfolgeplanung *(»Estate Planning«)* ist ein wesentlicher Bestandteil des Vermögensschutzes. Denn Vermögensschutz, der den Erhalt zu Lebzeiten zum Ziel hat, aber für das Ableben keine ausreichende Lösung bietet, ist keine nachhaltige Sicherung. Damit sind nicht nur die Lehrbuchfälle wie der verschwenderische Schwiegersohn oder das suchtkranke und undankbare Kind gemeint. Die Strategien, Vermögen zu schützen, sind facettenreich und im Grunde auch mit erschwinglichen Mitteln zu bewirken. Der Einsatz kostenintensiver, gegebenenfalls ausländischer Strukturen und Rechtsinstitute ist beim Vermögensschutz nicht zwingend nötig. Maßgeblich ist vielmehr die individuell abgestimmte Vermögensschutzstrategie. Denn der optimale Vermögensschutz ist kein Produkt »von der Stange«. *Jedes Vermögen erfordert seine individuell maßgeschneiderte Lösung.*

Die nachfolgende Darstellung soll das Problembewusstsein für die finanzwirtschaftliche sowie rechtliche Thematik des Vermögensschutzes schärfen und eine Orientierung anhand einzelner Bausteine ermöglichen. Einen nachhaltigen Vermögensschutz kann man nur auf dem sichersten Weg gestalten. Die Frage, ob internationale Gestaltungen empfehlenswert sind, lässt sich daher nicht pauschal beantworten. Der Aspekt, dass internationale Gestaltungen – obwohl sie grundsätzlich rechtmäßig sind – zunehmend als »grenzüberschreitende Grauzonen« verschrien und als »aggressive Vermögensplanung« angeprangert werden, sollte nicht unterschätzt werden. Dies bestätigen die Enthüllungen rund um die Offshore-Leaks à la *Panama Papers* und *Luxemburg-Leaks*. Vermeintlicher Enthüllungsjournalismus kann rasch in Denunziantentum umschlagen, der das persönliche Ansehen der Betroffenen beschädigen kann. Im Worst Case liegt das Finanzvermögen wie ein verborgener Schatz auf einer einsamen Insel, während gegen das Sozialvermögen Front gemacht wird. Bereits hier zeigen sich die Wechselwirkungen der verschiedenen Vermögensarten. Ist das Vermögen noch zu versteuern, wird der deutsche Fiskus schnell seine Ansprüche anmelden. Zudem sind dem Vermögensinhaber aufgrund des Entdeckungsrisikos die Hände gebunden. Dem Vermögensinhaber dürfte wenig geholfen sein, wenn zwar das vorrangige Ziel erreicht ist, durch die Vermögensverlagerung den Zugriff von Gläubigern zu verhindern, jedoch weder er noch seine Nachfolger risikofrei auf das Vermögen zugreifen können.

Vor diesem Hintergrund muss betont werden:

Je seriöser, desto sicherer und nachhaltiger ist der Schutz des Vermögens.

Das vorliegende Buch zeigt Wege auf, die ein Vermögensinhaber in nachhaltiger, sicherer und seriöser Weise gehen kann.

5

Vermögensschutz – So früh wie möglich

Das Bedürfnis, Vermögen zu schützen, kann generationsübergreifend und in sämtlichen Lebensphasen hervorgerufen werden. Zum Beispiel

- wenn einem noch minderjährigen Kind bei der Nachfolgeplanung Vermögenswerte zugewendet werden;
- im jugendlichen Alter, in dem noch nicht die nötige Reife für den Umgang mit Vermögen vorhanden ist;
- im Alter der Familiengründung, wenn eine Ehe eingegangen wird und eigene Kinder nachkommen;
- im Laufe der gesamten beruflichen Tätigkeit, im Renteneintrittsalter, wenn die Altersvorsorge gesichert werden soll;
- im Erbfall, wenn das Vermögen in andere Hände gelegt wird.

Diese beispielhafte Aufzählung zeigt, dass Vermögensschutz am wirkungsvollsten ist, wenn er in sämtlichen Lebensphasen unerwünschte Ereignisse von vornherein abwendet. Dies setzt voraus, dass mit Vermögensschutz begonnen wird, bevor es zu spät ist. Das Motto sollte daher lauten: »Vorsicht vor Nachsicht«.

Dabei ist zu beachten, dass ein nachhaltiger Vermögensschutz nur im Rahmen des rechtlich Zulässigen umgesetzt werden kann. Auch setzt der Faktor Zeit in der Regel Schranken. *Daher sollte mit der Planung frühzeitig begonnen werden, um Chancen und Gestaltungen nicht ungenutzt liegen zu lassen.* Das bedeutet aber nicht, dass Vermögenswerte schutzlos sind, wenn sich ein Risiko für das Vermögen bereits realisiert hat. Auch in Konfliktsituationen kann Vermögensschutz deeskalierende und schadensminimierende Wirkungen entfalten.

6

Vermögensschutz – ein interdisziplinäres Spannungsfeld

So vielfältig das Vermögen sein kann, so vielfältig können auch dessen Bedrohungen sein. Mit dem Ausdruck »Vermögensbedrohung« ist vor allem die Gefahr für den Bestand und den Erhalt des Finanzvermögens sowie die Störung des Sozial- und Humanvermögens gemeint. Bedrohungen können wirtschaftlicher, rechtlicher, sozialer und auch politischer Natur sein. Bedrohungen sollten daher nie isoliert oder vereinzelt betrachtet, sondern als interdisziplinäre Gemengelage verstanden werden.

Aus dieser Gemengelage können sich zudem Wechselwirkungen entwickeln, an die der Vermögensinhaber auf den ersten Blick nicht denkt, was dem persönlichen Blickwinkel geschuldet ist. Denn der Vermögensinhaber wird meist mit allen Emotionen *nur* von seinem persönlichen Standpunkt aus urteilen und nicht neutral auf das Vermögen blicken.

Hier lohnt es sich, sein Blickfeld durch unabhängige Dritte zu erweitern, um so durch die Konzentration verschiedener Sichtweisen einzelner Fachbereiche ein klareres Bild von den Gefahren des jeweiligen Vermögens zu erhalten.. Bei der Auswahl eines solchen neutralen Beraters sollte besonderes Augenmerk darauf gelegt werden, dass die Vermögensschutzanalyse ganzheitlich entsprechend den vorgenannten Anforderungen an den »Vermögensschutz 2.0« vorgenommen wird.

Die ersten Schritte

- Sie selbst sind der Schlüssel und Garant für einen erfolgreichen Vermögensschutz!
- Verstehen Sie unter Vermögen mehr als nur das Finanzvermögen, sehen Sie in Ihrem Vermögen auch das Sozial- und das Humanvermögen.
- Schützen Sie nicht nur Ihr Finanzvermögen; Wechselwirkungen zwischen den Vermögensarten können für böse Überraschungen sorgen.
- Beginnen Sie frühzeitig mit dem Vermögensschutz.
- Scheuen Sie sich nicht vor einer Selbstanalyse. Sie ist Schlüssel und Garant für eine wirksame Vermögensschutzplanung.
- Machen Sie sich klar, was Vermögensschutz bedeutet.
- Verstehen Sie Vermögensschutz als komplexes interdisziplinäres Spannungsfeld.

7

Erwartungen des Vermögensübergebers

Die Beratungspraxis zeigt, dass sich die Erwartungen der Vermögensinhaber hinsichtlich der Entwicklung des eigenen Vermögens geändert haben. Früher standen ausschließlich Renditeerzielung und substanzielle Vermögensmehrung auf der Agenda. Mittlerweile legen Vermögensinhaber immer mehr Wert auf Sicherheit und Schutz des Vermögens. Diesem erweiterten Risikoverständnis muss der Vermögensschutz folgen. Vermögensschutz als ganzheitlicher und interdisziplinärer Ansatz erfordert heutzutage mehr als die bloße Verortung rechtlicher Probleme. Andernfalls wird man die Wechselwirkungen zwischen dem Finanz-, Sozial- und Humanvermögen nicht in den Griff bekommen. Auch an dieser Stelle steht der Vermögensinhaber im Mittelpunkt der Betrachtung.

Nach der kritischen Analyse des Umfelds des eigenen Vermögens müssen die eigenen Erwartungen formuliert werden. Nicht alle Vermögensinhaber und Berater haben das gleiche Verständnis, was den Umfang und den Schutz des Vermögens betrifft. Umso wichtiger ist es, die eigene Erwartungshaltung festzulegen. Daraus sind die Ziele eines jeden Einzelnen zu formulieren. Richtschnur bleibt der jeweils Betroffene selbst. Hierzu gehört es auch, dass erfüllbare Erwartungen von den unerfüllbaren Erwartungen selektiert werden. Unrealistische und überzogene Vorstellungen können einen seriösen und nachhaltigen Vermögensschutz behindern.

Machen Sie sich Gedanken! Was ist Ihnen wichtig?

- Der Erhalt des Familienvermögens, d.h. Schutz vor Wertevernichtern, wie z.B. falschen Vermögensanlagen, oder Schutz vor Vermögenszersplitterung?
- Die eigene Absicherung im Alter oder bei Pflegebedürftigkeit?
- Die Absicherung des Ehegatten oder Lebenspartners?
- Eine gerechte Weitergabe des Vermögens an die nächste Generation?
- Die Sorge um gesunde und behinderte Kinder? Probleme mit Schwiegerkindern?
- Die Vermeidung von Liquiditätsabflüssen durch Pflichtteilansprüche?
- Ein Beitrag für die Gesellschaft?
- Steuergünstige Gestaltung, Vermeidung zu hoher Steuerlast bei der Vermögensweitergabe?

Das Ziel des Vermögensschutzes ist einfach und schnell formuliert: Vermögensschutz muss Vermögen schützen.

Da es für Vermögensschutz keine Einheitslösung gibt und stets eine maßgeschneiderte Lösung erforderlich ist, können auch nicht »die« Ziele formuliert werden. Vermögensschutz kann aber auf folgende fünf Säulen gestellt werden, die möglichst viele Ziele tragen.

Säule 1: Richtige Vermögensanlage – Anlage in Sachwerte und Märkte mit Zukunft

Säule 2: Abschirmung des Vermögens vor Zugriffen Dritter – dabei weiterhin Gewährleistung des wirtschaftlichen Zugriffs auf das geschützte Vermögen

Säule 3: Ausnutzung der rechtlichen Möglichkeiten zur Steueroptimierung

Säule 4: Vermeidung von Familienkonflikten

Säule 5: Nachhaltigkeit

Diese fünf Säulen bilden die Basis für eine optimale Vermögensschutzplanung. Innerhalb der jeweiligen Säule sind die Maßnahmen und Bausteine zusammenzusetzen, die in der persönlichen Situation erforderlich sind. In zeitlicher Hinsicht ist Folgendes zu bedenken: Vermögensschutz ist keine statische, sondern eine dynamische Materie.

- Der Vermögensschutz steht täglich auf dem Prüfstand. Rahmenbedingungen, Lebensbedingungen, Gesetze, Werte und Familien verändern sich.
- Vermögensschutz muss flexibel sein, um auf Veränderungen reagieren zu können.

Dabei darf ein Vermögensschutzkonzept auch Kompromisse enthalten, wenn sich nicht alle Ziele miteinander vereinbaren lassen. Im Wege einer Abwägung ist die größtmögliche Schnittmenge zu ermitteln.

TEIL 2

ALLES, WAS SCHIEFGEHEN KANN, WIRD IRGENDWANN AUCH SCHIEFGEHEN

»Es kommt nicht darauf an, die Zukunft vorauszusagen, sondern darauf, auf die Zukunft vorbereitet zu sein.«

Perikles (490–429 v. Chr.)

Ob Finanzkrise, »Brexit« oder Terrorismus – Investoren brauchen eine schonungslose und umfassende Sicht auf die Risiken in Politik, Wirtschaft und Natur. Die Behauptung, manche Krisen seien nicht vorhersehbar gewesen, ist nur zu oft Rosstäuscherei. Denn es gibt sie, die extrem unwahrscheinlichen Ereignisse mit gravierenden Auswirkungen. Sie verkörpern das Restrisiko, mit dem man nicht rechnen konnte, das aber dennoch eintritt. Der Zusammenbruch der Finanzmärkte infolge der Lehman-Pleite, die Havarie des Atomkraftwerks von Fukushima oder aktuell im Jahr 2016 der sogenannte Brexit sind Beispiele dafür.

Die Schadensstatistiken des weltgrößten Rückversicherers Munich Re sind eindeutig:

- Die Ereignisse werden stärker, sie treten häufiger auf. Der Rhythmus ihres Wiederkehrens wird schneller.
- Nicht nur in der Natur, auch in der Welt der Wirtschaft nehmen Zahl und Frequenz von Katastrophen und Krisen zu.

Während in der Natur der Klimawandel die Wetterereignisse »hebelt«, führt in der Wirtschaft ein stark schuldenfinanziertes Wachstum oder eine zu starke Hebelung über entsprechende Finanzprodukte zu teilweise extremen Ausschlägen. Verstärkt wird das durch eine ausgeprägte Bereitschaft zum Herdenverhalten. Die Folgen:

- Blasen platzen, Börsen brechen ein, Staaten gehen bankrott.

Doch statt dass höhere Gewalt, Pech oder Schicksal die Schuld tragen, fehlt es ganz einfach am Risikomanagement. Wer dann schuldlos von einem Schicksalsschlag getroffen wird, darf auf die Solidarität des Staates hoffen:

- Wenn ein unvorhersehbares Jahrhunderthochwasser Häuser überflutet oder
- ein Geschäftsmodell wegen eines Bebens an den Finanzmärkten implodiert.

In solchen Fällen muss der Staat und damit der Steuerzahler helfen.

Nur selten wird dann die Frage gestellt, warum eine Flussaue als Baugebiet ausgewiesen wurde oder aus welchen Gründen Finanzinstitute und Investoren in hochspekulative Finanzprodukte investiert haben.

War die Finanzkrise wirklich ein derart extremes Pech, wie es die Menschheit in ihrer Geschichte wohl noch nie gesehen hat? Es geht doch wohl eher um blinden Glauben an fehlerhafte Modelle, um übertriebene Risikoneigung, um Gier und um mangelndes Risikomanagement von Banken und Investoren. Selbst wenn man bereit wäre, in der Finanzkrise 2007/2008 einen »Schwarzen Schwan« zu sehen, also ein extrem unwahrscheinliches Ereignis mit gravierenden Auswirkungen, so wäre eine baldige Wiederholung »nur« ein Risikoszenario von vielen. Niemand könnte mehr behaupten, dies sei etwas Unvorhersehbares. Gleiches gilt nach den Anschlägen von Paris, Brüssel, Istanbul und Nizza für weitere große Terrorangriffe auf westliche Metropolen oder für einen erneuten schweren Unfall in einem Atomkraftwerk.

Es handelt sich um Ereignisse, die noch vor wenigen Jahren für unmöglich angesehen wurden, deren Eintrittswahrscheinlichkeit in den letzten fünf Jahren jedoch deutlich zugenommen hat:

- So ist ein Auseinanderbrechen der EU zu einem Risikoszenario geworden, mit dem sich Investoren auseinandersetzen müssen. Nach der Staatsschulden- und Flüchtlingskrise stellen jetzt der Brexit und morgen weitere nationale Fliehkräfte die EU vor eine Zerreißprobe.
- Ein Risiko für die Eurozone ist, dass ihr etwas Ähnliches passiert. Auch könnte nach dem Brexit das Wachstum in der Eurozone in den kommenden drei Jahren bis zu 0,5 Prozent geringer ausfallen als bisher erwartet. Weitere Schwankungen an den Finanzmärkten könnten den Wirtschaftsaufschwung gefährden.
- Gleichzeitig steigen die Schulden in der Währungsunion weiter. Die Verschuldungsquote vieler Euro-Länder ist aktuell wesentlich schlechter als noch 2008. Wenn jetzt eine neue Krise

kommt, weil Italien, Portugal, Spanien und Frankreich den Sparkurs verlassen, geht es erneut um die Zukunft des Euro. Euro-Mitgliedsländern droht, erneut Spielball der Finanzmärkte zu werden.

- In der Union mehren sich Zweifel an der Wirksamkeit des Stabilitäts- und Wachstumspakts.
- Auch eine militärische Konfrontation des Westens mit Russland ist nicht ausgeschlossen. Der Ukraine-Konflikt und der Abschuss eines russischen Kampfflugzeugs durch die Türkei haben gezeigt, dass ein militärischer Konflikt nicht undenkbar ist.
- Selbst Putschversuche sind in Europa ein mögliches Szenario, wie das Beispiel Türkei Mitte Juli 2016 zeigt. Nicht nur, dass deren Präsident Erdogan die Demokratie der Republik in Schutt und Asche legt, die türkische Wirtschaft bleibt wegen ihres hohen Leistungsbilanzdefizits (4,4 Prozent) und der enormen Kosten zur Finanzierung der Auslandsschulden (52 Prozent) des BIP auch anfällig für äußere Schocks. Etwa wenn nach dem Putschversuch Auslandsinvestoren fern und Touristen 2017 und in den Folgejahren ausbleiben.

Dabei ist es noch gar nicht so lange her, dass die Türkei, deren größter Handelspartner Deutschland ist, als Musterbeispiel eines erfolgreichen Schwellenlandes galt. 2010 und 2011 wuchs die Wirtschaft um jeweils 9 Prozent, ausländische Unternehmen investierten Milliarden. Das Land ist auf stete Zuflüsse ausländischen Kapitals angewiesen. Doch die politischen Unruhen verschrecken ausländische Investoren, Kapital fließt ab, die türkische Währung fällt und Investitionen werden auf längere Zeit zurückgehen. Das Wirtschaftswachstum tendiert 2016 gegen null. Nicht nur die politische Lage im Land ist heikel.

Sind Banken und Investoren auf derartige Szenarien vorbereitet? Nur zu oft scheint für sie doch zu gelten, dass nicht sein kann, was nicht sein darf. Banker mögen keine Sanktionen, sie schätzen ökonomische Reaktionen auf politische Vorgänge nicht – sie könnten ja Gewinne kosten.

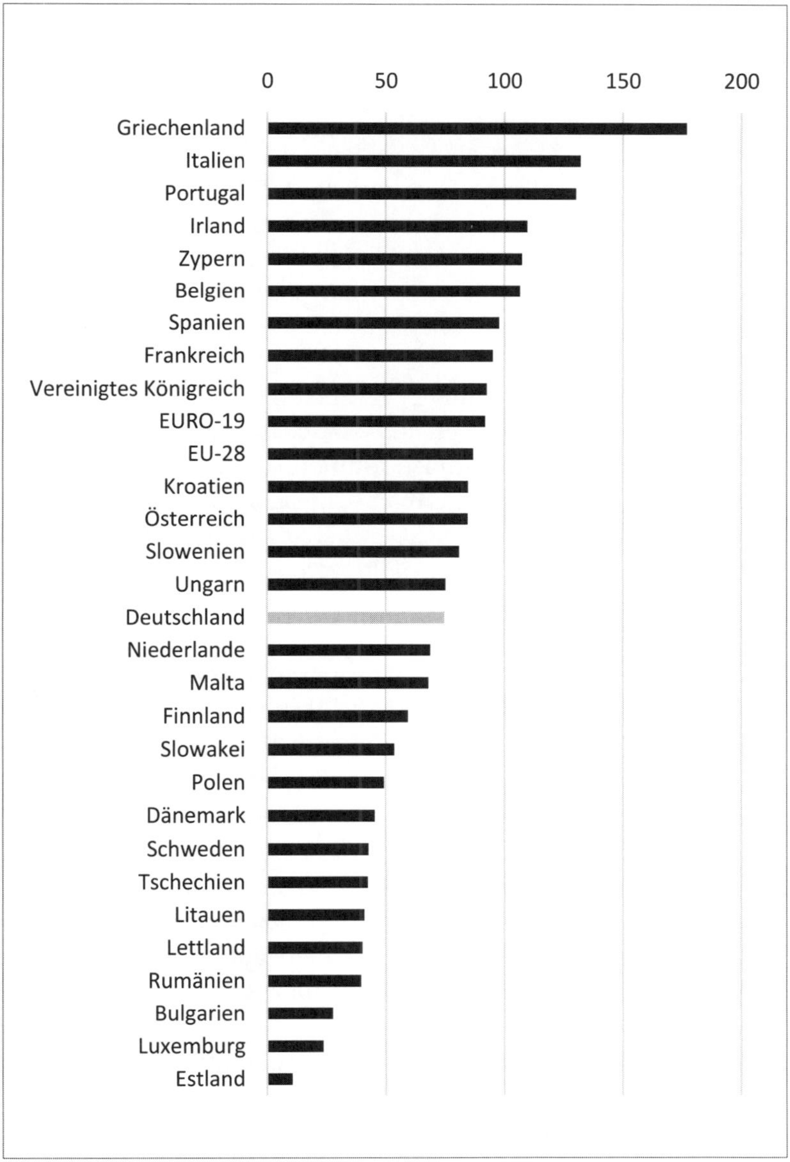

Abbildung 03: Staatsschuldenquoten in der EU, Quelle: Eurostat

Das sind Szenarien mit massiven Konsequenzen, und es ist vielleicht nur eine Frage der Zeit, wann sie Realität werden. Dabei müssen es nicht zwingend Untergangsszenarien sein, auch positive Ereignisse können gravierende langfristige Auswirkungen haben:

- Etwa ein medizinischer Durchbruch, der in der Folge zu einer massiven Erhöhung der Lebenserwartung führt. Eine solche Entwicklung wäre nicht nur ein »Schock« für Gesundheits- und Rentensysteme, sie träfe auch den Wohnungsmarkt, der schon jetzt unter der Flüchtlingswelle ächzt.

- Aber auch ein beschleunigter technologischer Fortschritt kann gravierende Auswirkungen auf Wirtschaft und Gesellschaft haben. Die Innovationen im Zusammenhang mit der Digitalisierung zeigen, wie Entwicklungen Unternehmen überrollen und innerhalb kurzer Zeit ganze Geschäftsmodelle überflüssig werden lassen. Gesellschaften sind von solchen Entwicklungen nicht ausgenommen.

Investoren sollten bei langfristigen Anlageüberlegungen also auch eine realistische Einschätzung von Wahrscheinlichkeit und Auswirkung möglicher, durchaus auch seltener Ereignisse vornehmen.

Die Schwierigkeiten bei der Abschätzung von Eintrittswahrscheinlichkeit, Ereignisauswirkung und Handlungsoptionen dürfen keine Entschuldigung sein, sich mit dem Risiko nicht auseinanderzusetzen. Die Reaktion »Da kann man eh nichts machen« reduziert von vornherein den Handlungsspielraum und kann für Anlageentscheidungen fatale Folgen haben. Nur wenn man das Risiko kennt, kann man entsprechend handeln:

- Handeln bedeutet ein Tun, das das Risiko minimiert oder die Aussicht erhöht, die Folgen des Risikos zu bewältigen.
- Nichtstun bedeutet dagegen, Risiken zu tolerieren und mögliche Auswirkungen zu akzeptieren. Das ist eine »Vogel-Strauß-Taktik«, mit der man als Anleger Glück oder Pech haben kann.

Wenn es darum geht, die Risiken zu bewerten, werden immer wieder zwei Fehler gemacht:

- Erstens wird, rückblickend, eine zu kurze Zeitspanne als Grundlage der Beobachtung gewählt. Nach der Devise: »Was in den vergangenen Jahren oder Jahrzehnten nicht passiert ist, wird auch in den kommenden Jahren nicht passieren.« So wählten einzelne, von der Finanzkrise stark betroffene Finanzunternehmen bewusst eine kurze Zeitspanne und legten sie ihren Anlagemodellen zugrunde, weil es ihnen nützte.
- Zweitens werden aktuell beobachtete Trends vorschnell in die Zukunft extrapoliert. Doch Risikomanagement darf nicht auf den Einsatz von Algorithmen und Prognosetools reduziert werden, seien sie auch noch so ausgefeilt.

Mit der immer leistungsfähigeren Datenverarbeitung ist die Gefahr blinder Modellgläubigkeit in den vergangenen Jahren gestiegen. Doch jedes Anlagemodell geht von Parametern und Variablen aus, die aus bereits Bekanntem abgeleitet sind. Modelle sind damit blind für extrem unwahrscheinliche Ereignisse und deren Auswirkungen.

Für manche Risiken stehen wenige oder keine Informationen in Form von Daten zur Verfügung – etwa bei Risiken aus Zukunftstechnologien und Folgen der zunehmend weltweiten Verflechtung. So haben etwa die finanziellen Abhängigkeiten zwischen Schwellen- und Industrieländern in den letzten Jahren dramatisch zugenommen.

Nach einer aktuellen Analyse des *Internationalen Währungsfonds (IWF)*

> *»… ist heute bereits etwa ein Drittel der Kursschwankungen auf den Aktien- und Devisenmärkten der Industrieländer auf Ereignisse in den Schwellenländern zurückzuführen.«*

Bewährte quantitative Methoden lassen sich somit bei Anlageentscheidungen nur begrenzt einsetzen. Bei der Beurteilung von Investitionsalternativen müssen sich Anleger daher vor allem auf die Einschätzung von Fachleuten und – bis zu einem gewissen Grad – auch auf das eigene »Bauchgefühl« verlassen.

- Es ist daher sinnvoll, psychologische Erkenntnisse zur Urteils- und Entscheidungsfindung bei der Risikoanalyse schwer zu quantifizierender Risiken zu berücksichtigen.
- Darüber hinaus sollten auch Gruppenphänomene berücksichtigt werden. Denn Gruppen neigen zu extremeren Urteilen als Individuen.

Beurteilungs- und Entscheidungsprozesse lassen sich damit so gestalten, dass Verzerrungen reduziert werden und eine größtmögliche Transparenz gewährleistet ist.

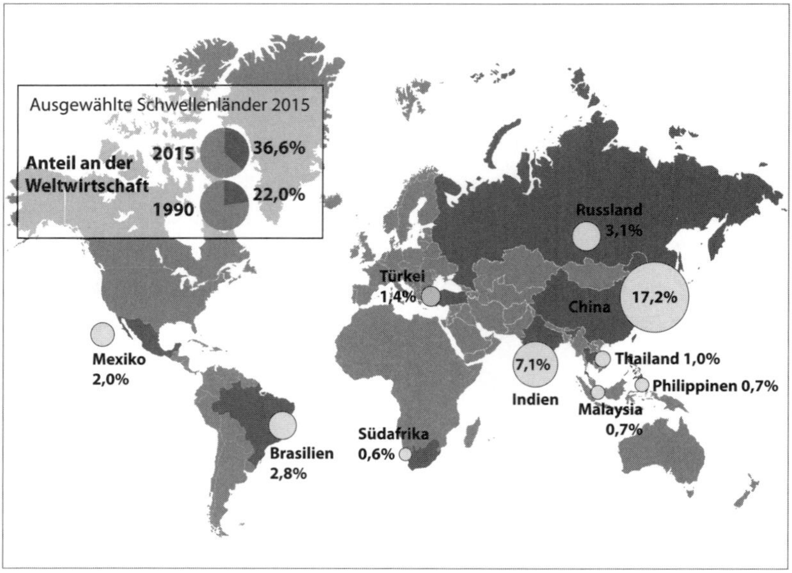

Abbildung 04: Anteil der Schwellenländer an der Weltwirtschaft, Quelle: OECD

Rendite um jeden Preis oder um jedes Risiko ist ein Irrweg. Für Anleger ist es aufs Ganze gesehen besser, einen flacheren, dafür aber konstanteren Renditeweg einzuschlagen.

Stark gehebelte Renditen führen in der Regel unweigerlich zu heftigen Einbrüchen. Die Liste der Beispiele hierfür ist lang, vom Platzen der New-Economy-Blase bis hin zur Immobilienkrise in Spanien.

Die Gesamtbilanz aus kurzfristigem Boom und anschließendem Zusammenbruch ist in aller Regel negativ. Kritisch wird es neben einer zu starken Hebelung auch dann, wenn Rendite und Gewinn jenseits des eigentlichen Geschäftsmodells gesucht werden.

Doch allzu oft wird von Anlegern nur versucht, kurzfristig auf einen Trend aufzuspringen, der goldgräberartige Gewinne verspricht. Das ist ein »Spiel«, das man meist nur teilweise durchschaut und das andere besser beherrschen: Die immensen Verluste, die manche Finanzinstitute und Hedgefonds vor der Finanzkrise 2007/2008 mit Geschäften jenseits ihres eigentlichen Kompetenz- und Aufgabenbereichs gemacht haben, zeigen das Risiko, das sich hinter einem vermeintlich schnellen Gewinn auf unbekanntem Terrain verbirgt.

Um sich gegen falsche Entscheidungen so weit wie möglich zu wappnen, müssen Risiken transparent gemacht werden. Dabei geht es nicht darum, als Investor *keine* Risiken einzugehen, sondern darum, diese bei Anlageentscheidungen *bewusst* einzugehen. Will man dann nicht alles auf eine Karte setzen, sollten Risiken nur so weit eingegangen werden, dass auch im Falle nicht so wahrscheinlicher Ereignisse immer noch ein Puffer bestehen bleibt und man als Anleger nicht unmittelbar am Abgrund steht. Das bedeutet auch, zugunsten eines nachhaltigen und damit langfristig erfolgreicheren Anlagemodells auf das letzte Quäntchen kurzfristiger Marge zu verzichten.

Angesichts niedriger Zinsen, geringer Renditen am Kapitalmarkt und eines niedrigen Wirtschaftswachstums müssen Anleger zwar höhere Risiken eingehen, um noch angemessene Renditen zu erzielen. Doch sollten bei in Aussicht gestellten Renditen immer die »Risiken und Nebenwirkungen« berücksichtigt werden.

1

Fang schon mal an, dir Sorgen zu machen – was Anleger aktuell erwartet

Bei strategischen Anlageüberlegungen spielt die Geldpolitik eine wichtige Rolle. Doch ging es bis zur Finanzkrise nur um den Leitzins, geht es seit 2008 um mehr. Seit 2008 spielt die Politik eine immer größere Rolle, insbesondere in der Eurozone. Die klassische volkswirtschaftliche Analyse wurde teils ersetzt durch einen viel stärkeren Blick auf die Politik und auf den Werkzeugkasten der Notenbanken mit Milliardenprogrammen für Anleihekäufe und Dauerniedrigzinsen. Auch der sogenannte Brexit wird nicht dazu führen, dass sich das Wirtschaftswachstum in der Eurozone verringern wird. Für die EZB wird es schwieriger, ihr Inflationsziel von etwa 2 Prozent zu erreichen. Um das durchzusetzen, wird sie ihr Kaufprogramm ausweiten müssen. Gleichzeitig nimmt der Nutzen dieser Programme rapide ab. Die Geldpolitik ist in einer schwierigen Lage. Doch nichts zu tun, wäre noch gefährlicher. Die Geldpolitik braucht Unterstützung von der Fiskalpolitik und von Strukturreformen, die das Wachstumspotenzial fördern.

Kurzfristig hat der Brexit die Finanzmärkte erschüttert. 5 Billionen Euro hat der Crash die Anleger an den Aktienmärkten nach Berechnungen der DZ Bank gekostet. Das ist eine Summe, die in etwa doppelt so hoch ist wie die jährliche Wirtschaftsleistung Großbritanniens. Statt in Aktien steckten viele Anleger ihr Geld in Staatsanleihen und Gold. Und während alle Welt über die Folgen des Brexit debattiert, verzeichnen die wichtigsten Börsen – auch in Großbritannien – bereits zwei Wochen nach dem Referendum wieder neue Rekordstände. Sind die Anleger verrückt geworden? *Nein, sie fangen an, über die Zukunft Großbritanniens zu spekulieren:*

- Das schwache britische Pfund könnte die Insel zu einem Paradies für Industriebetriebe machen.
- Die neue Regierung könnte auch die Steuern stark absenken und die Finanzmärkte noch mehr deregulieren.
- Am Ende, so die Stimmung an der Börse Mitte Juli 2016, würde der Brexit für das Land doch nicht so schlimme Konsequenzen haben wie anfangs befürchtet.

Doch die Brexit-Verhandlungen mit Brüssel werden lange dauern. Das lähmt die britische Wirtschaft. Sie hat sich im dritten Quartal 2016 deutlich abgeschwächt. Um gegenzusteuern, senkte die Bank of England im August den Leitzins auf ein Rekordtief von 0,25 Prozent, den niedrigsten Stand seit 322 Jahren. Gleichzeitig wurde das Kaufprogramm für Staatsanleihen um 60 Milliarden Pfund auf 435 Milliarden Pfund (514 Milliarden Euro) aufgestockt.

Beim Brexit geht es aber um mehr: Der Bestand der EU ist in Gefahr. Politik und Notenbanken müssen die Dinge, die sie in der EU tun, einfacher machen. Sie müssen besser erklären, was in Europa und im Euroraum passiert. Die EU braucht eine Reform, sonst werden nach Großbritannien weitere Länder die Gemeinschaft verlassen.

Nur ein Wirtschaftsblock Europa mit seinen 500 Millionen Menschen hat die Chance, den offensiven ökonomischen Großmächten USA und China etwas entgegenzusetzen. Europa hat seine Rolle in der Welt noch nicht gefunden, wie sich in den Debatten über das transatlantische Handelsabkommen TTIP zeigt, das angeblich nur amerikanischen Interessen dient und die armen Europäer unterjocht. Europa ist keineswegs schwach, es macht sich aber klein. Der Austritt der Briten aus der EU ist nicht der Weltuntergang, er wird aber einiges verändern. Der Mythos Europa reichte für die Gründung der EU. Ob er aber auch für deren Vollendung reicht, muss sich erst noch zeigen.

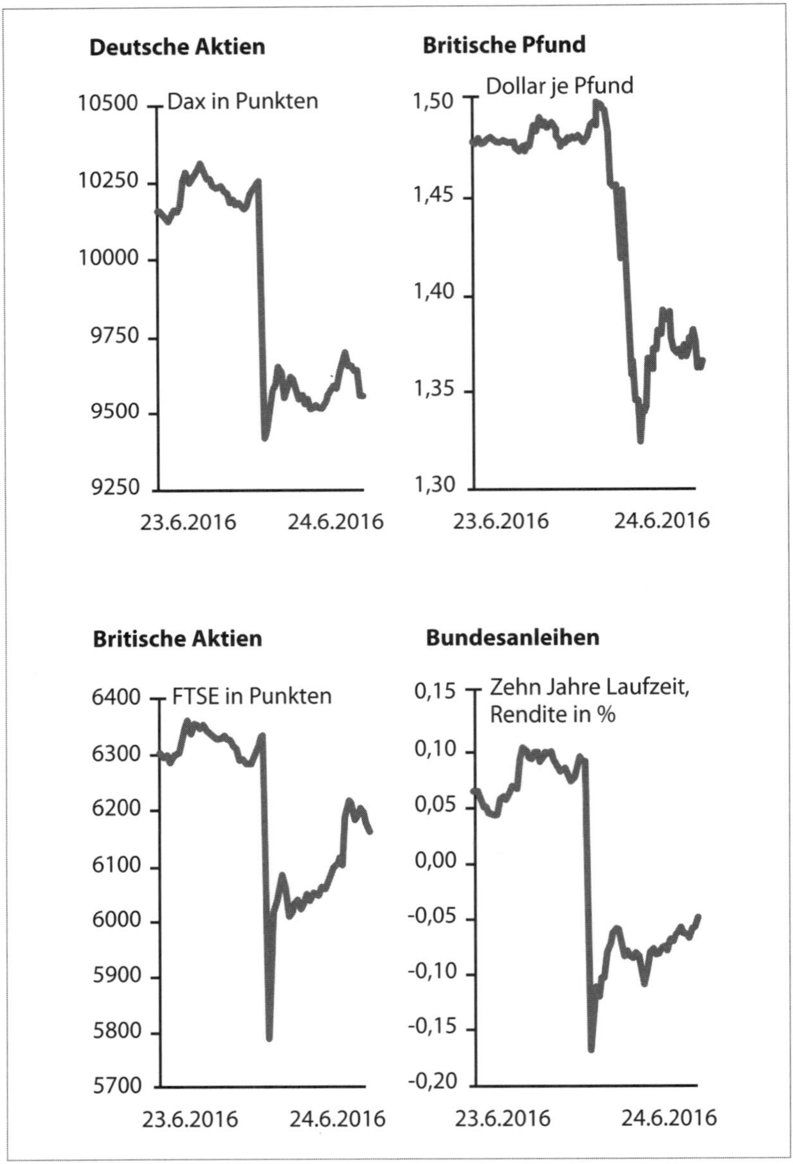

Abbildung 05: Der Brexit erschüttert kurzfristig die Finanzmärkte, Quelle: Bloomberg

Die Auswirkungen des Brexit sind in ihrem vollen Umfang noch gar nicht bekannt, da drohen im Sommer 2016 Italiens Banken mit 360 Milliarden fauler Kredite zu kollabieren. Jetzt rächt sich, dass die italienischen Banken nach der Finanzkrise nie richtig saniert wurden. Eigentlich bräuchten die Finanzhäuser frisches Kapital, doch die Investoren geben nichts, schon gar nicht nach dem Brexit. Italiens Regierung möchte angesichts der prekären Situation die Regeln der Bankenunion kippen und das nationale Bankensystem mit Milliarden aus dem Staatshaushalt retten, obwohl die Regeln der Bankenunion genau dies untersagen. Der Brexit verschlimmert die Lage, weil dadurch das Wachstum in der Eurozone schwächer ausfallen wird als erwartet. Doch weniger Wachstum führt statistisch zu einer höheren Kreditausfallwahrscheinlichkeit und damit zu noch höheren Abschreibungen. Und wie alle anderen europäischen Banken leiden auch Italiens Banken unter der Dauerniedrigzinsphase. Italiens Banken taumeln Mitte 2016. So brach beispielsweise der Aktienkurs der *Banca Monte dei Paschi* im Zeitraum Januar bis Mitte Juli 2016 um 72 Prozent ein.

Was sich 2016 in Italien ereignet, ignoriert völlig, dass Europas Staaten in den vergangenen Jahren mühevoll einen Weg entwickelt haben, wie mit gefährdeten Banken umzugehen sei. Das Konstrukt heißt »Bankenunion«. Diese folgt im Kern einem einfachen und bewährten ökonomischen Prinzip:

- Es haften die Eigentümer und die Gläubiger, wenn eine Bank in Schieflage gerät – und eben nicht die Allgemeinheit. »Bail-in« statt »Bail-out«, dem staatlichen Herauspauken angeschlagener Geldhäuser. Der EuGH hat das Mitte Juli 2016 in einem Urteil bestätigt.

Ein Bruch der Regeln, dass also einmal mehr nicht die *Eigentümer und Gläubiger* haften, sondern die Steuerzahler einspringen, würde das Problem nicht lösen, sondern nur in die Zukunft verschieben. Denn es ist nur eine Frage der Zeit, bis das von staatlicher Seite neu zugeführte Kapital im Umfeld niedrigen Wachstums und niedriger Zinsen durch Abschreibungen wieder verbraucht wäre.

Es ist wieder einmal hoch gefährlich. Wenn es nicht gelingt, Europas Banken endlich zu sanieren und marode Institute abzuwickeln, wird die Krise immer wieder zurückkehren. Wer verantwortlich war für Fehlspekulationen, der sollte auch dafür haften. Und Gläubiger einer Bank sollten zumindest eine Teilverantwortung für das Handeln ihrer Bank übernehmen. Bisher ist es nirgendwo gelungen, mit einer lockeren Geldpolitik robustes Wirtschaftswachstum und zielgerechte Inflation herbeizuzwingen. Es scheint, als wären wir auf dem Weg in die nächste Bankenkrise. Einmal mehr dürfte das den Steuerzahler viel Geld kosten.

Die Bankenkrise in Italien zeigt, dass die Banken in Europa eigentlich noch mehr Kapital vorhalten müssten, um für den Ernstfall gewappnet zu sein. Nur wenn man den Banken, ihren Eigentümern und Gläubigern glaubhaft droht, dass sie im Krisenfall selbst für die Verluste geradestehen müssen, werden sie bei ihren Geschäften (endlich) größere Vorsicht walten lassen. Spekulanten wittern Profite in dem Chaos.

Der europäische Bankensektor leidet darunter, dass er zu groß ist. Es gibt zu viele Institute, zu üppige Zentralen, zu viele Filialen, zu viele Mitarbeiter. Die Kosten sind zu hoch, gleichzeitig werden die Einnahmemöglichkeiten immer geringer. Im Investmentbanking rechnen sich viele Geschäfte nicht mehr, weil sie zu viel Kapital verschlingen. Die Zinsen werden auf Jahre niedrig bleiben, sodass für die Banken eine wichtige Einnahmequelle wegfällt, gleichzeitig machen ihnen junge Finanzfirmen im Basisgeschäft zunehmend Konkurrenz. *Die größte Bedrohung für Europas Banken sind jedoch fehlende neue Geschäftsmodelle.* Fusionen, wie sie aktuell der Deutsche Bank-Chef John Cryan fordert, können allein nicht die Lösung sein, die Banken müssten auch profitabler werden. Größe ist kein Selbstzweck.

Viel spricht dafür, dass die Zinsen auch die nächsten Jahre deutlich unter dem gewohnten Niveau bleiben werden. Es ist nicht ausgeschlossen, dass sich eine neue Normalität zeigt, in der Kapital im Überfluss vorhanden ist, in der jedoch notorisch zu wenig investiert wird. Das Ergebnis wäre dann eine langsam wachsende Wirtschaft, ohne Inflation, aber auch ohne Dynamik.

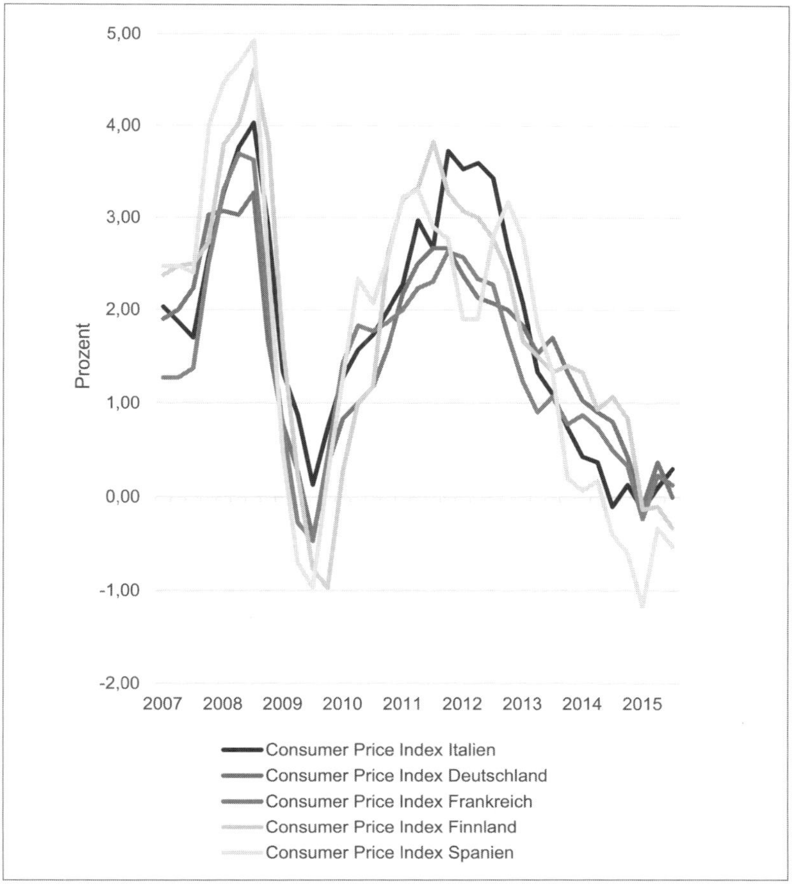

Abbildung 06: Inflation, gemessen am Consumer Price Index (Verbraucherpreisindex), Quelle: Bloomberg

Doch die Niedrigzinsen, über die Anleger und Vermögensinhaber heute klagen, sind nur zu einem Teil von den Notenbanken gemacht. Der größere Teil ist realwirtschaftlich bedingt und eine Folge dessen, dass Unternehmen weltweit zu wenig investieren. Anleger und Vermögensinhaber müssen sich also darauf einstellen, dass Einlagenzinsen nahe null Prozent noch lange die Wirtschaft prägen werden und dass risikolose Anlagen keinen Ertrag bringen. Seit 2010 entgehen deutschen Sparern nach Schätzungen 200 Milliarden Euro Zinsen, die Altersvorsorge leidet gewaltig.

Als Reaktion auf die anhaltende Niedrigzinsphase orientieren sich die Deutschen bei ihrer Geldanlage Mitte 2016 wieder stärker am Ertrag als an der Sicherheit. Im Jahr 2009, in dem die EZB den Leitzins erstmals auf 1 Prozent senkte, gab noch eine Mehrheit von 52 Prozent an, ihr sei Sicherheit bei der Geldanlage wichtiger als ein hoher Ertrag. Seitdem ist dieser Anteil auf aktuell 45 Prozent gesunken.

Vieles in der Welt ist unsicherer geworden. Die Aussichten für Anleger, mit Tagesgeld, Festgeld und anderen konservativen Anlagen Rendite zu machen, sind aktuell nicht gestiegen – wohl aber die Risiken, die sie beim Investieren in alternative Anlagen eingehen müssen. Die Furcht vor einer neuen Finanzkrise wächst weltweit. Die Finanzwelt hat erkannt, dass sie sich derzeit nicht auf die Hilfe der Notenbanken verlassen kann, sie ist auf sich gestellt. Das ist kein Drama, Investoren müssen sich aber daran gewöhnen, dass Notenbanken nicht zaubern können. Mit billigem Geld kann man die Wirtschaft nicht dauerhaft antreiben, weil es sonst irgendwann andere Widrigkeiten gibt:

- Preisblasen, Finanzkrisen, Inflation.

Die Risiken für die globale Konjunktur werden zunehmen. Das begründet sich auch in der Aussicht, dass die amerikanische Wirtschaft schwächer wächst als bisher gehofft. Und schließlich ist alles andere als sicher, dass China die Schuldenlast seiner Staatsunternehmen ohne Schaden für die Weltwirtschaft abbauen kann.

Aber auch die EU-Währungsunion ist in keinem guten Zustand. Die Volkswirtschaften wachsen trotz guter äußerer Bedingungen und der expansiven Geldpolitik der EZB fragil und langsam. Die Regierungen der Euro-Länder sind in einer Art Schockstarre gefangen, die sie lähmt, nötige nationale Reformen auf den Weg zu bringen, um die Währungsunion gegen die nächste Krise zu wappnen.

Die Sorge vor dem nächsten Schock ist Mitte 2016 so massiv gewachsen, dass die deutsche Notenbank es für geboten hält, sich ins politische Geschäft einzumischen. Die Bundesbank fordert, den Euro-Rettungsfonds ESM zu einem Europäischen Währungsfonds auszubauen, mit klaren Zuständigkeiten, klaren Strukturen und klaren Konditionen. Der Vorschlag folgt einer einfachen Logik:

- Wer die Rechnung zahlt, bestimmt auch die Konditionen.

Dazu will die Bundesbank die EZB und die Europäische Kommission von ihren Aufgaben bei der Bewältigung der Staatsschuldenkrisen entbinden. Aus Sicht der Europäischen Kommission liest sich der Vorschlag wie eine politische Entmachtung. Das ist es auch. Die Behörde verliert in den Krisenländern an Einfluss und Mitbestimmung. Aber die Zeiten sind nicht normal. Der Brexit ist beschlossen, in Italien und Portugal kriseln Banken und Regierungen, aus China droht Rezession, aus den Nachbarländern der EU Krieg und Terror. Da ist es nur verantwortungsvoll, dass Staaten, die eine gemeinsame Währung haben, zusammenrücken, um gewappnet zu sein.

Das sind mögliche Entwicklungen, die sich auch auf künftige Renditen von Kapitalanlagen auswirken werden. Während Aktien, Zertifikate und unternehmerische Anlagen wohl die attraktivsten Verhältnisse von Preis und Ertrag bieten, werden Anlagen in Rohstoffe spekulativ bleiben. Auch werden Anleger in den kommenden Jahren mit höheren Schwankungsbreiten bei Kursen und Renditen sowie einer größeren Volatilität rechnen müssen.

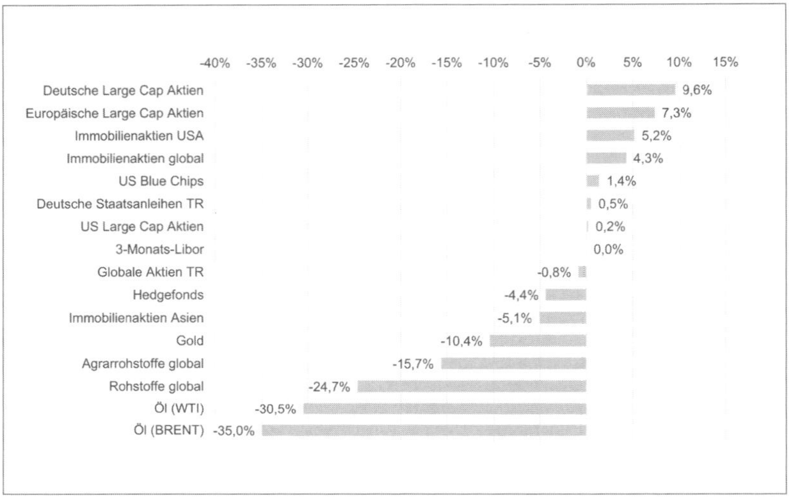

Abbildung 07: Tatsächliche Renditen ausgewählter Anlageklassen 2015 ..., Quelle: Bloomberg, DONNER & REUSCHEL Research

Ausgewählte Anlageklassen	Nominalrendite	Kurs-Gewinn-Verhältnis (KGV)
Deutsche Staatsanleihe	0,20 %	500
Festgeld	0,05 %	2000
Immobilien Deutschland (z.B. Hamburg, München)	2 % – 5 %	20 – 40
Unternehmensanleihe (Investmentgrade)	0,5 % – 1,5 %	70 – 200
Aktien, Zertifikate und unternehmerische Vermögen	3 % – 10 %	11 – 16 (Dax/EuroStoxx)
Rohstoffe/Edelmetalle	keine	spekulativ

Tabelle 01: ... und die Renditeerwartungen, Quelle: DONNER & REUSCHEL

Diesen Herausforderungen müssen sich Anleger zum Schutz ihrer Vermögen stellen. Denn seit Jahrzehnten vertrauen sie ihren Bankeinlagen und Versicherungsverträgen – mit Erträgen, die aktuell gegen null tendieren. Rund 90 Prozent der deutschen Lebensversicherungen sind vom Zinsniveau abhängig. Die Versicherer stecken zu viel Geld in Staatsanleihen und investieren zu wenig in renditeträchtigere Sachwerte wie Aktien, Infrastruktur und Immobilien. Es ist nur eine Frage der Zeit, dass Versicherer die hohen Zinsversprechen der Vergangenheit nicht mehr einhalten können – es drohen Leistungskürzungen.

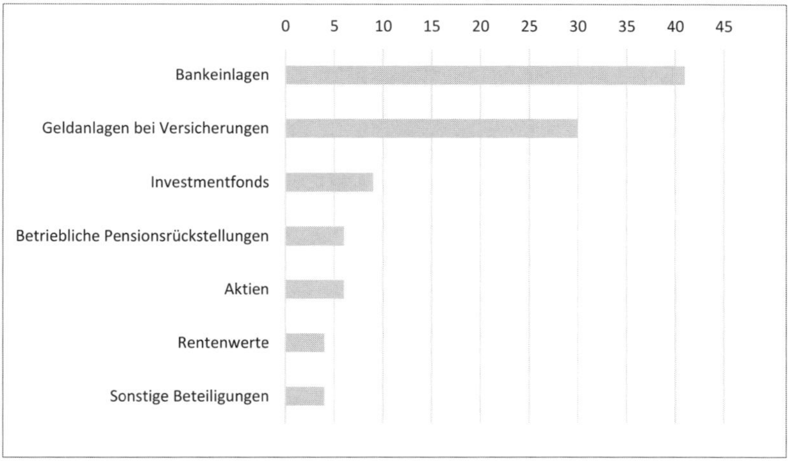

Abbildung 08: Struktur des Geldvermögens der privaten Haushalte, Quelle: Statista

Auch die weltweite Entwicklung der privaten Geldvermögen zeigt, dass konservative Assets wie Bankeinlagen und Versicherungen/Pensionen sich im Zeitverlauf von 2000 bis 2014 anteilmäßig am Gesamtvermögen kaum verändert haben und von Anlegern trotz Niedrigst- oder Nullzinsen immer noch bevorzugt werden.

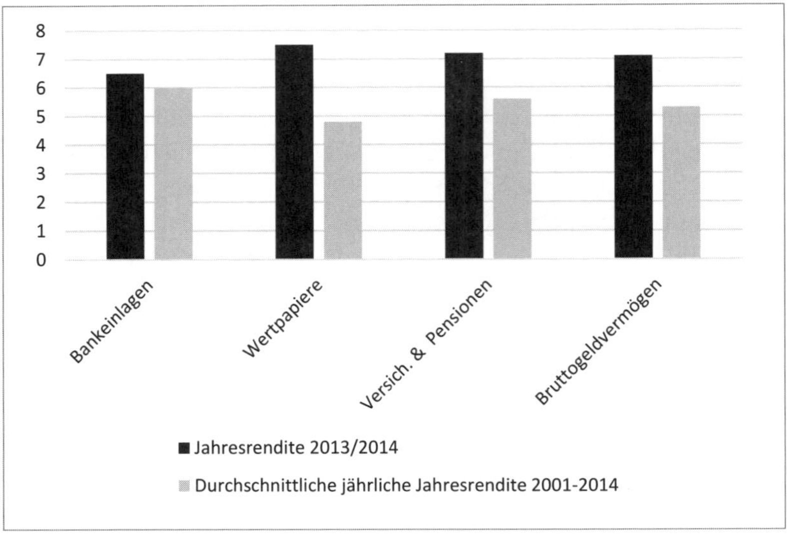

Abbildung 09: Veränderung der Anlageklassen in %, Quelle: Allianz SE

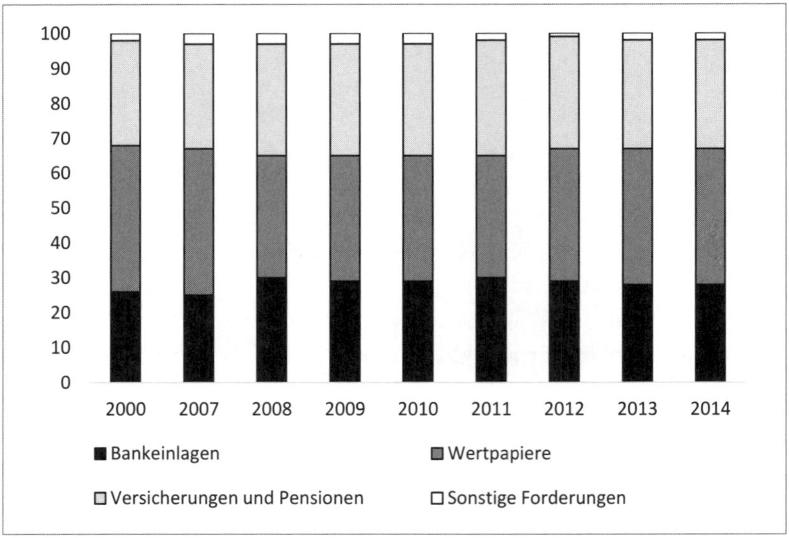

Abbildung 10: Anlageklassen in % des Bruttogeldvermögens, Quelle: Allianz SE

So entwickelt sich beispielsweise ein zum Verbrauch im Rentenalter angehäufter Finanzstock von 3 Millionen Euro bei einer Verzinsungsannahme von 1 Prozent und einer laufenden monatlichen Entnahme von 10 000 Euro im Laufe von 35 Jahren gegen null. Für die Erben bleibt da nichts mehr.

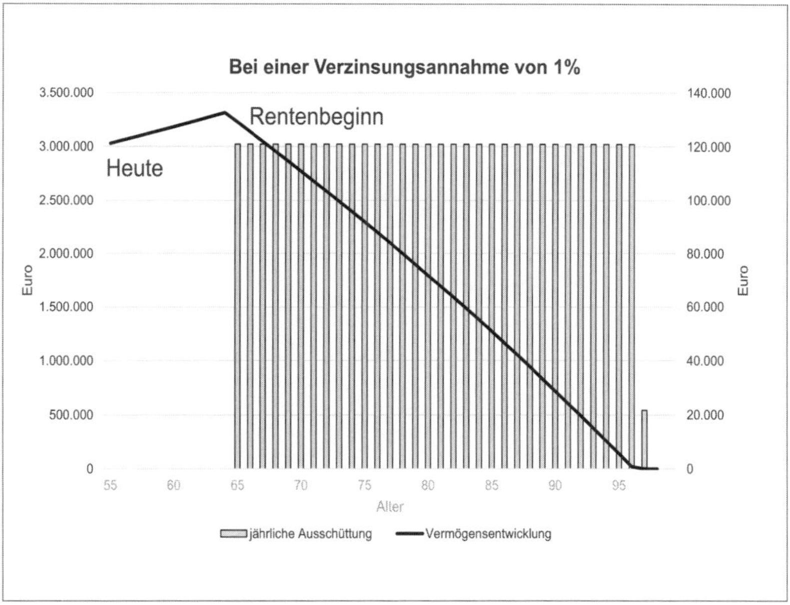

Abbildung 11: Vermögensentwicklung und jährliche Entnahme von 120 000 EUR (10 000 Euro monatlich), Quelle: DONNER & REUSCHEL

Die große Frage ist: Wird die Politik in den Industrieländern einer möglichen neuen Krise so entschlossen entgegentreten können wie der von 2007/2008? Die Banken haben – mit Ausnahme Italiens – richtigerweise ihre Schulden abgebaut, viele Unternehmen schwimmen in Bargeld, aber sie investieren viel zu wenig. Die Schulden des Privatsektors liegen heute bei Notenbanken und Regierungen – das ist die »Supernova«, von der Experten sprechen. EZB, Federal Reserve in den USA und die Bank of Japan haben die

Geldversorgung der Volkswirtschaften ins Extrem getrieben. Jetzt mehren sich die Anzeichen dafür, dass selbst Negativzinsen nicht mehr wirken, um die Konjunktur anzutreiben. Die Politik des billigen Geldes stößt an ihre Grenzen.

Wer 2017 und darüber hinaus Geld an den Finanzmärkten verdienen will, braucht starke Nerven. Dabei gilt der Sicherung und dem Schutz von Vermögen höchste Priorität. Für Anleger heißt das, zu wissen, was uns in den kommenden Jahren noch erwartet und welche Anlageformen langfristig nachhaltig Ertrag und Vermögenssicherung versprechen.

Die Absurdität der aktuellen Zinswelt zeigte sich Mitte Juli 2016, als erstmals in der Geschichte der Bundesrepublik eine Bundesanleihe mit zehnjähriger Laufzeit auf den Markt gebracht wurde, die dem Käufer keinen Zins, sondern einen garantierten Verlust bietet. Jahrzehntelang kauften Anleger Anleihen, weil sie damit sicher 3, 4, in den 1990er-Jahren sogar einmal 9 Prozent verdienen konnten. Selbstverständlich gab es damals auch Inflation. Aber wenn man diese abzog, blieb unter dem Strich immer noch etwas übrig. Und jetzt? Jetzt verlieren Anleger auf jeden Fall, wenn sie die Anleihe bis zur Fälligkeit in zehn Jahren halten. Die Rendite der Anleihe betrug bei Emission minus 0,05 Prozent.

Auch bei Schweizer Anleihen wird ein negativer Zins fällig, für zweijährige Staatsanleihen mittlerweile 1,14 Prozent. Aber auch in Frankreich und den Niederlanden ist die Verzinsung negativ. Etwas Vergleichbares hat es seit Beginn der Aufzeichnungen nicht gegeben. Mittlerweile notieren Staatsanleihen im Wert von rund 10 Billionen Euro mit einer Rendite von unter null. Nur noch lange Laufzeiten bringen bei Bundesanleihen Zinsen.

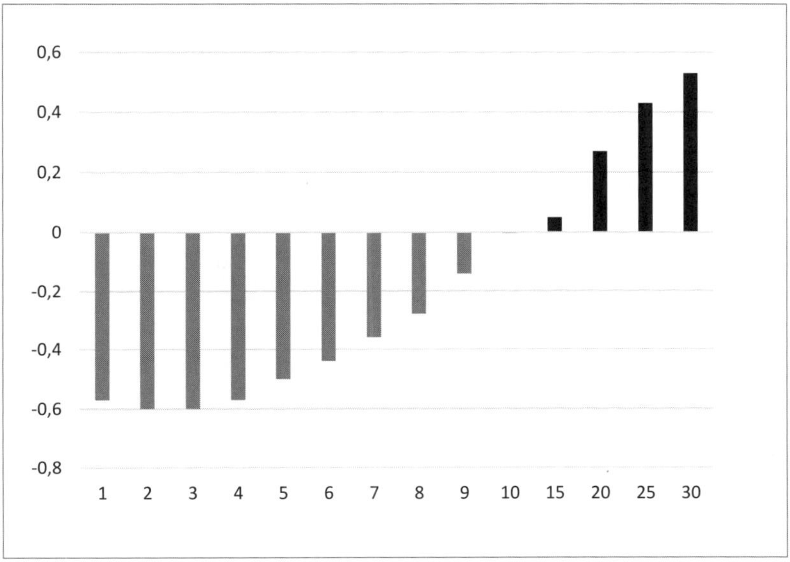

Abbildung 12: Nur noch lange Laufzeiten der Bundesanleihen bringen Zinsen (Laufzeit in Jahren, Renditen in %), Quelle: Finanzagentur

> Für Privatanleger sind Bundesanleihen wegen der negativen Renditen zwar schon länger keine sinnvolle Anlageklasse mehr, aber die Emission eines Papiers ohne Zins setzt dieser Option endgültig den Sargnagel. Und ein Ende der verrückten Zinswelt ist vor allem in Europa nicht in Sicht.

Mit Staatsanleihen aus Industrieländern sind ordentliche Zinsen also auf mittlere Sicht nicht mehr zu erzielen. Selbst die zehnjährige *spanische Staatsanleihe*, die nur denen als sicher gelten kann, die an eine gemeinsame europäische Haftung glauben, wirft gerade mal 1,5 Prozent ab. Eine *Laufzeitenverlängerung* bei Investitionen in Staatsanleihen hoher Bonität bzw. das Ausweichen auf Anleihen von Staaten mit niedriger Bonität, aber höheren Renditeversprechen können in gewissem Maße Abhilfe schaffen, sollten aber stets im Bewusstsein der damit verbundenen zusätzlichen Risiken erfolgen.

Die aktuelle Nullzinspolitik entwertet das Sparvermögen und verleitet zu Fehlallokationen. So nehmen beispielsweise US-Unternehmen vermehrt Kredite auf – nicht um zu investieren, sondern um eigene Aktien zurückzukaufen. Statt Tausende von Milliarden in zins- und substanzlose Staatsschulden zu investieren, sollten die Notenbanken das Geld lieber zum Kauf von Aktien verwenden. Damit würden sie in Substanz investieren und sich an der wirtschaftlichen Wertschöpfung beteiligen. Auch würde das Kursniveau steigen und die Aufnahme von Eigenkapital begünstigt.

Auch die Renditen von *Unternehmensanleihen* tendieren gegen null. Erschwerend kommt hinzu, dass die EZB seit April 2016 auch Unternehmensanleihen kauft.

Die Folge davon ist: Die Rendite sank im iBoxx-Euro-Corporate-Index im Durchschnitt von 1,66 auf 1,35 Prozent. Inzwischen gibt es zahlreiche Unternehmensanleihen, die mit negativen Renditen handeln, etwa die der Schweizer Konzerne Nestlé und Sanofi. Auch bei einer im April 2016 begebenen Allianz-Anleihe wurde der Zinskupon auf null gesetzt.

Bei Unternehmensanleihen sollten Anleger jedoch die Ausfallrisiken nicht nur theoretisch sehen. Prominente Ausfallbeispiele sind das Automobilunternehmen General Motors oder die Investmentbank Lehman Brothers. Bekanntes deutsches Beispiel ist die Baumarktkette Praktiker. Das Unternehmen hatte im Februar 2011 eine Anleihe mit einem Volumen von 250 Millionen Euro und einem Kupon von 5,875 Prozent bei fünfjähriger Laufzeit ausgegeben. Im Juli 2013 ging das Unternehmen in die Insolvenz, in deren Folge auch die Investoren der Anleihe keine Zahlungen mehr erhalten haben. Für Anleger ist das Ausfallrisiko bei einer Investition in Unternehmensanleihen ein zentraler Faktor, den es zu berücksichtigen gilt. Rating-Einstufungen und Spread-Entwicklung – sie spiegelt die Erwartungen der Marktteilnehmer wider – sollten daher berücksichtigt werden. *Eine Investition in Unternehmensanleihen sollte aufgrund des Risikos immer über ein breit diversifiziertes Portfolio erfolgen.*

Anleihen in Schwellenländern bieten eine Alternative, da deren Rendite auch in US-Dollar oder Euro vergleichsweise höher ist. Spannende Alternativen können Anleihen in Emerging-Market-Währungen sein. Deren Verzinsung liegt teilweise im hohen einstelligen Bereich oder – wie zum Beispiel Brasilien – bei über 13 Prozent. Allerdings sollte man die damit einhergehenden Risiken genau analysieren und schauen, inwiefern diese auch in den mit den Anleihen korrespondierenden Währungen bereits berücksichtigt sind.

Die historischen Tiefststände der Renditen bei Staats- und Unternehmensanleihen rücken *Aktien* in den Fokus der Investoren. Investoren, die in erster Linie an laufenden Erträgen interessiert sind, werden durch die im Vergleich zum Kapitalmarktzinsniveau attraktive Dividendenrendite angezogen. Denn um Renditechancen von 4 und mehr Prozent zu ergattern, müssen sich Anleger schon am Aktienmarkt umsehen.

Ob Finanzkrise, Börsenturbulenzen, harte Korrekturen wie in 2015 – Aktien haben sich in den zurückliegenden zehn Jahren gut geschlagen. Dabei weiß man, dass an der Börse sowohl wesentlich höhere Renditen zu erzielen sind als auch gallebittere Verluste. Doch bei einem langen Anlagehorizont schlagen Aktien alle anderen Anlagen. Rückblickend konnten Anleger seit 1970 durchschnittlich 7 Prozent Rendite pro Jahr erzielen, wenn sie Aktien mindestens 14 Jahre hielten, und 8 Prozent, wenn sie sie noch länger besaßen. Auf lange Sicht sind Aktien zwar rentabler als andere Anlagen, sie sind aber auch riskanter, weil die Kurse kurzfristig stark fallen können, wie die Tage nach dem Brexit-Referendum gezeigt haben. Aktienanleger sollten also Geduld haben.

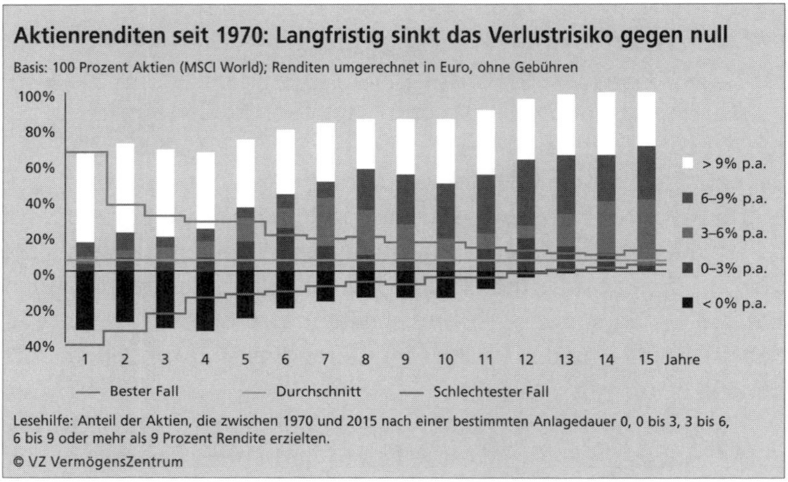

Abbildung 13: Anlagerenditen seit 1970, Quelle: VZ VermögensZentrum

Aber auch die Renditeprognosen für die kommenden 15 Jahre sind aus Expertensicht gut, wie nachfolgendes prozentuales *Chancen-Risiko-Profil* der Investmentboutique Star Capital zeigt. Die Werte für das durchschnittliche *Renditepotenzial* (inflationsbereinigt und pro Jahr) der einzelnen Regionen und für das *Rückschlagpotenzial* (inflationsbereinigt) basieren auf der aktuellen Bewertung der verschiedenen Aktienmärkte (Stand Mitte 2016). Sie sind abgeleitet aus historischen Werten für Börsenphasen mit vergleichbaren Bewertungen. Das Gleiche gilt auch für die Ermittlung des Worst-Case-Szenarios:

Region	Rendite-potenzial	Rückschlag-potenzial	Rückschlag-potenzial historischer Worst Case
USA	4,3	- 18	- 59
Europa	6,9	- 12	- 59
Deutschland	6,6	- 14	- 59
Industriestaaten	6,1	- 18	- 59
Asien ohne Japan	7,2	- 12	- 59
Emerging Markets	8,1	- 12	- 56

Tabelle 01: Quelle: Star Capital

Aktien sind als Eigenkapitalanteil an einem Unternehmen nicht unmittelbar vom niedrigen Zinsniveau betroffen. Bei genauerer Betrachtung lässt sich aber ein positiver Einfluss niedriger Zinsen auf Unternehmen und ihre Bewertung feststellen. Ein zukünftiger Anstieg des allgemeinen Zinsniveaus kann jedoch negative Auswirkungen auf die Unternehmensgewinne und in der Konsequenz auf die Börsenbewertung von Unternehmen haben.

Anleger sollten sich bei einer Investition am Aktienmarkt des Rendite-Risiko-Profils bewusst sein und die Gewichtung innerhalb ihres Gesamtportfolios unter Berücksichtigung ihrer Risikotoleranz sowie ihrer Risikotragfähigkeit bestimmen. Im Rahmen einer Gesamtstrategie sollten Aktien jedoch eine wichtige Rolle in einem langfristig ausgerichteten Portfolio spielen. Kurzfristig sind Aktien mit hohen Risiken behaftet.

Generell sollte ein Aktienportfolio aus Risikoüberlegungen über verschiedene Regionen und Branchen gestreut werden. Risiken, die sich durch Änderungen von Wettbewerbsbedingungen, Rohstoffpreisen und Wechselkursen ergeben, können so zumindest reduziert werden. Die Aktienauswahl sollte aber auch mit Themen und Trends, die sich positiv auf das Geschäftsmodell von Unternehmen auswirken, verknüpft werden. Als wichtigstes Kriterium für die Einzelauswahl eines Unternehmens gilt die Wettbewerbsfähigkeit, die sich in innovativen Produkten und Dienstleistungen bzw. Kostenführerschaft manifestiert. Im gegenwärtigen Niedrigzinsumfeld spielen zunehmend die Dividendenrendite sowie eine stabile Ergebnisentwicklung eine Rolle. Dabei sollte man nicht die absolute Höhe der Dividende als Entscheidungskriterium heranziehen, sondern die Nachhaltigkeit der Dividende bzw. auch das Dividendenwachstum beachten. *In Zeiten, in denen der Zins abgeschafft ist, gewinnt die Dividende an Bedeutung.*

Wer die Chancen maximieren, die Risiken aber minimieren will, kauft *Zertifikate* oder sogenannte *Hybride.* Ein solches Mischwesen ist beispielsweise ein *Discountzertifikat.* Damit erwerben Anleger einen Basiswert wie etwa den Dax zu einem Discount. Gleichzeitig bestimmt der Discount die Renditechance und wirkt wie ein Risikopuffer gegen fallende Kurse. Eine andere Möglichkeit, die Chancen zu nutzen, die der Aktienmarkt bietet, und gleichzeitig die Gefahren zu bannen, die er von Natur aus stets heraufbeschwört, ist der Einstieg in *börsengehandelte Fonds* (Exchange Traded Funds, ETFs), die kaum Gebühren kosten und substanzstarke Aktien umfassen sollten, die hohe Ausschüttungen erwarten lassen. Auch *Memory-Express-Zertifikate* haben sich bewährt. Damit erhalten Anleger einen Zinskupon, also einen Anspruch auf einen festen Zins, wenn sich das Zertifikat stabil entwickelt und zu einem vorher festgelegten Stichtag über einer bestimmten Kursschwelle beispielsweise im Euro Stoxx 50 liegt.

Natürlich gibt es keine sicheren Aktien. Aber mit der richtigen Auswahl und einem vernünftigen Sortiment lässt sich das Risiko auf ein Mindestmaß begrenzen. Eine ordentliche Dividende ist dabei die Sahnehaube im aktuellen Nullzinsumfeld. Doch neben der Dividendenrendite sollten Anleger immer auch die Perspektive eines Unternehmens im Blick haben. So haben etwa die bis vor Kurzem noch für sicher gehaltenen Unternehmen RWE und EON

(2015: 5,8 Prozent) auch sehr ordentliche Dividenden gezahlt und stecken jetzt heillos in Schwierigkeiten. Die durchschnittliche Dividendenrendite im Dax liegt bei über 3 Prozent. Pfiffige Anleger behalten daher nicht nur die aktuelle Dividende im Blick, sondern bewerten auch die Gewinnaussichten für die nächsten Jahre. Stimmen beide Perspektiven, heißt es: kaufen.

Kurzfristig betrachtet, sind Aktien die schwankungsanfälligste Assetklasse. Langfristig gesehen sind sie jedoch die stabilste. Egal, welchen Zeitraum man betrachtet, ob von 1926 bis 2016 oder vom Ende des Zweiten Weltkriegs bis heute: Im Schnitt betrug die Rendite fast immer 6,7 Prozent pro Jahr.

Ob in den USA oder in Europa, in jedem Land der Welt sind die inflationsbereinigten Erträge aus Aktien langfristig positiv. Überall haben sie besser abgeschnitten als Anleihen. Und obwohl die aktuellen Aktienkurse in den USA, Europa und Asien im historischen Vergleich hoch sind, sind sie sehr niedrig in Relation zu den Zinssätzen. Dabei sind europäische Aktien im Vergleich zu amerikanischen Papieren derzeit 15 bis 20 Prozent billiger. Schaut man fünf bis zehn Jahre voraus, kann man wohl währungsbereinigt von höheren Erträgen in Europa ausgehen. Dabei darf man aber nicht vergessen, dass das Wachstum in Europa immer noch schwach ist und es zu weiteren Krisen kommen kann. Das macht europäische Aktien in jedem Fall schwankungsanfälliger und damit preisgünstiger.

Damit Währungsschwankungen die Renditen von Aktien nicht überlagern, ist eine Absicherung über ETFs sinnvoll. Das gilt umso mehr, wenn Portfolios international ausgerichtet sind und Währungsschwankungen häufig plötzlich und ohne Vorwarnung auftreten. Doch ob kurzfristige Schwankung oder langfristige Entwicklung: *Ein steigender Kurs der Heimatwährung des Investors kann die Portfoliorendite empfindlich treffen.*

Das gilt sowohl für Aktienportfolios als auch für andere Anlageklassen. Durch eine Währungssicherung kann das ausgeschlossen werden. Besonders effizient und transparent lässt sich das mit physisch replizierenden währungsgesicherten ETFs erreichen. Diese Produkte investieren direkt in die im jeweiligen Zielindex enthaltenen Aktien. Derivate kommen dabei ausschließlich für die Umsetzung der Währungssicherung zum Einsatz. Investoren können mit einer breite Palette von Indizes in den wichtigsten Weltwährungen gegenüber dem Euro absichern. Verfügbar sind sowohl Aktien-ETFs als auch Anleihen-ETFs mit Währungssicherung.

An den Devisenmärkten dürfen Investoren jedoch nicht auf eine systematische Prämie dafür hoffen, dass sie sich diesem Währungsrisiko aussetzen – anders etwa als an den Aktien- und Anleihemärkten. Dort schlägt sich höhere Unsicherheit meist in niedrigeren, also attraktiveren Bewertungen (Aktien) oder höheren Renditen (Anleihen) nieder. Bei Wechselkursen dagegen steigt nur die Schwankungsbreite. Durch eine Währungsabsicherung lassen sich derartige unerwünschte Störeffekte ausschließen.

Eine Möglichkeit zur Implementierung einer Währungsabsicherung ist beispielsweise der Einsatz von auf einzelne Regionen bezogene Portfoliobausteine, die ihrerseits gegen Schwankungen der Wechselkurse der wichtigsten Währungen abgesichert sind.

Geld, das Sie voraussichtlich erst in zehn, 15 oder 20 Jahren brauchen oder das Sie Ihren Erben weitergeben wollen, ist in Aktien gut angelegt – und die Risiken Ihres Depots sind breiter gestreut. Wen Aktien langweilen und Anleihen ermüden, der kann sich mit Zertifikaten vitalisieren und auf Dividenden und Rohstoffe wetten.

2

Was Anleger in der Zukunft erwartet

Die Welt befindet sich in einem immer schnelleren Wandel. Dabei beeinflussen sich die politischen, gesellschaftlichen, technologischen und wirtschaftlichen Veränderungen gegenseitig – mal verstärkend, mal bremsend. Diese Veränderungen werden immer komplexer und immer weniger greifbar. Das gilt umso mehr, als sie teils weit in die Zukunft reichen, betrachtet man den demografischen Wandel, gilt das sogar generationenübergreifend. *Vermögensschutz heißt daher auch, Kapital in die Anlagesegmente zu investieren, die nachhaltig Stabilität und Aussicht auf Erfolg für Vermögen versprechen.*

Aktuell spricht die Struktur des Geldvermögens privater Haushalte in Deutschland in Höhe von 5,4 Billionen Euro nicht für einen optimalen Vermögensschutz – im Gegenteil:

- Rund 40 Prozent des Geldvermögens liegt bei Banken und Sparkassen als Sicht-, Termin- und Spareinlagen sowie als Sparbriefe – in der Regel zinslos.
- 3,8 Prozent sind in Anleihen geparkt – in der Regel zinslos.
- 36,8 Prozent sind gering verzinst bei Versicherungen geparkt.

Nur die restlichen knapp 20 Prozent in Form von Aktien, Fonds und sonstigen Anteilsrechten versprechen den Vermögensinhabern mehr oder weniger hohe Renditen. Um Vermögen jedoch langfristig zu schützen, sollte – neben dem illiquiden Vermögen wie Immobilien, Kunst, Unternehmensanteile – das liquide Vermögen gleichmäßig in Zins- und Sachwerte angelegt werden, vorwiegend in Anleihen und Aktien mit einer breiten Streuung.

Mit Ausbruch der globalen Finanzkrise 2007/2008 ist es an vielen Vermögensmärkten zu teils erheblichen Verwerfungen gekommen. Auch hat sich im Zuge der europäischen *Staatsschuldenkrise* gezeigt, dass selbst als sicher geltende Staatsanleihen einem *Ausfallrisiko* ausgesetzt sind. Dazu kommen die unkonventionelle Geldpolitik von Fed, EZB und anderen Notenbanken sowie der Brexit von Großbritannien.

Angesichts dieser Entwicklungen müssen sich Anleger die Frage stellen, wie das eigene Vermögen vor den gestiegenen Risiken geschützt werden kann. Investitionen in *Sachwerte* sind eine Möglichkeit. Sie sind vergleichsweise stabil, schützen (irgendwann wieder) vor Inflation und ihre Wertentwicklung korreliert nur gering mit anderen Assetklassen.

Langfristig werden Vermögenspreise durch sogenannte fundamentale Faktoren bestimmt. So reflektieren etwa Immobilienpreise den demografischen Wandel und die allgemeine Einkommensentwicklung. Kurzfristig können Märkte aber durch Herdenverhalten und durch sich selbsterfüllende Prophezeiungen übertreiben, also Preisblasen entstehen. Und jedes Sachwert-Segment weist Besonderheiten auf, die Anleger kennen sollten, um bei Investitionserwartungen nicht enttäuscht zu werden.

2.1 Sachwerte mit Zukunft

Rohstoffe

Ein Rohstoffinvestor braucht vor allem zwei Dinge: einen langen Atem und gute Nerven. Ein wesentliches Charakteristikum von Rohstoffzyklen liegt in deren extremer Länge von bis zu 40 Jahren. Momentan befinden wir uns im vierten Rohstoffzyklus, der im Jahr 2000 begonnen hat. Industriell genutzte Rohstoffe sind nicht wirklich knapp. Es ist nur eine Frage des absoluten Preisniveaus, wann und wie die vorhandenen reichhaltigen Ressourcen erschlossen und verfügbar gemacht werden. So droht Südafrika beispielsweise 2016 in die Rezession abzurutschen, weil die Rohstoffpreise etwa für Kohle und Palladium und die Nachfrage aus China massiv eingebrochen sind. Aber auch die Unternehmen der Rohstoffbranche leiden unter den niedrigen Preisen. Ihre Aktienkurse sind im Zeitraum von Januar 2015 bis September 2016 dramatisch gesunken, Dividenden sind für die Aktionäre vielfach nicht in Sicht. Das wird kein Dauerzustand sein. Für Anleger können sich hier in den kommenden Monaten attraktive Einstiegskurse für Rohstoffaktien bieten.

Nicht viel besser ergeht es nordamerikanischen Firmen, die auf die Erdölgewinnung mit Hilfe der Fracking-Methode setzen. Hierbei zeigt sich, dass sich der Abbau für die Unternehmen erst dann lohnte, als die Preise für Erdöl ein bestimmtes Niveau erreicht hatten. Das damit steigende Angebot vor allem in den USA und Kanada und eine weiterhin weltweit hohe Erdölproduktion haben dann – wie schon in den 1970er-Jahren – die Wende zu wieder fallenden Ölnotierungen gebracht.

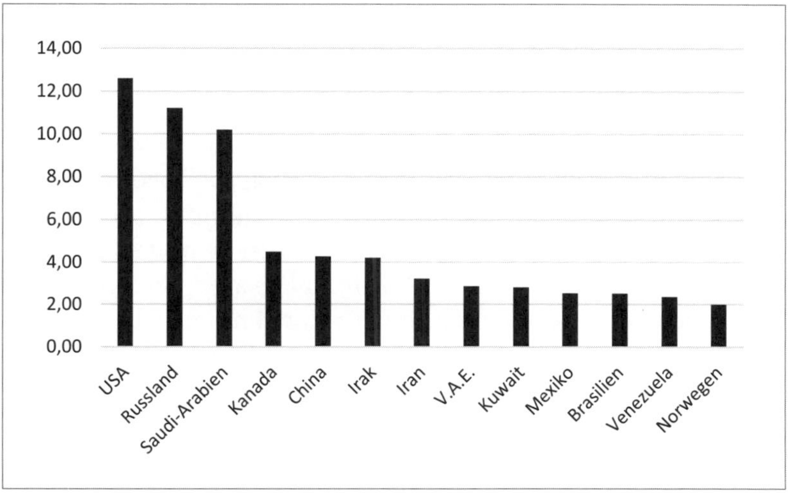

Abbildung 14: Erdölförderung in Millionen Barrel täglich (Stand Februar 2016), Quelle: IEA (Ölmarktreport)

Folge: Die Fracking-Methode wurde 2015 für die Betreiber aus Kostengründen bei Ölpreisen von unter 60 Dollar pro Barrel finanziell uninteressant. Zahlreiche Fracking-Unternehmen stehen aktuell angesichts eines Rohölpreises von 40 Dollar Mitte 2016 vor dem Kollaps, die Fracking-Anleiheblase steht vor der Implosion. Während weltweit viele Unternehmen und nahezu alle Konsumenten von den niedrigen Ölpreisen profitieren, haben diese für Erdölförderländer wie Russland, Venezuela, den Irak oder Afrikas Ölförderländer Algerien, Libyen und Nigeria teils katastrophale Auswirkungen auf Wirtschaft, Konsum und Staatskasse. Selbst die reichen erdölproduzierenden Staaten im Nahen Osten spüren den Ölpreisverfall. So verbuchte Saudi-Arabien 2015 ein 90-Milliarden-Euro-Defizit und ist jetzt gezwungen, seine Devisenreserven von insgesamt 540 Milliarden Dollar in großem Maße anzugreifen. Die OPEC, der einst so mächtige Club der Öl-Milliardäre, ist zerrüttet.

So wird also auch 2016 immer noch mehr Öl gefördert, als weltweit verbraucht wird, um keine Marktanteile zu verlieren. Damit werden sich die Lagertanks weiter füllen – und der Ölpreis wird nicht allzu sehr steigen. Auch legt der Bedarf in China und Großbritannien derzeit weniger stark zu. Es scheint also nur eine Frage der Zeit zu sein, bis das Kartell aus dem Koma erwacht, um sich auf eine Begrenzung der Fördermengen zu einigen. Investitionen in den Energiesektor sollten daher mit Vorsicht angegangen werden. Der Ölpreis wird sich wohl erst dann wieder kräftig nach oben bewegen, wenn die Fracking-Industrie zu implodieren beginnt. Nichtsdestotrotz hat sich Nordamerika in den vergangenen Jahren mit dem Fracking von Ölimporten mehr und mehr unabhängig gemacht.

Grundsätzlich dürften Rohstoffe zu einer immer knapperen und damit sich verteuernden Ressource werden. Gleichzeitig rückt der Faktor Umwelt immer stärker ins Bewusstsein: *Umwelt als Quelle erneuerbare Energien* – aber auch als Ressource, über die nur begrenzt verfügt werden kann. Das World Energy Council (WEC) schätzt, dass bis 2050 die globale Energienachfrage um 45 Prozent steigen und gleichzeitig der Anteil regenerativer Energiequellen auf rund 30 Prozent anwachsen wird.

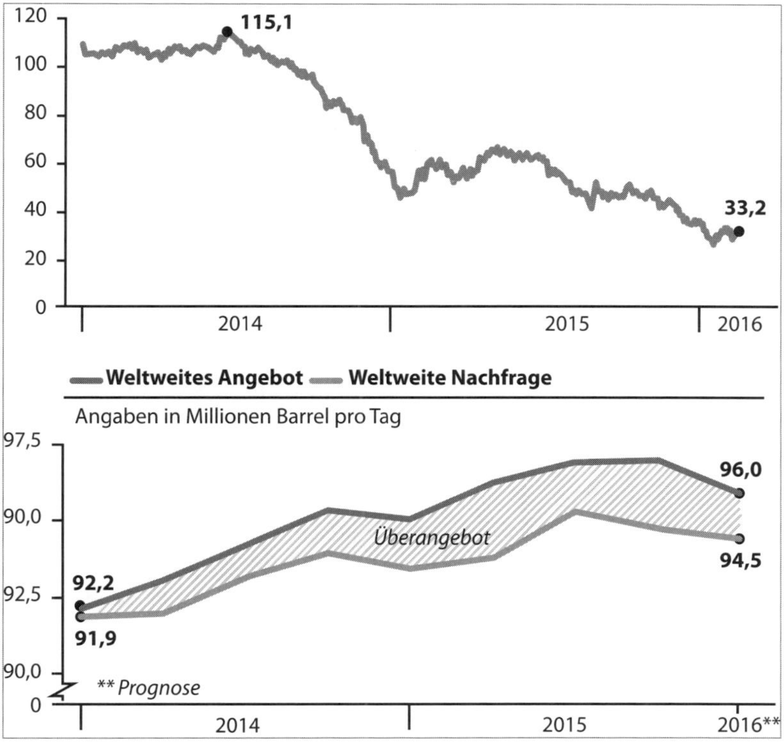

Abbildung 15: Ruinöser Wettbewerb: Entwicklung des Rohölpreises (oben) in Dollar je Barrel und das weltweite Angebot sowie die Nachfrage in Millionen Barrel je Tag (unten). Quelle: IEA, OPEC, Bloomberg

Edelmetalle – Gold

»Zum Golde drängt, am Golde hängt doch alles.« Gold ist verführerisch – nicht nur für Gretchen im *Faust*. Der Mythos entfaltet sich immer dann, wenn die Welt aus den Fugen zu geraten droht. Gold dient in einem Portfolio als Versicherung gegen bekannte und unbekannte Risiken. Gold ist der letzte Rettungsanker im Finanzsystem. Es ist das verbleibende Zahlungsmittel, wenn die gesetzlichen Münzen und Scheine nichts mehr wert sind, ein vermeintlicher Inflationsschutz – und natürlich Rohstoff für die Schmuckherstellung.

Gerade in unsicheren Zeiten gilt es jedoch, sich nicht vom Glanz des Edelmetalls blenden zu lassen. Gold bringt keine Zinsen. Wenn der Zins ein Preis für das Risiko ist, das man mit einer Anlage eingeht, dann sollte Gold demnach eine risikolose Anlage sein:

- Das stimmt insofern, als Gold niemals wertlos werden dürfte. Es schützt vor einem Totalverlust des Vermögens und garantiert stets ein Mindestmaß an Liquidität – sofern es physisch in handhabbaren Größen vorliegt.
- Sein Wert kann zwar stark schwanken, er wird aber niemals gegen null sinken. Doch der Goldpreis hängt heute nicht mehr allein vom begrenzten Goldangebot an den Weltmärkten ab.
- Das »Verbriefungsfieber« hat auch die Goldanlage erfasst. So treiben den Goldpreis eben auch Finanzmarktwetten nach oben, die nicht mit physischem Gold unterlegt sind.

Gold mag als Metall knapp werden. Doch der Preis, der für das gelbe Metall gezahlt wird, ist eben auch Ausfluss der gigantischen Liquidität weltweit, die eine Unterlegung durch »greifbare« Werte sucht. Für Gold gibt es also keine Gewinngarantie. Für die Preisentwicklung des Krisenmetalls sind vorrangig Wirtschaftsdaten wichtig: *Schlechte Nachrichten für die Welt sind gut für die Preisentwicklung von Gold.*

So war Gold nach der Entscheidung der Briten für den Brexit für Investoren die Anlage der Wahl. Im Juni zog der Preis für das

Edelmetall um gut 10 Prozent an, der Zeitraum Januar bis Ende Juli 2016 zeigt einen Zuwachs von über 29 Prozent. Dafür gab es zwei Gründe:

- Zum einen hat durch den Brexit selbst die Unsicherheit auf den Finanzmärkten extrem zugenommen.
- Zum anderen war aus ebendiesem Grund eine Zinserhöhung der US-Notenbank unwahrscheinlicher geworden. Und höhere Zinsen sind immer eine Konkurrenz für Gold, das keine Zinsen abwirft.

Auch wird mit einer weiteren Lockerung der Geldpolitik in Europa gerechnet. Gerade die massive Ausweitung der Geldmenge durch die EZB und die Ahnung, dass dies früher oder später in eine kräftige Inflation münden wird, lässt viele Anleger nach einer wertbeständigen Alternative suchen – Gold gehört dazu. Gold ist eine Reservewährung – nicht nur für Privatanleger. Auch die Notenbanken decken sich derzeit verstärkt ein.

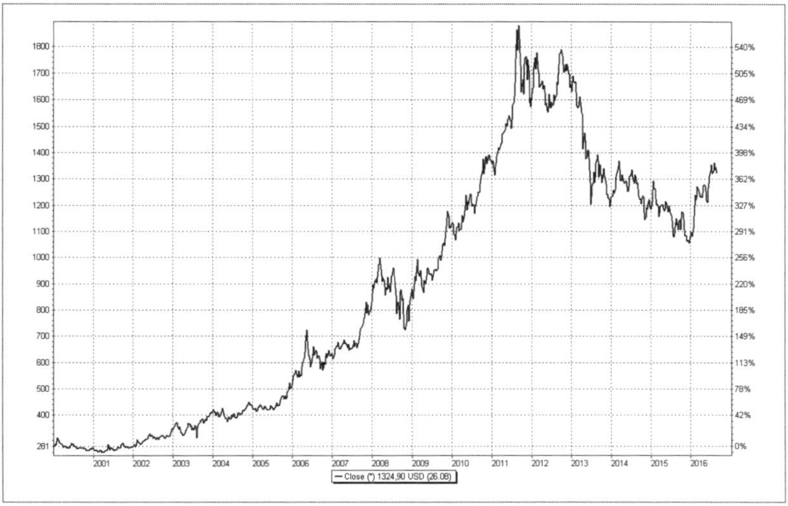

Abbildung 16: Entwicklung des Goldpreises seit 1999, Quelle: Finanzen.net

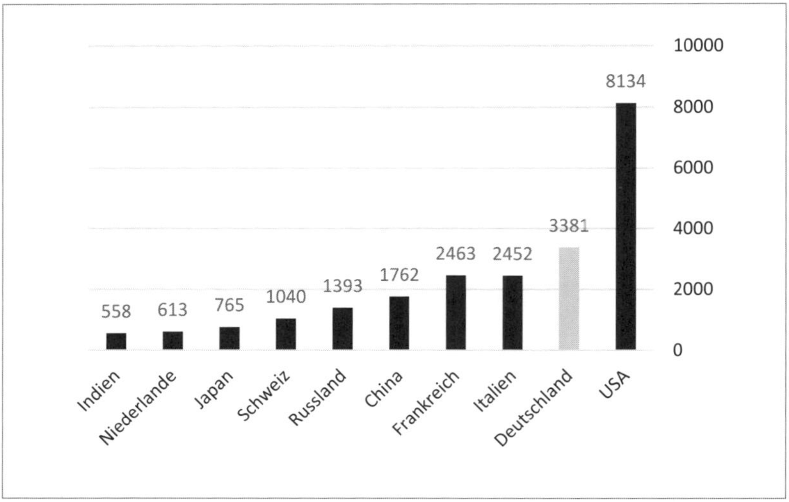

Abbildung 17: Top-10-Länder mit den höchsten Goldreserven in Tonnen, Quelle: Gold World Council

Neben den klassischen Goldanlagen für diese Zwecke wie Goldbarren und Goldmünzen haben in den letzten Jahren Gold-ETFs bzw. ETCs stark an Bedeutung gewonnen – Anlagezertifikate, bei denen häufig Gold hinterlegt ist, um das Emittentenrisiko zu verringern. Sie haben die Goldanlage stark vereinfacht. Statt Goldbarren zu kaufen, kann man Gold so wie eine Aktie ordern. Nicht ohne Grund ist der Absatz der Gold-ETFs/ETCs weltweit rasant gestiegen. Viele institutionelle Investoren und Hedgefonds greifen zu diesen Zertifikaten, die einen schnellen Ein- und Ausstieg und damit auch schnelle Renditen ermöglichen.

Die Experimente der Notenbanken mit der Flutung der Märkte mit billigem Geld und der Schuldenfinanzierung der Staaten sprechen dafür, einen Teil des liquiden Vermögens in Gold anzulegen. Dabei sollte man bei »Sicherheitsgold« nicht ständig auf die Wertentwicklung schauen. Berücksichtigen sollte man, dass der Goldpreis ein starkes Eigenleben führt. Generell wird sich der Einfluss der Spekulation auf den Goldpreis in den kommenden Jahren

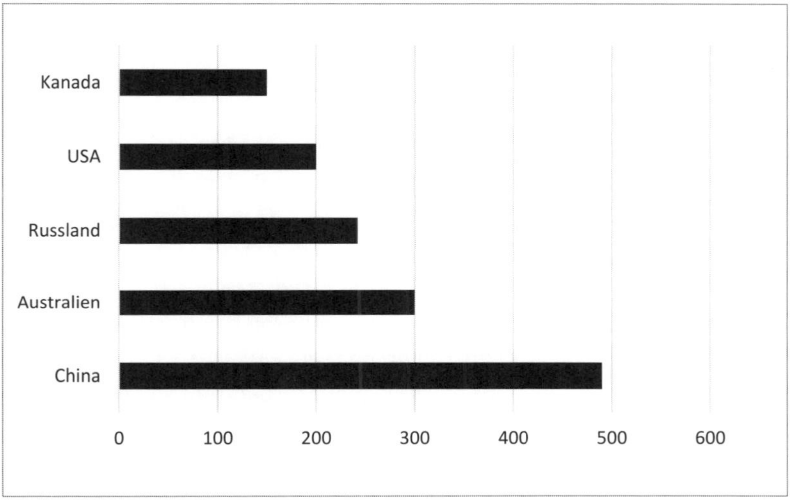

Abbildung 18: Die größten Produzenten von Gold in Tonne 2015, Quelle: Gold World Council

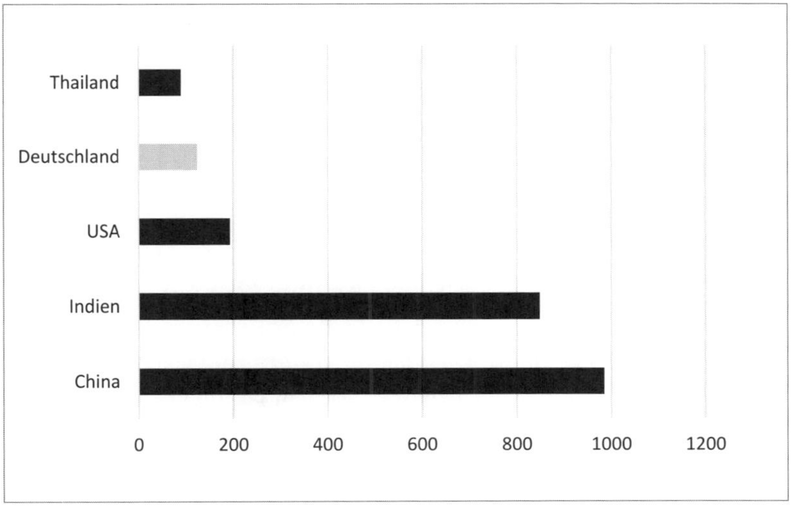

Abbildung 19: Die größten Abnehmer von Gold in Tonnen, 2015, Quelle: Gold World Council

vergrößern. Damit nimmt auch das Risiko von Preis- und Kursausschlägen zu. Ziehen die Zinsen in den USA und in Europa irgendwann an, werden Geldmarktanlagen im Vergleich zum Gold wieder attraktiver. Auch ein stärkerer Dollar wird sich negativ auf die Preis- und Kursentwicklung von Gold auswirken.

Folgendes spricht für einen Preisauftrieb bei Gold:

- Die Notenbanken in den USA, Japan und der EU-Zone drucken weiter Geld – was zu weiter sinkenden Zinsen führt und die Angst vor einer Inflation schürt. Historisch betrachtet hat das dem Goldpreis immer Auftrieb gegeben.
- Zentralbanken, die durch eine lockere Geldpolitik versuchen, ihre nationale Währung zu schwächen, machen Gold zur Absicherung gegen Währungsschwankungen zunehmend attraktiv.
- Es verwundert daher nicht, dass gerade Zentralbanken in Schwellenländern einen immer größeren Teil ihrer Währungsreserven – vornehmlich Dollar – in Gold eintauschen. Auch Zentralbanken in Industriestaaten setzen zunehmend auf Gold.
- Neben einer generellen politischen und wirtschaftlichen Unsicherheit wird sich der Brexit in Europa wachstumshemmend auswirken, weitere Konjunkturprogramme sind damit nicht ausgeschlossen.
- Die US-Wirtschaft schwächelt, eine Zinswende ist somit nicht in Sicht. Bei einer gleichzeitigen Dollarschwäche und Rohstoffstärke droht Inflation.
- In einer Phase der Dauerniedrigzinsen steht Gold zunehmend im Fokus institutioneller Investoren. Ihre Rechnung: Für *täglich* verfügbare Einlagen müssen sie Mitte 2016 einen Strafzins von 0,45 Prozent bezahlen. Die Lagerkosten für physisches Gold betragen dagegen nur 0,1 Prozent. Angesichts dessen gehen immer mehr institutionelle Anleger so weit, vermehrt Gold statt Cash zu halten.

Die Entscheidung für oder gegen Gold hat viel mit Vertrauen und Emotionen zu tun. Doch solange sich keine Zinswende abzeichnet, dürfen Anleger ans Gold glauben. Analysten gehen davon aus, dass sich Gold im September 2016 im Anfangsstadium einer neuen Hausse befindet. Höchstpreise beim Gold sind aber erst dann zu erwarten, wenn Investoren Gold wieder als Währung der letzten Instanz sehen. Ohne eine erneute Finanzkrise dürften sich Aktien besser als Gold entwickeln, weshalb der Aktienanteil deutlich über dem Goldanteil eines Portfolios liegen sollte.

Edelmetalle – Silber

Silber, das seit etwa 700 v. Chr. als Zahlungsmittel verwendet wird, ist ein Edelmetall mit zwei Gesichtern:

- Zum einen dient es wie Gold zur Absicherung in Krisen. Mittlerweile fließen 16 Prozent der jährlichen Silbernachfrage in Anlagedepots – vor zehn Jahren lag der Anteil bei nahezu null.
- Zum anderen ist Silber als Industriemetall konjunkturgetrieben. Mittlerweile kommen 47 Prozent der Silbernachfrage aus der Industrie. Dort wird es wegen seiner guten Strom- und Wärmeleitfähigkeit sowie seiner antibakteriellen und antiviralen Eigenschaften in der Wasser- und Lebensmittelhygiene, der Textilindustrie und in der Medizin immer wichtiger. Das jährliche Nachfrageplus beträgt 6 Prozent.

Im Juni 2016 lag der Silberpreis auf dem höchsten Stand seit Anfang 2015. Dabei profitierte er vom Brexit-Schock, vom höheren Goldpreis und von festen Industriemetallpreisen. So wie Gold scheint auch Silber aus dem langjährigen Abwärtstrend nachhaltig ausgebrochen zu sein. Mit einer weiteren Abschwächung der US-Konjunktur und der damit einhergehenden Schwächung des US-Dollar könnte sich das weiße Metall in den folgenden Monaten positiver entwickeln als Gold. Doch der Markt für Silber ist sehr eng. Es kommt daher zu stärkeren Schwankungen als beim Gold – 5 Prozent pro Tag sind nicht selten. Beim Kauf von Silbermünzen in Deutschland müssen Anleger 19 Prozent Umsatzsteuer berücksichtigen.

Ob Gold oder Silber – wer ein Krisenszenario befürchtet, sollte in Edelmetalle investiert sein.

Investment in Diamanten

Diamanten sind begehrt wie eh und je – und Mitte 2016 so billig wie selten zuvor. Sie bieten auf kleinstem Raum die größte Komprimierung von Vermögen: Die beste Qualität von Einkarätern mit einem Wert von 1 Million Dollar hat ein Gewicht von nur 28 Gramm. Gold mit dem gleichen Gegenwert wiegt bereits gut 19 Kilo.

Die Geldanlage in Diamanten ist attraktiv, erfordert aber auch eine Reihe spezieller Kenntnisse. So sind im Großhandel Preisaufschläge von 30 bis 60 Prozent die Regel. Ohne Insiderkenntnisse lässt sich diese Marge kaum verkleinern. Für Privatanleger hat es also wenig Sinn, sich Diamanten in den Tresor zulegen, da sie diese zum Konsumentenpreis einkaufen. Sollen die Steine später verkauft werden, muss mit Preisabschlägen zwischen 10 und 40 Prozent gerechnet werden. Dazu kommt beim Kauf in Deutschland die Umsatzsteuer von 19 Prozent.

Wenn es doch ein Investment in Diamanten sein soll, kommen dafür nur Diamanten-Fonds – sie kaufen zu Großhandelspreisen ein und vermeiden hohe Transaktionskosten –, Aktien von Minen- oder Schmuckunternehmen oder ETFs infrage. Am besten angelegt sind Diamanten aber bei der Person, der man den Diamanten schenkt und die diesen trägt. Diese Person wirft täglich Zinsen ab – so nüchtern muss man das sehen. Für Anleger, die sich nicht bei

Tiffany & Co. mit Schmuck eindecken wollen, sind Diamanten ein schwieriges Geschäft. Ein Diamant kann noch so groß, noch so lupenrein und noch so edel geschliffen sein – ohne menschliche Geschichte ist er am Ende doch nur ein Stein, der aus einem einzigen chemischen Stoff besteht: Kohlenstoff! Für den geben allerdings allein die Amerikaner jährlich 3,9 Milliarden Dollar aus, 40 Prozent der globalen Nachfrage.

2.2 Märkte und Trends mit Zukunft

Infrastruktur

Der weltweite Bedarf an Infrastrukturinvestitionen ist enorm. Denn die demografische Entwicklung mit einem überdurchschnittlichen Wachstum der Bevölkerung, das steigende Pro-Kopf-Einkommen in den asiatischen Schwellenländer, die zunehmende Urbanisierung, der wachsende Welthandel mit einem rasant zunehmenden globalen Güteraustausch, der globale Klimawandel sowie die Knappheit von Energierohstoffen und Wasser erfordern allesamt eine ausreichend ausgebaute und effiziente Infrastruktur. Die Finanzierung von Ausbau, Erhalt und Modernisierung der Infrastruktur aber kostet Geld. Geld, das in einem Umfeld weltweit hoch verschuldeter Staaten öffentlich nur bedingt zur Verfügung steht.

Bereits heute beläuft sich die weltweite Finanzierungslücke auf 1 bis 2 Billionen Dollar – pro Jahr! Sie dürfte künftig noch weiter steigen:

Der höchste Investitionsbedarf wird laut OECD bis zum Jahr 2030 auf die Wasserinfrastruktur mit 17,7 Billionen Dollar entfallen, gefolgt vom Telekommunikationssektor mit 10,9 Billionen Dollar. Weitere 7,5 Billionen Dollar müssen in Straßen und 6 Billionen Dollar in die Elektrizitätsversorgung investiert werden. Allein für Häfen, Flughäfen und Eisenbahnlinien sowie den Transport und die Verteilung von Öl und Gas sind Investitionen von 11 Billionen Dollar erforderlich.

Auch der Bedarf der Energiemärkte an Infrastrukturinvestitionen wird weltweit deutlich zulegen.

So schätzt die *Internationale Energieagentur (IEA)*, dass die globalen Investitionen in Energieinfrastruktur bis 2030 bei 16,5 Billionen Dollar liegen werden.

Vor allem das überdurchschnittliche Bevölkerungs-, Wirtschafts-, Güter- und Verkehrswachstum im asiatisch-pazifischen Raum wird einen gigantischen Bedarf an Infrastrukturinvestitionen nach sich ziehen. Auch die Ersatzinvestitionen, einschließlich Reparaturen und Wartung dürften in Asien im Zeitablauf zunehmen. Schon heute geben dort viele Länder mehr als doppelt so viel für den Erhalt ihrer Transportinfrastruktur aus wie für den Neubau. Dabei spielt auch eine Rolle, dass viele Länder häufig mit der zerstörerischen Kraft von Naturkatastrophen zu kämpfen haben. China und Indien werden in den kommenden Jahren die Schwergewichte bei Infrastrukturinvestitionen sein.

Das Potenzial ist aber nicht nur in Asien groß. Auch die gesamte Infrastruktur Afrikas befindet sich in einem überwiegend schlechten Zustand und erfordert in den nächsten beiden Jahrzehnten einen großen finanziellen Kraftakt. Da die Länder Afrikas das aus eigener Kraft kaum stemmen können, werden sie – neben Entwicklungshilfe und supranationalen Geldern – verstärkt auf private Investitionen angewiesen sein. Die Weltbank beziffert die jährliche Finanzierungslücke im afrikanischen Infrastruktursektor auf 31 Milliarden Dollar.

Ungeachtet des riesigen Investitionsbedarfs der Schwellenländer wird der Investitionsschwerpunkt für Infrastrukturmaßnahmen aber bis 2030 nach Angaben der OECD in Westeuropa und Nordamerika liegen. Hier wird man sich auf Wartung, Modernisierung und Erhalt der vorhandenen städtischen und ländlichen Infrastruktur konzentrieren. Dabei spielt der Umweltschutz in den Industrieländern eine größere Rolle als in den Schwellenländern, genauso wie die Anpassung an den absehbaren Klimawandel. So muss beispielsweise – nicht zuletzt aus Umweltaspekten – die Anfang des 20. Jahrhunderts gebaute Wasserinfrastruktur erneuert und gewartet werden, da die Netze völlig überaltert sind. Allein um die Leckagen zu reduzieren, die Wasserqualität zu sichern und das Angebot zu gewährleisten, werden die *OECD-Länder* zwischen 100 bis 200 Milliarden Dollar jährlich investieren müssen.

Niederlande	3 %
Deutschland, Österreich	8 %
Dänemark	9 %
USA	15 – 20 %
Frankreich, Großbritannien, Italien, Malta	30 %
Jakarta, Kairo, Manila, Mexico City	bis zu 40 %

Tabelle 02: Leckraten der Wassertransportnetze in ausgewählten Ländern und Städten, Quelle: OECD

Angesichts der angespannten Finanzsituation geht die Schere zwischen steigendem Bedarf an Infrastrukturinvestitionen und den entsprechenden Finanzierungsmöglichkeiten in den meisten Industrie- und Schwellenländern immer weiter auseinander. Bereits heute beläuft sich die weltweite Finanzierungslücke nach Berechnungen der OECD auf mindestens 1, eher sogar 2 Billionen Dollar pro Jahr. Tendenz steigend.

Vor diesem Hintergrund gewinnt privat finanzierte und betriebene Infrastruktur immer stärker an Bedeutung. Vor allem für langfristig orientierte Privatanleger bieten sich Infrastrukturinvestments als attraktive Portfoliobeimischung an. So können etwa Aktien oder Anleihen von börsennotierten Flughäfen und Häfen oder Titel aus infrastrukturnahen Branchen wie zum Beispiel aus den Sektoren Bau, Logistik, Maschinenbau, Technologie und von Versorgern erworben werden. Darüber hinaus bieten sich Indizes, Zertifikate auf Infrastrukturunternehmen sowie geschlossene und offene, börsennotierte und ungelistete Infrastrukturfonds an. Diese investieren sehr langfristig in Infrastrukturmaßnahmen aus unterschiedlichen Sektoren und in verschiedenen Laufzeitphasen.

Generell zeichnen sich Infrastrukturinvestitionen durch eine vergleichsweise niedrige Konjunkturabhängigkeit aus. Zu anderen Assetklassen weisen sie eine geringe Korrelation auf. Nachteile liegen im Wesentlichen in (unerwarteter) staatlicher Regulierung bzw. Deregulierung sowie in einer im Vergleich zu anderen Anlageformen geringeren Liquidität und Transparenz. Auch sind Infrastrukturinvestments langfristigen Kapitalmarkttrends und Marktschwankungen unterworfen.

Immobilien

Die Mehrheit der Deutschen setzt in puncto Vermögensanlage auf »Stein und Beton«. Immobilien – relativ sicher und substanzhaltig – gelten als Klassiker unter den Sachwerten. Dennoch:

Was 2007/2008 ursprünglich als Krise des Subprime-Segments begann, wuchs sich zu einer umfassenden US-Immobilienkrise aus, die wiederum Banken, Versicherungen, die USA, aber auch weite Teile der Weltwirtschaft in eine heftige Rezession stürzte. Das Problem verschärfte sich, weil auch Großbritannien, Irland und Spanien das Platzen einer Immobilienblase verdauen mussten. Der Wertverfall an diesen Immobilienmärkten führte dazu, dass zahlreiche Banken in vielen Industrienationen (auch in Deutschland) faule Kredite in ihren Bilanzen anhäuften. Da immer mehr Banken nicht in der Lage waren, dies aus eigener Kraft zu bewältigen, mussten die Staaten immer häufiger die Lasten aus den geplatzten Immobilienblasen schultern. Dies wog umso schwerer, weil in diesen Staaten gleichzeitig umfassende Konjunkturprogramme gegen den Wirtschaftseinbruch finanziert werden mussten. Die Einordnung von Immobilien als sichere Geldanlage sollte daher infrage gestellt werden.

Während im Vorfeld der Finanzkrise also in vielen Ländern die Immobilienmärkte überhitzten, war der Trend in Deutschland ge-

genläufig. Die Immobilienpreise bewegten sich hier vor der Krise viele Jahre seitwärts und lagen damit unter der Inflationsrate. Doch als Folge der Krise erlebt der deutsche Immobilienmarkt seitdem eine Sonderkonjunktur.

Langfristig orientierte Anleger sollten bei Investitionsentscheidungen die demografischen Umwälzungen auf dem Immobilienmarkt berücksichtigen. Denn die alternde und schrumpfende Bevölkerung wird zu Nachfrageverschiebungen mit entsprechenden Auswirkungen auf die Preise führen. Dabei spielen auch regionale Aspekte eine Rolle. So gibt es Prognosen, die für den nächsten 20-Jahres-Zeitraum Differenzen im Bevölkerungswachstum von mehr als 40 Prozentpunkten zwischen Top-Regionen und schlechteren Regionen ermitteln. Berücksichtigt werden sollte aus Anlagesicht in den kommenden Jahren auch der zusätzliche Wohnraumbedarf durch das Heer der Flüchtlinge, dessen endgültige Entwicklung angesichts der Millionenlager im Nahen Osten noch gar nicht vorauszusehen ist. Unabhängig davon dürfte sich das Interesse von Anlegerseite auch künftig auf städtische Lagen konzentrieren.

Grundsätzlich gibt es mehrere Möglichkeiten, in den Immobilienmarkt zu investieren. Aufgrund der Finanzkrise hat sich die Attraktivität der einzelnen Anlagemöglichkeiten jedoch zum Teil erheblich geändert:

- **Direktinvestitionen:** Hier bieten sich Investitionen in Eigentumswohnungen sowie in Ein- und Mehrfamilienhäuser an. Nachteil: Ein einzelnes Objekt hat gegebenenfalls nur einen Mieter (Eigentumswohnung) und nur eine Lage. Standortrisiken lassen sich nur durch den Kauf mehrerer Objekte (mit entsprechend hohem Kapitaleinsatz) diversifizieren. Bei Eigentumswohnungen ist auch zu berücksichtigen, dass man sich einerseits Mehrheitsbeschlüssen der Eigentümergemeinschaft unterordnen muss und dass andererseits die Rentabilität im Vergleich zu einem ganzen Mehrfamilienhaus wegen der Aufteilungskosten niedriger ist.

- **Offene Immobilienfonds:** Diese waren bei Anlegern vor der Finanzkrise äußerst beliebt. Sie konnten neben einer stabil positiven Wertentwicklung auch mit einer jederzeitigen Verfügbarkeit punkten. Doch diese jederzeitige Verfügbarkeit wurde einigen offenen Immobilienfonds während der Finanzkrise zum Verhängnis. Denn als viele Anleger Liquidität benötigten und Anteile an den Fonds zurückgeben wollten, hätten die Fonds Objekte verkaufen müssen – und das in einem Umfeld, in dem ohnehin schon hoher Druck auf den Immobilienmärkten lastete. Um Verkäufe in fallenden Märkten zu verhindern, gab es für die Anleger daher temporäre Rückgabestopps.

Zwar werden auf dem Markt aktuell etliche offene Immobilienfonds mit einem attraktiven Disagio angeboten, doch gibt es bei deren Rückzahlung heute als Folge der Finanzkrise seit 2013 feste Regeln:

- Wer seinen Anteil zurückgeben will, muss dies zwölf Monate vorher ankündigen.
- Neukunden müssen ihre Anteile mindestens zwei Jahre lang halten.
- Wer schon vor der Neuregelung eingestiegen ist, darf pro Halbjahr höchstens 30 000 Euro aus einem offenen Immobilienfonds abziehen.

2015 haben Privatanleger netto 3,5 Milliarden Euro in offene Immobilienfonds gesteckt, 2016 sollen es nach Schätzungen der Ratingagentur Scope sogar 5 Milliarden Euro werden. Aktuell können sich deutsche Fonds vor Geld kaum retten. Die Renditen liegen mit rund 3 Prozent spürbar höher als beispielsweise Bundesanleihen oder Festgeld, die kaum noch Zinsen bringen. Doch die Fonds wissen nicht, wohin mit dem Geldzufluss. Erste Anbieter geben Mitte 2016 keine neuen Anteilsscheine ihrer Immobilienfonds aus, das Geld muss zunächst angelegt werden. Doch am Markt lassen sich immer weniger geeignete Objekte finden. Gleichzeitig stoppen nach dem Brexit britische Fonds den Handel, mehr als 20 Milliarden Euro sind eingefroren. Auch will die Bank von England offene Immobilienfonds stärker regulieren. Die Finanzmärkte befürchten Parallelen zu 2008.

Offene deutsche Immobilienfonds dürften dagegen den Brexit überstehen. Zwar haben sie im Schnitt 10 Prozent ihres Fondsvermögens in britische Immobilien investiert, doch nicht nur die schärfere Regulierung schützt sie, sondern auch eine vorsichtige Bewertung der Immobilien:

- Hierzulande wird das Fondsvermögen nach dem *Ertragswert-Verfahren* bewertet, dabei geht es um den langfristigen Erlös, den die Immobilien bieten.
- In Großbritannien dagegen werden *Marktwerte* herangezogen. Und die können sich schnell ändern, wie die Brexit-Verwerfungen zeigen.

> Aus Renditegesichtspunkten (derzeit gut 2 Prozent) können offene Immobilienfonds zwar eine Überlegung wert sein, aus Liquiditätsüberlegungen ist davon aber (s.o.) abzuraten. Auch besteht das Risiko, dass (auch hierzulande) Immobilienpreise nicht jedes Jahr steigen.

- **Geschlossene Immobilienfonds:** In Deutschland existieren sie seit den 1950er-Jahren, sie bilden das größte Segment indirekter Immobilieninvestments. Meist in der Rechtsform einer GmbH & Co. KG ermöglichen sie Anlegern, schon mit relativ geringem Volumen (50 000 Euro) an großen Projekten teilzuhaben. Der Anlagehorizont ist langfristig auf meist über zehn Jahre angelegt, ein täglicher Verkauf ist nicht gewährleistet. Der bestehende Zweitmarkt für eine Weiterverwertung zeigt erhebliche Schwächen. Die Bewirtschaftung und das Management der Fonds liegen in der Regel in professionellen Händen, auch werden Anleger über die wirtschaftliche Lage der Fonds-Immobilien gut informiert. Geschlossene Fonds sind dadurch transparent und somit auch für passive Investoren als attraktive Immobilienanlage geeignet. Immer vorausgesetzt, man benötigt keine kurzfristige Liquidität.

Als Portfoliobeimischung sind geschlossene Immobilienfonds immer eine Überlegung wert.

- **Immobilien-AGs & REITs:** Immobilien-Aktiengesellschaften und Real Estate Investment Trusts (REIT) bilden die Schnittstelle zwischen Immobilien und Kapitalmarkt. Beide investieren überwiegend oder ausschließlich in gewerblich genutzte Objekte, Wohnimmobilien sind die Ausnahme. Die Vorteile der Immobilie (Sicherheit) werden mit denen der Aktie (Liquidität) kombiniert. Damit entsteht ein fungibler, börsenbewerteter Immobilienbesitz. Kauf und Verkauf dieser Spezialwerte sind börsentäglich möglich. Kurzfristig entwickeln sich deren Kurse eher wie die der Aktien-, weniger wie die der Immobilienmärkte. Die Volatilität ist deutlich höher, als es von Immobilieninvestments zu erwarten wäre. Erste Adressen eignen sich immer für eine Portfoliobeimischung.
- **Seniorenresidenzen:** Heute sind 5 Prozent der Bundesbürger über 80 Jahre alt, 2050 werden es nach Berechnungen des Statistischen Bundesamts dreimal so viel sein. Gleichzeitig steigt die Zahl der Pflegebedürftigen, knapp 30 Prozent leben schon jetzt in Heimen – Tendenz steigend. In einer alternden Gesellschaft sollten Seniorenresidenzen also eine prima Geldanlage sein. Bereits jetzt gibt es viel zu wenige Plätze, obwohl Kommunen, gemeinnützige und vor allem private Betreiber kräftig Senioren- und Pflegeheime bauen. Knapp 13 000 solcher Einrichtungen existieren 2016 in der Republik.

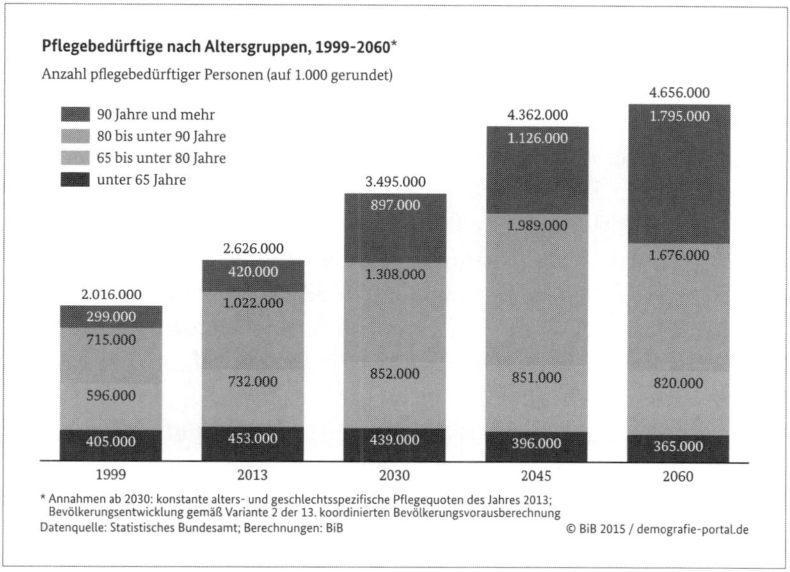

Abbildung 20: Anzahl der Pflegebedürftigen

Die Apartmentpreise beginnen in der Regel bei 150 000 Euro aufwärts. Dafür bekommt man rund 50 Quadratmeter und die Zusage, dass man selbst einziehen kann, wenn es so weit ist – und bis dahin ein Renditeversprechen von 5 bis 7 Prozent pro Jahr. Für viele Privatanleger klingt das nach einem guten Geschäft. Rund 850 Millionen Euro gaben Käufer 2015 für solche Immobilien aus, ermittelte die Immobilienagentur *CBRE*. Doch sind Seniorenresidenzen und Pflegeheime wirklich ein gutes Geschäft?

Die Wirtschaftsprüfungsgesellschaft Ernst & Young warnt davor, solche Apartments zu kaufen. Die Experten bezweifeln die Nachhaltigkeit: Als Anleger bewegt man sich in einem extrem regulierten Markt, die Politik setzt ständig neue Regeln, man geht sehr langfristige Verträge ein und hat keinen Zugriff auf den Betrieb. Wenn so ein Heim nicht gut geführt wird – was macht man dann als Anleger? Solche Apartments sind nichts für Privatanleger. Außerdem zahlen sie für so eine Immobilie im Schnitt 35 Prozent mehr als ein

Großinvestor. Hinzu kommt, dass man als Privatanleger nicht in eine Wohnimmobilie investiert, sondern in eine unternehmerische Beteiligung. Doch obwohl die Branche ein Wachstumsmarkt ist, ist es nicht leicht, ein Heim wirtschaftlich zu betreiben.

Derzeit sind etwa 84 Prozent der Plätze dauerhaft belegt, sagen Statistiken von Ernst & Young, vor 15 Jahren waren es noch 88 Prozent. Eigentlich gilt in der Branche eine 95-Prozent-Quote als Belegungsstandard. Mit darunterliegenden Quoten kann ein Heim nicht dauerhaft laufen. Dementsprechend attestiert das Wirtschaftsforschungsinstitut RWI im *Pflegeheim-Rating-Report 2015* für rund 7 Prozent der Heime eine »erhöhte Insolvenzgefahr«, weitere 21 Prozent stuft es als unsicher ein. Hinzu kommt, dass viele Heime noch aus den 1980er-/1990er-Jahren stammen und altersbedingt ein hoher Investitionsbedarf für Renovierungen besteht.

Ernst & Young macht sich in den letzten Jahren Sorgen über die finanzielle Situation der Betreiber. Denn den stagnierenden Einnahmen stehen steigende Kosten gegenüber. Auch haben Pflegeheime eine höhere Abnutzung und ein höheres Risiko. Renditen sind daher nicht ohne Risiko zu haben. Dies sollten sich Anleger bewusst machen, bevor sie sich von möglichen Gewinnen locken lassen. Kamen Top-Objekte nach Berechnungen von CBRE 2010 noch auf eine Anfangsrendite von 6,5 bis 7,5 Prozent, sind aktuell 5 bis 6 Prozent das obere Ende, der Marktdurchschnitt liegt weit darunter. Auch sind die versprochenen 5 bis 6 Prozent oft nicht auf das gesamte investierte Kapital gerechnet, weil die Anbieter nicht alle Kosten einbeziehen oder Prognosen schönen. Das erklärt, warum die Quadratmeterpreise für Seniorenimmobilien niedriger als bei normalen Immobilien sind.

Wer nachhaltig in den Pflegemarkt investieren will, der sollte Fondslösungen wählen, da das Risiko durch den Kauf gleich Dutzender Heime besser gestreut werden kann. Manche Fonds schaffen es sogar, eine ordentliche Rendite zu erwirtschaften.

- **Hotelimmobilien:** Mit dem Schlaf anderer Leute lassen sich am Markt für Hotelimmobilien aktuell gut 5 Prozent Rendite verdienen. Um unglaubliche 80 Prozent hat das Transaktionsvolumen der Hotelimmobilien-Deals 2015 zugelegt. Auch wachsen allerorten neue Hoteltürme aus dem Boden. Es könnten noch viel mehr sein – die Nachfrage ist gewaltig. Doch nicht nur Wohnimmobilien sind teurer geworden, auch Hotels. Deshalb finden Großinvestoren immer schwerer Häuser, bei denen das Investieren sinnvoll ist. Hinzu kommt, dass selbst namhafte Hotelketten als Pächter kein Garant für Gewinne sind. Allzu oft versuchen die Betreiber, Risiken des Hotelbetriebs auf den Immobilieninvestor abzuwälzen. So drängen sie zunehmend auf Verträge, mit denen sie die Immobilienbesitzer an Einnahmeausfällen beteiligen.

Für Investments raten Analysten zu offenen Immobilienfonds, die viele Gebäude bündeln. Es gibt zwar keine ausgewiesenen Hotelfonds, aber in manchen Portfolios machen Hotels 10 Prozent und mehr aus.

- **Auslandsimmobilien:** Wer glaubt, im Süden Europas 2016 noch Schnäppchen zu finden, der irrt gewaltig. Kaum ein Markt zeigt sich von Turbulenzen so unbeeindruckt wie der für Ferienimmobilien. In fast allen Küstenregionen rund um das Mittelmeer steigen die Preise. Und an der deutschen Nord- und Ostseeküste boomt der Markt sowieso. Auch in Florida ist der Ausverkauf nach der Immobilienkrise vorbei. Allein der Markt für einfachere Apartments und Häuser hat sich bis heute nicht erholt. Grundsätzlich aber gilt: Für Ferienimmobilien gibt es keine Krise.

Als *Anleger* sollte man sich aber bewusst sein, dass man bei einer Ferienimmobilie in etwas investiert, das eher einer Aktie als einer schwer handelbaren Anleihe gleicht. Die wichtigste Frage für jeden Investor lautet daher: Will ich mit der Immobilie Geld verdienen oder will ich sie ausschließlich selbst nutzen? Das gilt vor allem dann, wenn die Ferienimmobilie als Altersruhesitz gedacht ist. Denn das ist eine Spekulation auf die eigene Fitness. Zehn Jahre sollte man dort schon verbringen können. Und wer sichergehen will, zumindest die laufenden Kosten wieder hereinzubekommen, sollte auch Fremde in seine Betten lassen.

Die Rendite bei Ferienimmobilien ist die Lebensqualität.

Solides aus Stein und Beton steht bei den Vermögenden in Europa – ohne Berücksichtigung der selbst genutzten Immobilien – für ein Fünftel des Gesamtvermögens. Schnelle Gewinne stehen dabei nicht im Vordergrund. Auch sollten Anleger – im Gegensatz zur selbst genutzten Immobilie – bei sonstigen Immobilieninvestments keine emotionale Bindung zum Objekt haben. Wohlhabende bevorzugen eine langfristige, auf den Vermögenserhalt ausgerichtete Anlagestrategie. Um Risiken zu vermeiden, werden Immobilieninvestments weltweit gestreut.

Unternehmerische Beteiligungen

Unternehmerische Beteiligungen an Flugzeugen, Schiffen, Immobilien oder Filmen werden derzeit mit Renditen zwischen 1,5 und 8 Prozent angeboten. Während der Laufzeit erzielen Anleger zunächst Miet-, Pacht- oder Leasingerträge. Der Rückfluss des eingesetzten Kapitals erfolgt bei Verkauf des Fondsobjekts – meist nach zehn bis 25 Jahren Laufzeit. Erst dann weiß der Investor, ob und wie hoch sich seine Kapitalanlage verzinst hat.

Dieser Anlagehorizont erweist sich heute häufig als Hemmschuh. Die Bereitschaft, Kapital so langfristig anzulegen, ist bei Anlegern rückläufig. Beteiligungen über Zertifikatlösungen wären da liquider. Während dabei der langfristige Charakter der Anlage erhalten bleibt, können einzelne Anteile börsentäglich gehandelt werden. Diese Idee soll für Investoren ab 2017 Wirklichkeit werden. Zunehmend im Blickpunkt stehen aber auch außerbörsliche Firmenbeteiligungen (»Private Equity«).

Unabhängig davon, ob in Fonds oder Zertifikate investiert wird, sollten Kapitalanleger unternehmerische Beteiligungen immer auf ihre Wirtschaftlichkeit überprüfen.

Checkliste: Wie findet man die richtige Beteiligung?

- Anbieter mit langjähriger Erfahrung und nachgewiesenem Erfolg wählen.
- Beteiligungsprospekte vollständig lesen und unabhängige Beratung einholen.
- Im Prospekt dargestellte Risiken ernst nehmen.
- Fonds mit mehreren Objekten wählen, dadurch wird das Risiko diversifiziert.
- Plausibilitätscheck bei absoluter Höhe und Verteilung der weichen Kosten. Mehr als 6 bis 7 Prozent sollten für Provisionen, Gebühren und weiche Kostenblöcke nicht anfallen.
- Faire Verteilung des Verkaufserlöses hinterfragen: Erst Darlehen zurückführen, dann Zinsen bezahlen, dann Kapitalrückfluss zu 100 Prozent. Ein verbleibender Mehrerlös sollte zum größten Teil an den Investor, nicht an den Initiator gehen.
- Wenn der Initiator selbst ein maßgeblicher Initiator im Fonds ist, weckt das Vertrauen.

Ackerland und Forstwirtschaft

Die Nachfrage nach Agrarrohstoffen ist in den vergangenen Jahren deutlich gestiegen. Dafür gibt es Gründe:

- Es gilt, immer mehr Menschen zu ernähren, bis 2030 wird die Weltbevölkerung um rund 1 Milliarde auf dann 8,3 Milliarden Menschen wachsen.
- Der steigende Wohlstand in den Schwellenländern erhöht und verändert die Nachfrage. Der Fleischkonsum nimmt zu, und die dafür notwendige Viehzucht erfordert den zusätzlichen Anbau von Getreide als Futtermittel.

- Hinzu kommt, dass Agrarprodukte nicht mehr nur als Lebensmittel, sondern auch als Biokraftstoff genutzt werden.

Die Welternährungsorganisation geht davon aus, dass die Lebensmittelproduktion bis 2030 um rund 70 Prozent steigen wird. Diese Faktoren lassen künftig höhere Erträge erwarten – sowohl aus dem operativen Betrieb wie auch aus der Verpachtung von Flächen.

Laut Oxfam-Berechnungen wurden seit 2001 in Entwicklungsländern rund 230 Millionen Hektar Land verkauft. Am stärksten ist bislang Afrika von den Landkäufen betroffen. Die meisten Investoren weltweit kommen aus den USA, gefolgt von Malaysia, den Arabischen Emiraten und Saudi-Arabien. Auch China wird als Akteur immer bedeutender. Die Gründe für solche Investments sind unterschiedlich. Länder mit schlechten landwirtschaftlichen Bedingungen beziehungsweise schnell wachsenden Bevölkerungen wollen sich so für die Zukunft Nahrungsmittelsicherheit erkaufen. Auch in Europa, zum Beispiel in Rumänien und der Ukraine, haben sich Investoren in Stellung gebracht. Für andere Investoren stehen schlicht die Geschäftszahlen im Vordergrund ihrer Investitionsüberlegungen. Dass sich auch Investmentfirmen für Ländereien interessieren, gilt als vergleichsweise neues Phänomen, dessen Ursprung in der Finanzkrise 2007/2008 liegt. Bis vor wenigen Jahren verschmähten die Finanzmärkte den Ackerboden, weil er zu wenig Gewinn versprach. Doch seit die Börsenkurse abstürzten, Staatsanleihen mit Risiken behaftet sind und festverzinsliche Geldanlagen Nullrenditen abwerfen, wurde Ackerland nicht nur in Entwicklungsländern wie Südsudan, Papua-Neuguinea oder Indonesien, sondern auch in Nord- und Südamerika attraktiver. Es locken langfristig gute Geschäfte. Aber:

Die Zeiten haben sich geändert. Seit immer mehr Anleger und Investoren Acker und Wald als sichere Kapitalanlage für sich entdeckt haben, sind in Ostdeutschland, Litauen und Russland die Bodenpreise und die damit einhergehenden Pachtzinsen deutlich gestiegen.

Großinvestoren, die Ländereien etwa mit Anleihen kaufen, können immer schwerer die dafür fälligen Zinsen zahlen. Die Insolvenz des börsennotierten Agrarkonzerns KTG Agrar Mitte 2016 ist ein Beispiel dafür. Der hatte sein Imperium mit 46 000 Hektar bewirtschafteter Fläche auf Pump finanziert. Doch höhere Pachtzinsen, schlechtere Ernten und fallende Agrarpreise ließen den Fremdkapital-Poker nicht aufgehen. Die 20 000 Anleger haben jetzt rund 340 Millionen Euro verloren. Dennoch: Wer aus ethischen Gründen sein Geld nicht direkt in Grundnahrungsmittel wie Mais, Reis, Soja oder Weizen anlegen will, kann sich in Aktien von Nahrungs-, Lebensmittel- oder Handelsunternehmen engagieren oder direkt in Ackerland investieren. Sei es selbst mit dem Kauf von Ackerflächen, sei es über Aktien von Unternehmen oder über geschlossene Fonds, die diese Flächen kaufen oder pachten und von Farmen bewirtschaften lassen. Die dafür zur Verfügung stehende Palette an Finanzprodukten ist breit. Ackerland als Spekulationsobjekt ist dagegen für Normalanleger gefährlich. Auch sollte man sich die Agrarunternehmen vor einem Investment schon genauer ansehen.

In Millionen Hektar, 1997	Genutztes Land	Für natürlich bewässerten Anbau geeignetes Land	Nutzungsquote
Afrika südlich der Sahara	228	1031	22,1
Naher Osten und Nordafrika	86	99	86,9
Lateinamerika und Karibik	203	1066	19,0
Südasien	207	220	94,1
Ostasien	232	366	63,4
Industrieländer	387	874	44,3
Transformations-länder	265	497	55,3

Tabelle 03: Tatsächliches und potenziell verfügbares Ackerland, Quelle: FAO

Investition in Ackerland am Beispiel Uruguay

Wenn man sich als Anleger für mehr als zehn Jahre binden möchte, sich der diversen Einflussfaktoren/Risiken wie Klimawandel bewusst ist und der Fondsbetreiber eine professionelle Adresse ist, kann ein Investment mit jährlichen Renditen von 8 bis 10 Prozent aus Anlageüberlegungen attraktiv sein. Dabei sollte man aber die Risiken eines solchen Investments nicht unterschätzen, wie das Beispiel Uruguay zeigt. Für Uruguay spricht Folgendes:

- Politisch und wirtschaftlich stabiles Investitionsland, das im Bereich Landwirtschaft zu den »Global Playern« gehört. Das Land ist zudem sehr wasserreich und hat eine gute Infrastruktur.
- Das Land ist für ausländische Investoren attraktiv, da es in- und ausländische Investoren gleich behandelt, Doppelbesteuerungsabkommen und einen freien Kapitalverkehr hat.

Dennoch:

- Der Anlagehorizont von mehr als zehn Jahren und die Einschätzung von Klimawandel und Demografie für einen solch langen Zeitraum sind schwierig.
- Es gibt eine indirekte Abhängigkeit von der politischen Stabilität und wirtschaftlichen Entwicklung der Nachbarländer Brasilien und Argentinien.
- Die Beleihbarkeit solcher Fondsanteile ist gering.
- Aktuell sind die Preise für Farmen in Uruguay im Fallen begriffen, in den letzten beiden Jahren um rund 20 Prozent. Wie weit geht die Korrektur noch?
- Es gibt eine hohe Korrelation zwischen Soja/Weizen und Ackerlandpreisen. Die Volatilität der Pachterträge ist damit höher als beispielsweise in Rumänien.
- Die Preisentwicklung für Agrarprodukte ist nicht vorherzusehen.
- Klimatische Veränderungen können die Werthaltigkeit der Ackerflächen negativ beeinflussen.

Hinzu kommen politische, wirtschaftliche, steuerliche oder rechtliche Risiken und ein Kapitalverkehrsrisiko, da nicht ausgeschlossen werden kann, dass der grenzüberschreitende Zahlungsverkehr zwischen dem Domizilland des Fonds (häufig Luxemburg) und Uruguay oder Deutschland durch politische Sanktionen oder rechtliche Einschränkungen behindert wird.

Nicht zu unterschätzen ist auch das Währungsrisiko. In der Regel handelt es sich um Anlagen in Dollar. Das Gesellschaftsvermögen wird jedoch über Zweckgesellschaften in Uruguay investiert (Wechselkursrisiko EUR – USD – UYU).

Nicht zu vergessen das Blindpool-Risiko bei Ackerlandinvestments.

Waldinvestments verhalten sich hinsichtlich des Kapitalgewinns ähnlich wie Immobilieninvestments. Der größte Teil fließt am Ende, wenn die Bäume geschlagen oder die Flächen verkauft werden. Erträge aus der Verpachtung der Waldflächen und mögliche Zahlungsströme aus dem Emissionshandel bei Forstflächen in Entwicklungsländern kommen hinzu. Indizes belegen, dass die Preise für Ackerland und für Wälder in der Vergangenheit bereits stärker gestiegen sind als Aktienkurse.

Für Ackerland und Forstwirtschaft sprechen aus Anlegersicht mehrere Gründe:

- Als Sachwert sind sie beständig und trotzen den Unwägbarkeiten des globalen Finanzsystems.
- Wegen der wirtschaftlichen und demografischen Entwicklungen in den kommenden Jahren sollten sie gute Renditen erwirtschaften und gleichzeitig einen gewissen Inflationsschutz bieten.
- Sie eignen sich zur Diversifikation, weil die Renditen nur eine geringe Korrelation zu anderen Anlageklassen wie Aktien oder Immobilien aufweisen.

Anlagerisiken bestehen bei Forstinvestments vor allem wegen der bedingten Illiquidität durch die langen Laufzeiten von meist mehr als 20 Jahren. Dieses Risiko lässt sich jedoch durch Versicherungen und eine geschickte Portfoliodiversifikation minimieren.

Bei Investments in Ackerland und Forstwirtschaft sollten Anleger darauf achten, dass im jeweiligen Flächenland ein stabiles und sicheres rechtliches Umfeld gegeben ist. Für Privatanleger bieten sich daher eher die USA und Kanada an. Südamerika, Osteuropa und Schwellenländer sind dagegen für institutionelle Investoren interessant.

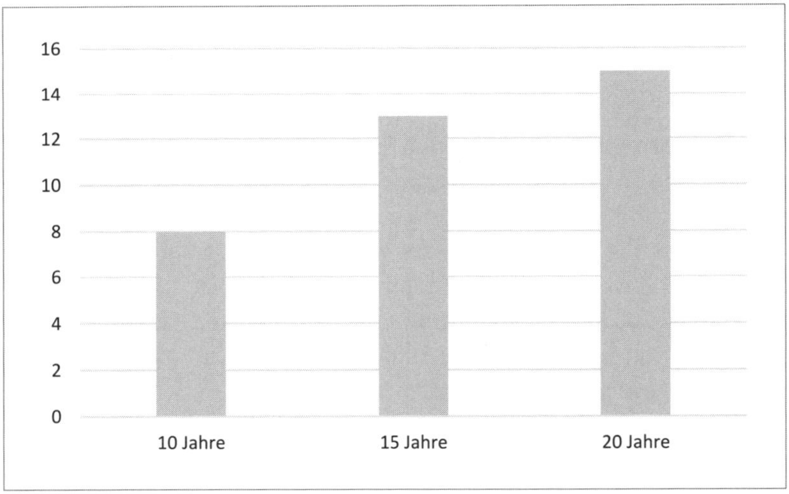

Abbildung 21: Anlagerendite bei Forstbestand in % bei einer Haltedauer von 10, 15 und 20 Jahren, Quelle: Forest Research Group

Wasser

Das »Blaue Gold« des 21. Jahrhunderts ist eine begrenzt vorhandene Ressource, die sich einer dauerhaft steigenden Nachfrage ausgesetzt sieht. Kein Wunder also, dass sich auch unter privaten Unternehmen eine Goldgräberstimmung ausgebreitet hat, denn der Weltmarkt Wasser ist schon jetzt gewaltig, das Zukunftspotenzial kaum überschaubar.

Die Investmentbank Goldman Sachs schätzt das Volumen globaler Wasseraktivitäten auf rund 400 Milliarden Dollar jährlich. Berücksichtigt wurden Bau, Instandhaltung von Versorgungsnetzen sowie die Reinigung und Aufbereitung benutzten Wassers, der Einsatz technischer Hilfsmittel und wasserbezogene Dienstleistungen.

Die Wachstumserwartungen schwanken zwischen 8 und 15 Prozent pro Jahr. Der jährliche Investitionsbedarf dürfte laut Weltbank weltweit auf bis zu 180 Milliarden Dollar ansteigen.

Wasseraufbereitung	138
Industrielles Recycling	80
Leitungssysteme	40
Sperrsysteme	40
Pumpstationen	25
Dienstleistungen	20
Private Wasseranschlüsse	18
Qualitätskontrolle	4

Tabelle 04: Die globale Struktur des Wassermarktes, Quelle: Goldman Sachs

Global	92 %
USA	86 %
Europa	64 %
Frankreich	25 %
Großbritannien	12 %
Deutschland	70 %
Portugal, Schweden, Italien, Belgien, Finnland	>90 %
Dänemark, Griechenland, Irland, Niederlande	≈100 %

Tabelle 05: Öffentlicher Anteil an der Wasserversorgung, Quelle: Waterfacts

Scheibe Brot	40 l
Apfel	70 l
Tasse Kaffee	140 l
Steak (250 g)	3 750 l
Jeans	6 000 l
Auto	20 000 l
Täglicher Wasserverbrauch der Deutschen 2016	**122 l**
Täglicher Wasserverbrauch der Deutschen 1990	**148 l**

Tabelle 06: Wasserverbrauch zur Herstellung von Nahrungsmitteln und Industriegütern, Quelle: Waterfacts

Die steigende Wassernachfrage bedeutet eine enorme Herausforderung. Denn selbst wenn Sparmaßnahmen in großem Umfang realisiert werden, scheint es nicht möglich, das Nachfragewachstum so zu begrenzen, dass das globale Angebot aus konventionellen Quellen künftig zur Bedarfsdeckung ausreicht und gleichzeitig die Nachhaltigkeit der Nutzung gewährleistet ist. Im Gegenteil: Die Grundwasserentnahme wird weiter ausgedehnt werden. Doch schon jetzt werden diese Quellen massiv übernutzt.

In China und Indien sinkt der Grundwasserspiegel jährlich um ein bis drei Meter.

Das Phänomen ist weltweit zu beobachten. Tiefliegende Wasserreservoirs werden verstärkt angezapft und können in den nächsten Jahrzehnten versiegen, denn die Natur braucht teilweise Jahrtausende zur Auffüllung. Übernutzungsraten von 50 bis 80 Prozent für Oberflächengewässer sind in trockenen Regionen keine Seltenheit. Hinzu kommt eine hohe, in den Entwicklungsländern beschleunigt zunehmende Verschmutzung der konventionellen Quellen. Die jährliche Zunahme der Wüsten liegt weltweit bei 12 Mio. Hektar, das entspricht einem Drittel der Fläche Deutschlands.

Aus diesen Entwicklungen ergeben sich Chancen für Investoren:

- Um Wasser aus größerer Tiefe zu fördern, werden leistungsfähige Pumpstationen benötigt. Auch wird die Nachfrage nach Bohrausrüstung und Messtechnik zum Auffinden von Grundwasserreservoirs zunehmen.
- Neben einer Vermeidungsstrategie wird der steigenden Verschmutzung konventioneller Quellen mit Wasseraufbereitungstechnologie begegnet werden müssen.
- Die Erschließung unkonventioneller Quellen – wie etwa Meerwasser – wird vorangetrieben.

Andere Investitionsmöglichkeiten kommen hinzu:
- Vom Trend der Wasserverknappung in der Landwirtschaft werden Hersteller von Bewässerungstechnologien profitieren, die wassersparende Systeme kostengünstig auch für kleine und mittlere Landwirtschaftsbetriebe anbieten.
- Positiv sollten sich Saatgutproduzenten entwickeln, die einen Schwerpunkt auf die Forschung und Entwicklung trockenresistenter Nutzpflanzen legen.
- Der Trend schärferer Auflagen und steigende Anforderungen an die Wasserwiederverwendung werden Produzenten von dezentralen Wasserreinigungsanlagen und Maschinenbauer, die Wasserkreisläufe in die Konzeption ihrer Anlagen einbeziehen, begünstigen.
- Steigende Preise für Wasser werden die Nachfrage nach wassersparenden Hausgeräten und Sanitärinstallationen erhöhen.

Nahrungsmittel

Die demografische Entwicklung wird sich in den kommenden Jahrzehnten zu einer wachsenden Herausforderung, aber auch zu einer Chance für die Nahrungs- und Getränkeindustrie entwickeln: Zum einen wird der steigende Anteil der älteren Bevölkerung sowie die Zunahme von Singlehaushalten in den westlichen Industrieländern zu einer wachsenden Segmentierung der Angebotspalette führen und Investitionen in vielen Sparten der Nahrungsmittelindustrie auslösen.

Zum anderen wird die Zunahme der Weltbevölkerung vor allem in Asien, bei gleichzeitig unterdurchschnittlichem Bevölkerungswachstum in den Industrieländern, zu regionalen Verschiebungen bei der Nahrungs- und Getränkeproduktion führen.

Eine entscheidende Determinante für die Konsumausgaben wird dabei die Einkommensentwicklung in den einzelnen Weltregionen sein. Auch der Kalorienverbrauch pro Kopf steht in einem engen Verhältnis zum Einkommen. Branchenstudien gehen davon aus, dass sich die Zahl der Verbraucher in den Schwellenländern, die sich Produkte der Ernährungsindustrie leisten können, bis zum Jahr 2030 in etwa verdoppeln wird.

Von den Nachfrageschüben wird ein breites Spektrum der Nahrungsmittel- und Getränkeindustrie profitieren. Auch wird es mit zunehmenden Einkommen und höheren Lebensstandards zumindest partiell zu veränderten Trink- und Essgepflogenheiten kommen.

Vor diesem Hintergrund werden beispielsweise in Ländern wie Indien oder China gesunde, innovative und qualitativ hochwertige Nahrungsmittel immer besser positioniert sein.

- Die Unternehmen werden auch von der zunehmenden Entwicklung zu mehr Einpersonenhaushalten profitieren.
- Steigende Zuwächse sind wegen der zu erwartenden Adaption westlicher Konsumgewohnheiten in den Schwellenländern, steigender Einkommen sowie der zunehmenden Urbanisierung beispielsweise auch für die Fleisch verarbeitende Industrie – vor allem Geflügel und Schweinefleisch – zu erwarten.
- Dazu kommt aber auch der zunehmende Getränkeverbrauch, der Chancen für Unternehmen und damit Investoren bietet.
- Nicht zu vergessen die Verpackungsindustrie, die vom steigenden Bedarf an Convenience-Produkten und Verbrauch von PET-Flaschen profitieren wird.

Aktuelle Konsumtrends in den Industrieländern werden sich aufgrund der demografischen Entwicklung global verstärken. Neue Strömungen werden hinzukommen.

Nahrungsmittel bleiben ein Grundbedürfnis der Menschen, sie werden unabhängig von Konjunkturzyklen konsumiert. Die Nahrungsmittel- und Getränkeindustrie wird von den skizzierten Veränderungen stark profitieren. In diesem Sektor werden die Gourmets unter den Anlegern den ein oder anderen nachhaltigen Gaumenkitzel finden.

Klimawandel

Es ist nicht gesagt, dass Anlagestrategien, die auf Überlegungen zum Klimawandel basieren, höhere Gewinne erzielen werden als andere Strategien. Man kann jedoch davon ausgehen, dass gesetzliche Vorgaben und andere Mechanismen im Zusammenhang mit dem Klimawandel einen deutlichen Einfluss auf das Marktumfeld haben werden. Für einige Branchen und Unternehmen bedeutet das eine Erhöhung des Risikoprofils, während sich für andere erhebliche Wachstumschancen ergeben. Immer mehr Unternehmen und Finanzmarktteilnehmer beziehen daher den Klimawandel in ihre Geschäftspläne und Strategien ein. In vielen Fällen ändern Konzerne ihr Verhalten bereits, in anderen Fällen berücksichtigen Investoren den Klimawandel bei ihren langfristigen Anlagestrategien. Sie investieren in Unternehmen, die zum Klimaschutz beitragen. Gleichzeitig wird Kapital aus Unternehmen abgezogen, die primär für den Klimawandel verantwortlich sind.

Die Umstrukturierung der Weltwirtschaft nach ökologischen Gesichtspunkten bietet große Investitionsmöglichkeiten. Generell lässt sich festhalten:

- Während die Weltwirtschaft in den vergangenen Jahren um 3 bis 5 Prozent expandierte, werden grüne Technologien bis 2030 um durchschnittlich 8 Prozent zulegen.

Von besonderer Relevanz hinsichtlich potenzieller Auswirkungen des Klimawandels ist, dass diese regional höchst unterschiedlich ausfallen werden. Das gilt sowohl für Regionen in unterschiedlichen Teilen der Erde als auch für unterschiedliche Regionen innerhalb einzelner Länder.

Doch zunächst einmal wird es vielfach zu Belastungen kommen. Für Schlüsselindustrien wie die Energieerzeugung, den Automobilbau, das Transportwesen, die Versicherungen, aber auch die Landwirtschaft wird der Klimawandel genauso wichtig wie Wechselkurs- oder Zinsrisiken. Je höher die Emissionsintensität, desto wahrscheinlicher wird ein zukünftiger Produktions-/Absatzkostenanstieg als Folge staatlich vorgegebener CO_2-Reduktionsziele. Die Verpflichtung zum Erwerb von Emissionszertifikaten wurde bereits flächendeckend eingeführt. Auch drängen Anleger und Investoren immer stärker darauf, dass klimabedingte Risiken in den Unternehmensbilanzen offengelegt werden.

Die Klimaschutzinvestitionen betreffen den Bau neuer Kraftwerke ebenso wie eine effizientere Verwendung von Wasserressourcen, die Land- und Forstwirtschaft wie die Energieversorgung, den Bausektor wie den Küstenschutz, die Tourismus- und Freizeitbranche wie die Pharmaindustrie, den Verkehr wie die Automobilindustrie (der VW-Skandal mit getürkten Abgaswerten bei Dieselmotoren verdeutlicht das), die Schifffahrt wie die Luftfahrt, die Chemie wie die Zementherstellung. Doch so dramatisch sich der Klimawandel in den kommenden Jahrzehnten für Mensch und Erde auch auswirken wird, für Anleger bringt er eine Vielzahl von Chancen. Viele Branchen werden die Herausforderungen annehmen und ihnen durch Forschung, technologische Neuerungen und Infrastruktur-Anpassungsmaßnahmen bzw. -Investitionen begegnen müssen. Aus Anlegersicht sind daher Investitionen in alternative Energien, Nanotechnologie, Grüne Produkte/Abfallwirtschaft, Mobilität (E-Autos), Biotechnologie, Wasserwirtschaft und Energieeffizienz attraktive langfristige Kapitalanlagen. Banken und Versicherungen haben diesen Megatrend längst erkannt. Sie stellen eine breite Palette alternativer Finanzprodukte zur Verfügung. Sie reicht von Einzelwerten über Branchenzertifikate und Themenfonds bis hin zur Beteiligung am Erwerb von Emissionszertifikaten.

Aktien	Anleihen	Private Equity/ Risikokapital
• Portfolio-Screening • SRI-Fonds • Thematische Fonds • Aktien für erneuerbare Energien und Effizienz • »Grüne« Hedgefonds • Zertifikate	Portfolio-Screening SRI-Fonds Anleihen für erneuerbare Energien	Risikokapital für Umweltprojekte

Immobilien	Hedging Instrumente	Andere
• Verbesserte Energieeffizienz im Eigentumsportfolio	• Versicherung • Wetterderivate • Katastrophenanleihen • Emissionsindizes	• CO_2-Fonds

Tabelle 07: Finanzprodukte für Anpassung oder Eindämmung beim Klimawandel, Quelle: UBS

Die Folgen des Klimawandels bringen für Unternehmen und Branchen Risiken wie strengere gesetzliche Vorgaben, sinkende Umsätze, häufigeren Wertverlust physischen Eigentums oder Imageschäden mit sich. Wenn die Treibhausgasemissionen tatsächlich gesenkt werden, dürfte das verstärkte Bewusstsein für den Klimawandel bei Anlegern auch die entsprechenden Risiken und Chancen in den Mittelpunkt rücken. Die Chancen aus der Eindämmung des Klimawandels lassen sich in zwei Kategorien einteilen:

- Es gibt einerseits Produkte für eine verbesserte Energieeffizienz.
- Andererseits werden erneuerbare bzw. CO_2-arme Energien entwickelt.

Je mehr Anreize es für eine Senkung der Treibhausgasemissionen gibt, desto besser sind die Aussichten für Anlagemöglichkeiten im Zusammenhang mit Klimaschutz.

Kunst

Immobilien, Diamanten und Gold haben einen Materialwert. Kunst ist dagegen ein untypischer Sachwert: Ein Kunstwerk ist dann wertvoll, wenn es einzigartig, nicht reproduzierbar und durch Originalität gekennzeichnet ist. Der Wert eines Kunstwerks wird demnach primär durch den Namen des Künstlers bestimmt.

Kunst bietet die Möglichkeit, auf wenig Raum viel »Wert« zu transportieren – und das leichter als mit Gold. Die Einzigartigkeit und die Dauerhaftigkeit macht Kunst zu einem Wertaufbewahrer, potenzieller Kapitalgewinn eingeschlossen. Gerade in Dauerniedrigzinszeiten rückt der Kunstmarkt bei Investoren ins Blickfeld, die sich einen »Sachwert mit Potenzial« sichern wollen. Eine Umfrage für den *Art & Finance Report* von Deloitte und ArtTactic ergab:

- 76 Prozent aller befragten Kunstsammler kaufen Kunst aus Investmentüberlegungen.
- Für fast 90 Prozent aller Family Offices sowie 64 Prozent der an der Umfrage beteiligten Private-Banking-Abteilungen von Finanzinstituten ist die Beschäftigung mit Kunst-Anlagen ein strategischer Fokus.

Das Spektrum reicht dabei vom klassischen Finanzprodukt für eine Wertsicherung bis hin zur risikoreichen spekulativen Kapitalanlage:

- Zum konservativen Segment gehören Alte Meister und die klassische Moderne.
- Zeitgenössische Kunstwerke gelten als wachstumsorientiertes Investment.
- Kunstobjekte junger Gegenwartskünstler gehören in den spekulativen Bereich.

Doch wie die Kapitalmärkte kann sich auch der Kunstmarkt konjunkturellen Schwankungen nicht entziehen. Wird an den Finanzmärkten Geld verdient, wird es auch für Kunst ausgegeben. Bleibt die Überschussliquidität und Stimulanz durch die Börsen aus, zeigt sich meist etwas zeitversetzt der Kunstmarkt in einer Konsolidierungsphase. Das Verhältnis von Kunst und Kapital ist spätestens seit der Jahrtausendwende in eine neue Dimension eingetreten. Dabei geht es vor allem um das Vordringen des Kapitals in die Welt der Kunst, um ihre Ökonomisierung. Die massive ökonomische und geografische Expansion des Kunstmarkts hat allein im letzten Jahrzehnt zu einer Ausweitung des Volumens um das Dreifache auf 64 Milliarden Dollar 2015 geführt.

Die rapide Expansion des Marktes korrespondiert dabei mit der rasanten Steigerung des Personenkreises mit hohen Einkommen und Vermögen weltweit. Aktuell werden weltweit rund 35 Millionen *High-Net-Worth-Individuals HNWIs* gezählt. Bis 2020 erwarten die Experten vom Credit Suisse Research Institute einen weltweiten Vermögenszuwachs auf 345 Billionen Dollar – 38 Prozent mehr als 2015.

Region	2015	2020	Veränderung in %
Afrika	126	217	+ 73
Asien-Pazifik	4.931	8.069	+ 64
China	1.333	2.320	+ 74
Europa	10.011	15.514	+ 55
Indien	185	305	+ 65
Lateinamerika	485	738	+ 52
Nordamerika	16.646	22.111	+ 33
Welt	33.717	49.273	+ 46

Tabelle 08: Zahl der Millionäre in Tausend, Quelle: Credit Suisse Research Institute

Letztlich ist Kunst aber nicht ökonomisch-mathematisch erfassbar. Das ist der Grund, weshalb Kunst auch zur »Währung« erhoben wird. Denn Kunst ist – ähnlich wie internationale Währungen – unberechenbaren Schwankungen unterworfen. Doch aufgrund ihres materiellen Daseins bietet Kunst gegenüber Währungen den Anschein größerer Sicherheit. Unter der Voraussetzung, dass man im Kunstbereich die richtigen Anlagen (Qualität) wählt, ist der Kunstmarkt empirisch gesehen beständiger als die Börse. Seit 1970 war die Rendite für die Assetklasse Kunst über den gesamten Zeitraum bis Ende 2015 positiv und lag in den einzelnen Jahren zwischen 5,5 und 12,6 Prozent.

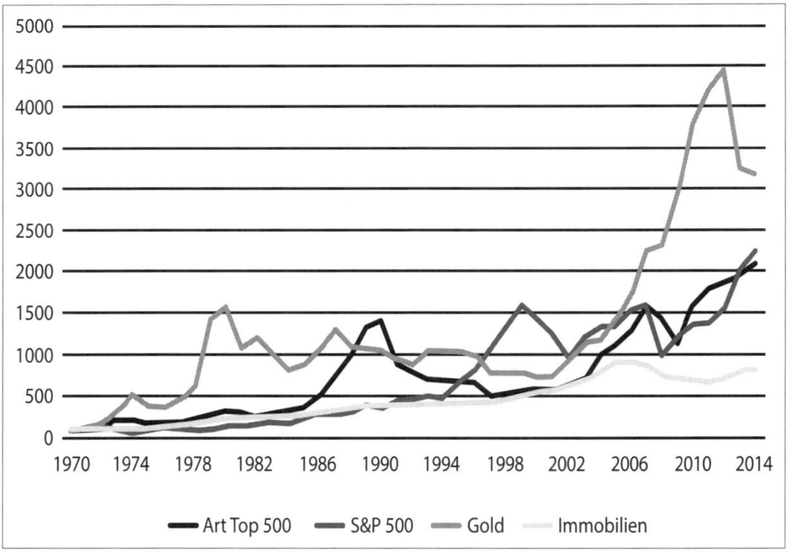

Abbildung 22: Indizes Kunst, Aktien und Immobilien im Vergleich, Quelle: Roman Kräussl, University of Luxembourg

Doch wer glaubt, aus den bei Auktionen erzielten Spitzenpreisen oder aus Renditeentwicklungen von Kunstindizes Rückschlüsse auf die durchschnittliche Preisentwicklung von Kunst insgesamt oder einzelnen Kunst-Segmenten ziehen zu können, irrt:

Einerseits sind von den bei Auktionen und sonstigen Verkäufen realisierten Wertsteigerungen noch die im Einzelfall beträchtlichen Kosten in Abzug zu ziehen – beim »Schrei« von Edvard Munch (Zuschlag bei 119,9 Millionen Dollar) etwa waren das stolze 12,9 Millionen Dollar.

Andererseits sind die Werte vieler Kunstportfolios – etwa der Kunst-Fonds – häufig rein hypothetisch. Erzielt auf einer Auktion ein *Picasso* oder *Warhol* einen Rekordpreis von × Millionen Dollar, wird dieser Wert auch allen anderen Werken des Künstlers zugerechnet. Dabei ist nicht garantiert, dass sich diese Werte dann zu einem späteren Verkaufszeitpunkt auch tatsächlich realisieren lassen. Denn jeder Künstler hat in seiner Schaffensperiode Höhen und Tiefen – das schlägt sich auf die Preise der in diesen Phasen erstellten Kunstwerke nieder. Ein Spielfeld für Spekulanten.

Auch sind Auktionsergebnisse von Zufällen abhängig. Denn wenn beispielsweise drei Teilnehmer einer Versteigerung meinen, einen bestimmten *Pollock* oder *Richter* unbedingt haben zu müssen, und dafür dann bis an die Grenze ihrer Wertschätzung gehen, hat der Verkäufer Glück gehabt. Erzielt er doch einen Preis, den es vielleicht so schnell für Objekte dieser Künstler nicht wieder geben wird. Rekordergebnisse auf Auktionen sind also noch keine Garantie für einen »Spitzenkünstler« oder »Spitzenqualität«.

Hinzu kommt, dass in der Kunstszene nur Erfolgsgeschichten angesagt sind. Über die Ladenhüter und nicht verkauften Lose auf Auktionen spricht man nicht. Das gilt nicht nur für Auktionen mit Kunst, das trifft auch für Versteigerungen mit Schmuck, Uhren, Oldtimern oder Weinen zu. Zudem wirft Kunst – ähnlich wie Diamanten oder Gold – keine laufenden Erträge ab. *Kunstkäufer setzen rein auf Wertzuwachs.* Ökonomisch betrachtet, stehen die Preise für Kunst in einem direkten Zusammenhang mit dem Preis des Geldes. Derzeit profitieren die Kunstmärkte von der Politik des »billigen Geldes« und den damit einhergehenden niedrigen bzw. Nullzinsen. Sobald die Zinsen steigen, werden die Preise auf dem Kunstmarkt ins Stolpern kommen, da aus Sicht der Anleger andere Assetklassen aus Renditeüberlegungen an Attraktivität zulegen werden.

Rang	Name	Land	Kunstform	Preis in TEUR
1	Richter, Gerhard	D	Malerei	1.200–1.800
2	Nauman, Bruce	USA	Mixed Media	900–1.000
3	Trockel, Rosemarie	D	Mixed Media	80–200
4	Baselitz, Georg	D	Malerei	450–550
5	Sherman, Cindy	USA	Fotokunst	80–200
6	Kiefer, Anselm	D	Malerei	350–600
7	Eliasson, Olafur	DK	Skulptur, Installation	125–350
8	Kentridge, William	ZA	Zeichnung, Film	40–60
9	Serra, Richard	USA	Skulptur	900–1.500
10	Rist, Pipilotti	CH	Video Art	90–130
11	Gursky, Andreas	D	Fotokunst	150–400
12	Schütte, Thomas	D	Skulptur	180–250
13	Koons, Jeff	USA	Malerei, Objektkunst	500–800
14	Ruff, Thomas	D	Fotokunst	40 –90
15	Baldessari, John	USA	Fotokunst	120–200
16	Boltanski, Christian	F	Krit. Kunst, Installation	45–70
17	Gordon, Douglas	GB	Video Art	125–300
18	Weiner. Lawrence	USA	Konzeptkunst	100–140
19	Cattelan, Maurizio	I	Installation	200–250
20	Viola, Bill	USA	Video Art	150–200

Tabelle 09: Die Top 20 der aktuellen Kunstszene, Quelle: manager magazin

Käufer von Kunstwerken, deren Interesse darin besteht, die Objekte in einigen Jahren mit einer Rendite weiterzuverkaufen, dürfen sich bei ihren Käufen nicht von ihren privaten Vorlieben beeinflussen lassen. Für sie geht es vor allem darum, vorherzusehen, was andere dafür in Zukunft zu zahlen bereit sein werden. Der *Mei Moses Fine Art Index* ist dabei ein gutes Hilfsmittel.

Ähnlich wie der Aktienmarkt weist auch der Kunstmarkt starke Preisschwankungen auf. Grundsätzlich gilt aus Anlagesicht: *Je jünger die Kunst, desto riskanter ist sie.*

Um ein Gespür für die Gesetzmäßigkeiten auf dem Kunstmarkt zu bekommen, brauchen Anleger für ein erfolgreiches Investment Informationen. Das gilt vor allem für die Richtigkeit von Preisen neuer und noch namenloser zeitgenössischer Künstler. Auch folgt der Kunstmarkt anderen Regeln als normale Kapitalmärkte:

- Von einer Preisfestsetzung dank Angebot und Nachfrage kann nur bedingt gesprochen werden.
- Preismanipulationen sind nicht ausgeschlossen. Zum einen versuchen Galeristen, Preissenkungen für ihre Kunstwerke zu vermeiden, zum anderen sind Preisabsprachen auf Auktionen keine Seltenheit.
- Anleger müssen zwischen dem von Galeristen dominierten Primärmarkt und dem Sekundärmarkt der Auktionshäuser und Händler unterscheiden. Galeriepreise sind nicht gleich Auktionspreise.
- Neben dem Kaufpreis für ein Kunstwerk fallen weitere, teils hohe Transaktionskosten für Gebühren bzw. Kommissionen, Zölle und Steuern (in Deutschland 19 Prozent) an, die sich auf bis zu 50 Prozent des Kaufpreises summieren.
- Durch eine sichere Lagerung und Versicherung fallen Folgekosten an.

Deutlich niedriger ist die Steuerbelastung in der Schweiz und den USA. Viele deutsche Kunstsammler führen daher im Ausland erworbene Kunstwerke erst gar nicht nach Deutschland ein, sie deponieren diese in ausländischen Zollfreilagern.

Wer in Kunst investieren will, sollte sich nicht nur auf Trends oder Informationen von Galeristen und Kunsthändlern verlassen. Das Kunstwerk selber, der Preis und alle rechtlichen Gegebenheiten sollten wie bei anderen Assetklassen analysiert werden. Privatanleger haben die Möglichkeit, sich zu einem bestimmten

Kunstwerk von einem unabhängigen Experten eine »Kunst-Due-Diligence« erstellen zu lassen. Analysiert werden:

- **Kunstwerk:** Zustand, Echtheit und Provenienz des Werkes
- **Rechtliche Überprüfung:** Dokumente des Eigentümers und Titel, Exporterlaubnis, Art-Loss-Register
- **Preis:** Auktionspreis des Werkes in der Vergangenheit, Preise vergleichbarer Werke, neutrale Neubewertung durch unabhängigen Experten.

Eine Investition in Kunst sollte aus langfristigen Überlegungen erfolgen. Werke namhafter Künstler lassen sich im Bedarfsfall auf dem Kunstmarkt zwar zügig verkaufen, insgesamt aber gilt die schlechte Liquidität von Kunst als größter Nachteil dieser Assetklasse. Im Gegensatz zu Aktien oder Anleihen lässt sich Kunst – ähnlich wie Immobilien – nicht innerhalb weniger Tage in Geld umwandeln. Gelingt der Verkauf an einen Händler oder Sammler nicht direkt, muss auf der Auktionsebene mit einer Dauer von drei bis zwölf Monaten gerechnet werden.

Mit dem Besitz von Kunst lassen sich aber auch Steuern sparen – und das nicht unerheblich. So raten auf Erbschaftsteuer spezialisierte Anwälte Mandanten mit großen Vermögen beispielsweise Aktiendepots in Kunst umzuschichten. Denn bei richtigem Vorgehen lässt sich Vermögen dadurch steuerfrei verschenken und vererben:

- Bis zu 60 Prozent des Kunstwerts bleiben nämlich steuerfrei, wenn ein Museum ein Kunstwerk vom Eigentümer längerfristig als Leihgabe erhält und dieses für einen Zeitraum von zehn Jahren nicht veräußert wird.
- Vollständige Steuerbefreiung (100 Prozent) winkt Sammlern, wenn sich die Objekte mindestens 20 Jahre in Familienbesitz befinden, wobei ebenfalls das zehnjährige Veräußerungsverbot gilt. Da es in der Praxis häufig schwierig festzustellen ist, ob sich einzelne Kunstgegenstände oder eine ganze Samm-

lung schon entsprechend lange im Familienbesitz befinden, sieht die Finanzverwaltung diese Voraussetzung in der Regel als gegeben an, wenn wertmäßig mehr als 50 Prozent der Kunstgegenstände bzw. der Sammlung diese Besitzzeit erfüllen. Das sind legale Möglichkeiten, große Vermögen teils oder ganz an der Erbschaftsteuer vorbeizuführen. Den Erben bleibt es dann überlassen, Kunstgegenstände oder Sammlung nach Ablauf der zehnjährigen Bindefrist durch Verkauf wieder zu »Geldvermögen« zu machen. Und während Lagerung, Versicherung und wissenschaftliche Aufarbeitung der Kunstwerke für die Dauer der Leihgabe mit öffentlichen Mitteln bestritten werden, kommen Wertsteigerung und Steuerersparnis in vollem Umfang dem Sammler bzw. seinen Erben zugute.

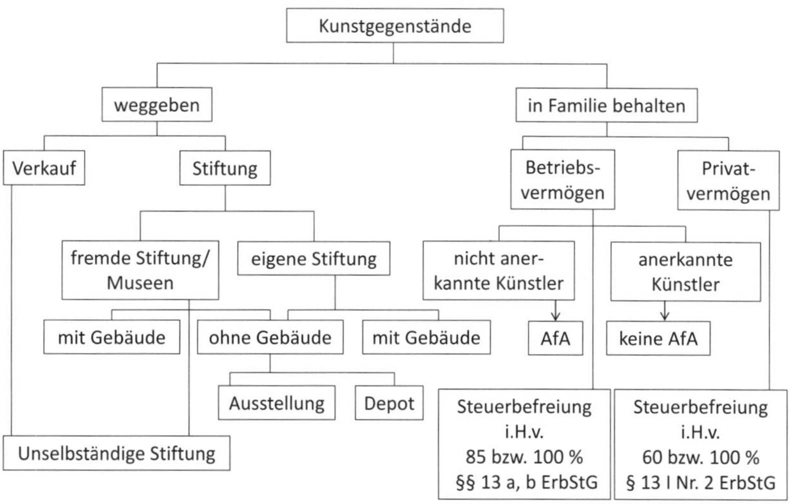

Abbildung 23: Erbschaftsteuerliche Gestaltung bei Kunstgegenständen (Stand Juni 2016, eine Gesetzesänderung ist auf dem parlamentarischen Weg und soll rückwirkend zum 1. Juli 2016 in Kraft treten). Quelle: Schuhmann Rechtsanwälte, München

Vermögensschutz der besonderen Art

Kaum ein Markt ist so intransparent wie der Kunstmarkt. Ideale Voraussetzungen für Betrug, Geldwäsche und Steuerhinterziehung. Denn während der Finanzmarkt seit der Finanzkrise 2007/2008 stark reguliert wurde und Banken seitdem ihre Kunden kennen und Sorgfaltspflichten erfüllen müssen, fehlen derartige Regelungen für den weltweiten Kunsthandel:

- Käufer wie Verkäufer bleiben anonym.
- Kunst wird über Sitzgesellschaften in Offshore-Staaten gehalten.
- Kunstwerke von geringem Wert werden zu stark überhöhten Preisen ge- und verkauft, um anschließend beispielsweise in Zollfreilagern in Luxemburg, der Schweiz, Singapur oder ab 2017 auch in Liechtenstein von Behörden unkontrolliert und steuerfrei gelagert zu werden.

Das Geschäft mit Zollfreilagern boomt vor allem international, seit die Reichen und Superreichen einen Teil ihres Vermögens in Kunstwerken, Schmuck, Uhren, Diamanten, Gold und anderen wertvollen Objekten wie Oldtimer oder Weine anlegen.

Aber nicht nur die Reichen finden für ihre Vermögenswerte in den Zollfreilagern Sicherheit, Zoll- und Steuerfreiheit. Auch Steuerbetrüger haben ihre Schwarzgeldkonten in den letzten Jahren im Zuge der »Weißgeldstrategie« vor allem bei Schweizer Banken abgeräumt und das Geld in Kunst, Diamanten und Gold angelegt, um diese in den Hightech-Lagern zu verstecken. Es gilt dann nur noch die Verjährungsfristen in der Heimat abzuwarten, um ursprünglich schwarze Kassen nach einigen Jahren gewaschen zu haben. Zollfreilager dienen Vermögenden also sowohl zur Steueroptimierung als auch zur Geldwäsche. *Zollfreilager sind Niemandsland.*

Kunstwerke haben Wertpapiercharakter. Kunst gilt als Topanlage und schönste Form der Geldwäsche, zumal Barzahlungen selbst bei großen Beträgen nicht ungewöhnlich sind. Eine blühende Schattenwirtschaft vornehmlich mit 500-Euro-Scheinen, in der sich vieles unter der Hand abspielt.

Vermögenswerte schützen wollen aber auch deutsche Besitzer hochwertiger Kunst gegen das Kulturschutzgesetz. Danach werden Kunstwerke, die älter als 70 Jahre und teurer als 300 000 Euro sind, auch bei der Ausfuhr innerhalb Europas überprüft, *»ob sie als national wertvolles Kulturgut unter Ausfuhrschutz zu stellen sind«*. Kunstmarktexperten gehen davon aus, dass deshalb 2015/Anfang 2016 viele deutsche Sammler von Gegenwartskunst ihre Bestände prophylaktisch ins Ausland geschafft haben. Kunst, die dort fern dem Zugriff deutscher Behörden in Zollfreilagern deponiert wurde.

Technik	Ausfuhr innerhalb der EU	Ausfuhr in einen Drittstaat
Gemälde	70 Jahre: EUR 300 000	50 Jahre: EUR 150 000
Aquarell/Gouache	70 Jahre: EUR 100 000	50 Jahre: EUR 30 000
Zeichnung	70 Jahre: EUR 50 000	50 Jahre: EUR 15 000
Fotografie	70 Jahre: EUR 50 000	50 Jahre: EUR 15 000
Grafik	70 Jahre: EUR 50 000	50 Jahre: EUR 15 000

Tabelle 10: Übersicht: Künftig gültige Alters- und Wertgrenzen – Ausfuhrgenehmigung notwendig, Quelle: Die Kulturgutschutznovelle, Sept. 2015

Risiken und Chancen von Sachwertanlagen

Auch wenn Sachwerten eine Schutzfunktion vor Anstiegen des allgemeinen Preisniveaus zugeschrieben wird, ein Teil der in der Vergangenheit als sicher erachteten staatlichen Anleihen erhebliche Ausfallrisiken aufweisen und als sicher geltende Anleihen aktuell historisch niedrige Verzinsungen – teils sogar mit negativen Realzinsen – bringen, ist der Erwerb von Sachwerten mit Risiken für Anleger und Volkswirtschaften verbunden. Das hat die Immobilienkrise in den USA und in einigen europäischen Staaten gezeigt.

Anleger sollten sich daher bei Investitionen in Sachwerte vorher hinsichtlich ihrer Potenziale und Risiken eingehend informieren: Von Bedeutung sind Ertrags- und Kursrisiken, geldpolitische Risiken sowie Wechselkursrisiken. Aber auch das Inflationsrisiko kann für Sachwerte relevant sein.

Mit einer Entscheidung für Sachwerte und insbesondere beim Erwerb von Produktivvermögen kommen auf Anleger unternehmerische Risiken zu, da das Eigenkapital bei geschäftlichem Misserfolg unmittelbar der Haftung unterliegt. Einem Erwerb von Produktivvermögen sollte daher eine fundierte, branchenspezifische Bewertung der Ertragschancen und Risiken vorausgehen.

Aber auch wenn die Geldpolitik zur Bildung von Spekulationsblasen führt, kann das Auswirkungen auf die Preisbildung von Sachwerten haben. Gleiches gilt für Wechselkursrisiken, wenn Sachwerte im Ausland erworben werden. Dabei bestehen besondere Risiken bei einer relativ hohen ausländischen Inflation. Ein weiteres Risiko ergibt sich für Produktivvermögen, wenn mit dem Erwerb eines Sachwertes auch nominal fixierte Einnahmen – etwa Mieten – verbunden sind. Diese können Inflationsrisiken bergen.

Langfristig agierende Kapitalanleger müssen also wissen, ob sie das mit einer Fremdwährungsanlage verbundene Wechselkursrisiko tragen wollen. In vielen Fällen ist es möglich, sich gegen künftige Wechselkursschwankungen abzusichern. Das kostet Geld und reduziert damit die Rendite einer Fremdwährungsanlage. Wer den Einfluss von Wechselkursrisiken neutralisieren will, muss auf Termingeschäfte zurückgreifen, auf sogenannte Forwards, Futures oder Optionen. Mit solchen Instrumenten können mit wenig Kapitaleinsatz entgegengesetzte Währungspositionen zum eigentlichen Auslandsinvestment aufgebaut werden. Die einfachste Lösung sind Anlageprodukte mit eingebauter Wechselkursabsicherung – doch das hat seinen Preis.

Grundsätzlich gilt:

- Anleihen sollte man wegen des großen Wechselkurseinflusses immer absichern.
- Bei Rohstoffen ist die Korrelation und Risikoneigung des Investors ausschlaggebend.

Anleger sollten sich aber hüten, in einer Währung Kredit aufzunehmen, um in einer anderen Währung anzulegen. Damit haben auch schon Profis viel Geld verloren.

Investmentchance Demografie

Die Menschen leben länger, die Weltbevölkerung wächst. Der globale Trend Demografie wird zur Investmentchance. Denn demografische Entwicklungen wie das Bevölkerungswachstum, die veränderte Bevölkerungsstruktur und die steigenden Lebenserwartungen dürften sich auf das Wachstum, das Sparverhalten sowie die Risikoneigung bei der Kapitalnachfrage in einer Volkswirtschaft auswirken – und damit wohl auch auf die Preisentwicklung von Vermögensklassen an den Kapitalmärkten. Zukunftssicherung heißt das Gebot der Stunde. Dabei stellt sich für Anleger die Frage, ob das »Langlebigkeitsrisiko« höher bewertet werden muss als »Anlagerisiken«. Bis zum Jahr 2050 wird die Weltbevölkerung auf voraussichtlich 9 Milliarden Menschen wachsen, bis 2100 sogar auf 11,2 Milliarden; lediglich für Europa und Japan ist mit einem Rückgang zu rechnen. In diesen Regionen kommt es zu einer »doppelten Alterung«. Während die Lebenserwartung der Menschen weltweit weiter steigt, nimmt hier gleichzeitig der Anteil älterer Menschen an der Weltbevölkerung zu.

Während die Industrieländer vor allem altern, bleiben die Schwellenländer – mit Ausnahme Chinas – jung und ihr Anteil an der Weltbevölkerung steigt. Verbunden mit einer steigenden Wirtschaftskraft führt das dazu, dass die Schwellenländer sich in den kommenden Jahrzehnten zu Wachstumsländern entwickeln.

Eine Investmentüberlegung, die sich daraus ableitet, heißt daher: *globaler investieren.* Teile des Geldes sollten dort angelegt werden, wo Wachstum heute und morgen entsteht. Das kann folgendermaßen umgesetzt werden:

- im einfachsten Fall mit einem global anlegenden Portfolio, etwa eines weltweit investierenden Fonds,
- durch Investitionen in Regionen mit überdurchschnittlichem Wachstumspotenzial oder
- durch Investitionen in Unternehmen, die ihren Sitz noch in den alternden Industrieländern haben, deren Absatzmärkte sich aber zu großen Teilen in den aufstrebenden Ländern befinden.

Aber das ist es nicht allein. Die globalen demografischen Trends dürften auch zu einer Veränderung der *Nachfragestruktur* und zu globalen *Nachfrageverschiebungen* führen. Damit rücken neben den oben aufgeführten Segmenten Rohstoffe, Sachwerte, Infrastruktur, Transport und Umwelt auch die Segmente Biotechnologie und Pharma in den Anlagefokus.

Die Biotechnologie und die Pharmaindustrie werden vor allem von der älter werdenden Bevölkerung profitieren, da der Bedarf an Gesundheitsvorsorge quantitativ und qualitativ steigen wird. Denn mit höherem Wohlstand steigt auch der Konsum qualitativ hochwertiger Gesundheitsleistungen. Gleichzeitig wird der Bedarf an Arzneimitteln und medizinischen Eingriffen durch die alternde Bevölkerung zunehmen, die chronischen und akuten Leistungen werden größer, sodass die Ausgaben für die Gesundheit überproportional wachsen werden. Damit steigt auch die Nachfrage nach Produkten und Dienstleistungen zur Gesunderhaltung wie *Medizintechnik, Gesundheitsberatung, Wellness, Bioprodukte* und *Functional Food.*

Seit 1950 ist die durchschnittliche Lebenserwartung um 4,6 Monate pro Jahr von 45,4 auf heute 75.3 Jahre gestiegen. Lag die durchschnittliche Lebenserwartung bei Renteneintritt im Alter von 65 zum Beispiel in Japan 1950 noch bei elf Jahren, beträgt sie heute

22 Jahre. Bis Mitte des Jahrhunderts dürfte sie auf 24 Jahre angestiegen sein. In der Schweiz wird sie dann wahrscheinlich bei 23,7 und in Deutschland bei knapp 22 Jahren liegen. Auch in den heutigen Schwellenländern wie China oder Südkorea wird der dritte Lebensabschnitt länger werden: in China rechnerisch 18,7 Jahre, in Südkorea 21,6 Jahre. *Der »Lebensabend« entwickelt sich zu einem vollen Lebensabschnitt.*

	2005	2050
Europa	16	27
Nordamerika	13	22
Lateinamerika	6	20
Ozeanien	10	19
Asien	6	17
Afrika	3	7

Tabelle 11: Anteil der Bevölkerung über 65 nach Regionen (2005–2050) in Prozent, Quelle: UN Population Report

Doch wer bei Rentenbeginn statistisch noch über 20 Lebensjahre vor sich hat, der sollte überlegen, sein Geld härter und länger arbeiten zu lassen.

- **Härter:** Um das Rentenloch bei der Altersvorsorge zu stopfen, muss neben der betrieblichen Altersvorsorge die private Kapitalanlage eine möglichst hohe Rendite erwirtschaften. Geld darf sich nicht auf dem Sparbuch oder in Anleihen bester Bonität ausruhen, die aktuell wegen der Dauerniedrigzinsen, aber auch bei Inflation und unter steuerlicher Berücksichtigung keinen Wertzuwachs erwarten lassen. Die Realrenditen für diese Anlageformen sind seit 2010 in vielen Ländern negativ.

- **Länger:** Da eine höhere Renditeerwartung mit höheren Kursrisiken verbunden ist, rückt die Anlagedauer ins Blickfeld. Dabei gilt die Faustregel: Je länger Geld arbeiten kann, desto eher kann in schwankungsreichere Anlageformen investiert werden, da sich zwischenzeitliche Kursverluste eher aussitzen lassen. Es besteht die Gefahr, dass wir länger leben, als unser erwirtschaftetes Vermögen ausreicht. Es stellt sich die Frage, ob das »Langlebigkeitsrisiko« höher bewertet werden muss als gewisse Anlagerisiken. *Zukunftssicherung heißt das Gebot der Stunde.*

Bei Anlageentscheidungen kann es sich daher empfehlen, globale demografische Entwicklungen als Investmentchance zu nutzen. Megatrends sind vor allem bei Unternehmen aus den Bereichen Bio- und Nanotechnologie sowie bei unternehmensnahen, wissensintensiven Dienstleistungen in den Bereichen Logistik, IT, Sicherheit, Personalberatung und Weiterbildung zu erwarten.

Eine Investmentüberlegung, die sich daraus ableitet, heißt daher: *Globaler investieren:*

- Teile des Geldes sollten da angelegt werden, wo das Wachstum (heute und) morgen entsteht.

Das kann am einfachsten mit einem global anlegenden Fonds geschehen und/oder durch Investitionen in Regionen mit überdurchschnittlichem Wachstumspotenzial, in denen sich die demografische Entwicklung am vorteilhaftesten auswirken dürfte, und/oder in Unternehmen, die ihren Sitz noch in den alternden Ländern haben, deren Absatzmärkte sich aber zu großen Teilen in den aufstrebenden Ländern befinden.

Investmentchance Gesundheit

Physische und psychische Gesundheit ist die Voraussetzung dafür, viele Aktivitäten des Lebens überhaupt ausüben zu können. Der Gesundheitszustand beeinflusst dabei nicht nur das individuelle Wohlbefinden und die Lebensqualität, sondern wirkt sich über höhere Produktivität und geringere Ausfallzeit im Arbeitsprozess auch volkswirtschaftlich positiv auf Einkommen und Wohlfahrt aus. Insbesondere in ärmeren Ländern stellt Gesundheit eine der zentralen Determinanten wirtschaftlicher Entwicklung dar.

Die Gesundheitsversorgung erfolgt in den meisten Ländern nicht ausschließlich über private Märkte, sondern ist in Teilen staatlich reguliert. Humanitäre Aspekte, Gerechtigkeitsüberlegungen, aber auch Marktversagen sind die Gründe. Wegen der hohen Bürokratie und der gemeinhin vermuteten Ineffizienzen wird das Gesundheitswesen in der Öffentlichkeit fast ausschließlich als Kostenfaktor wahrgenommen.

Doch das statische Gesundheitswesen ist in einem Wandel hin zu einer dynamischen Gesundheitswirtschaft mit erheblicher volkswirtschaftlicher Bedeutung. Global betrachtet versprechen makroökonomische und demografische Trends, aber auch technologische Innovationen ein großes Wachstumspotenzial für die Gesundheitswirtschaft. Im Zuge des Wandels werden sich neue Märkte, Geschäftsmodelle und somit auch attraktive Investitions- und Anlagemöglichkeiten ergeben.

Die Nachfrageentwicklung nach gesundheitlichen Leistungen wird von fünf Faktoren entscheidend bestimmt: dem Bevölkerungswachstum, der Veränderung der Altersstruktur, der Einkommensentwicklung, von Veränderungen der Gesundheitspräferenz sowie von Regulierungsänderungen.

Alle diese Faktoren bestimmen sowohl die Höhe als auch die Struktur der Nachfrage. Für die Nachfrage nach Gesundheitsleistungen müssen zusätzlich die unterschiedlichen Märkte in Industrie-, Entwicklungs- und Schwellenländern beachtet werden. Während in Entwicklungs- und Schwellenländern vor allem der Ausbau der Grundversorgung nötig ist, wandelt sich in den Industrieländern die Nachfrage zu einer steigenden Gesundheitspräferenz, die besonders präventive und ganzheitliche Leistungen in den Mittelpunkt der Gesundheitsversorgung setzt. Dies sind in den Entwicklungs- und Schwellenländern derzeit noch Randmärkte.

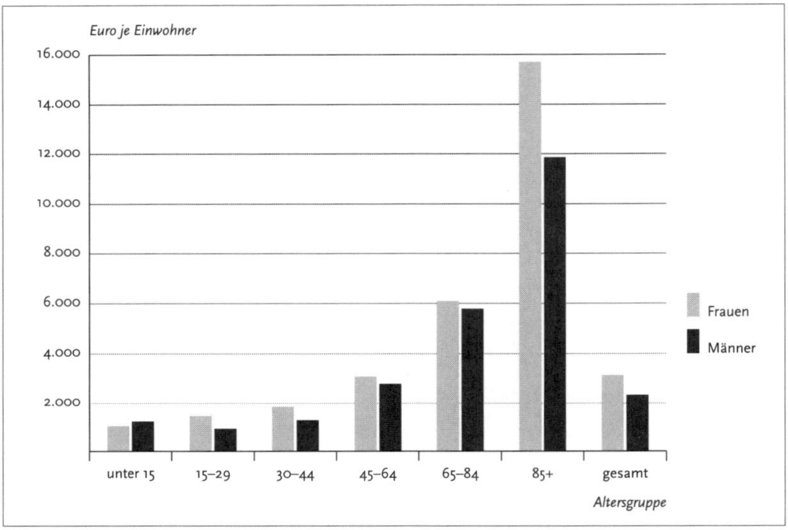

Abbildung 24: Krankheitskosten in Deutschland nach Alter und Geschlecht, Quelle: Statistisches Bundesamt, Robert-Koch-Institut

Die globalen demografischen und makroökonomischen Trends sprechen für ein großes Wachstumspotenzial der Gesundheitswirtschaft. Dabei spielt die jeweilige institutionelle Ausgestaltung der Sozialsysteme und des Gesundheitssystems eine entscheidende Rolle. So haben die Finanzierung der Gesundheitsversorgung und die öffentliche und privatwirtschaftliche Bereitstellung von Gesundheitsleistungen einen Einfluss auf die Höhe und die Struktur der Nachfrage.

Die wichtigsten Determinanten des Angebots auf Gesundheitsmärkten sind der Stand des medizinischen und technischen Wissens sowie die Regulierung der Gesundheitsversorgung. Aus langfristiger Sicht sind es vor allem technologische Innovationen und neues Wissen, die das Angebot verändern.

Neue Gesundheitsbedürfnisse, steigende Einkommen und die demografische Alterung führen zu einer veränderten Nachfragestruktur, die angebotsseitig Anpassungsreaktionen auslöst. Auch werden Alterung und medizinisch-technischer Fortschritt den Kostendruck im öffentlichen Gesundheitssektor aufrechterhalten. Eine schrittweise Deregulierung wird die Folge sein. Die Öffnung für private Anbieter kann in vielen Bereichen den Wettbewerb in der Gesundheitswirtschaft stärken. Anwendungen neuer Technologien wie Nano- und Biotechnologie könnten die medizinische Versorgung revolutionieren. Zugleich wird die globale Nachfrage nach Versorgung und Gesundheitsgütern zunehmen.

Dabei wird der *Biotechnologie* in Zukunft eine fundamentale Funktion in der Gesundheitswirtschaft zukommen. Sie wird die Innovationsquelle der Pharmaindustrie sein. Bereits jetzt sind Hunderte biotechnologisch hergestellte Medikamente auf dem Weltmarkt. Gleichzeitig werden in den kommenden Jahren viele langjährige Patente für »Blockbuster« auslaufen, mit denen sich Umsätze ab 1 Milliarde Euro generieren lassen, was weiteren Strukturwandel mit kosteneffizienteren Produkten bedeutet. Aber auch außerhalb der medizinischen Biotechnologie werden Nahrungsmittelhersteller, die Konsumgüterindustrie und die Energie- und Chemieunternehmen verstärktes Interesse an biotechnologischen Produkten entwickeln, weil die Verknappung des Rohstoffs Mineralöl Substitute erfordert.

Gleichzeitig lassen die laut WHO global größten Gesundheitsrisiken, zu hoher Blutdruck, Tabakkonsum, zu hoher Blutzucker, physische Inaktivität und Fettleibigkeit, die Zahl chronisch Kranker in allen Ländern und Einkommensgruppen signifikant steigen. Zudem impliziert eine in den Industrie- und Schwellenländern steigende Lebenserwartung auch eine höhere Häufigkeit von Krankheiten wie Alzheimer, Parkinson oder Krebs. Allein der Markt für Alzheimermedikamente wird auf bis zu 20 Milliarden Dollar geschätzt.

Lagen die Gesundheitsausgaben in Deutschland 1992 noch bei 158,9 Milliarden Euro bzw. bei 1 972 Euro pro Einwohner, waren es 2014 bereits 327,9 Milliarden Euro bzw. 4 050 Euro. Davon entfielen auf die Medizintechnik 22,8 Milliarden (2013), auf die Pharmazeutische Industrie 42 Milliarden (2012) und auf die Biotechnologie 2,9 Milliarden Euro (2012).

		2006	2007	2008	2009	2010	2015*	2030*
Anzahl dezidierter Biotechunternehmen		495	496	501	531	538	550	580
Anzahl sonst. Biotechnolog. Unternehmen		56	91	92	114	125	140	125
Nur dezidierte Biotechunternehmen	Umsatz in Mrd. €	1,76	2,01	2,19	2,18	2,37	2,25	-
	F&E-Aufwendungen in Mrd. €	0,97	1,05	1,06	1,05	1,02	1,10	-
	Wagniskapital in Mio. €	258	297	202	142	321	238	-
	Kapitalerhöhungen/Börse in Mio. €	126	127	94	122	335	180	-
	IPOs in Mio. €	101	24	0	0	0	0	-
	Fördermittel in Mio. €	56	52	51	51	45	53	

Tabelle 12: Die Entwicklung der deutschen Biotechbranche (* Prognose), Quelle: biotechnologie.de, Berenberg

Die künftigen Potenziale der Biotechnologie liegen zum einen in den großen Langfristtrends wie Globalisierung, alternde Gesellschaft, Veränderungen im Gesundheitssystem und zum anderen in den strikteren, aber auch anpassungsfähigeren Finanzierungsbedingungen.

Dazu kommen Chancen, aber auch Risiken staatlicher Eingriffe. Die Zukunft der medizinischen Biotechnologie wird aber nicht nur davon abhängen, wie sie finanziert oder reguliert wird oder welche konkreten Krankheiten bekämpft werden können. In der medizinischen Biotechnologie spielen auch die Fortschritte an der Schnittstelle zur Nanotechnologie – beispielsweise in der Molekülzucht –, zur individualisierten Medizin und embryonalen Stammzellenforschung eine Rolle.

Außerdem gibt es neue Trends und Märkte auf dem Zweiten Gesundheitsmarkt – von »Medical Wellness« über »Functional Food« zu »Aging in Place« und »Gesundheitstourismus«. Menschen wollen nicht nur älter werden, sie wollen sich auch zunehmend jünger fühlen und diese »Jugend« möglichst lange erhalten. Dass dies etwas kostet, wird angesichts der immer knapper werdenden Mittel im Gesundheitssystem immer mehr akzeptiert werden. Über 80 Milliarden Euro wurden für diese Bedürfnisse bereits 2014 in Deutschland ausgegeben. Dieser Trend wird in den kommenden Jahrzehnten zu volkswirtschaftlich und betriebswirtschaftlich relevanten Wachstumsimpulsen für Produkte und Branchen führen. Gesundheit und Lifestyle werden immer mehr zum »Healthstyle« zusammenwachsen. Kosmetik und Ernährung, Sport und Reisen werden dabei immer wichtigere Bestandteile dieses neuen Lebensstils, der auf Konsum- und Dienstleistungsebene weit über die derzeitige Fitness- und Wellnessbranche hinausgehen wird. Die demografische Entwicklung wird zu einer großen Chance für den gesamten Zweiten Gesundheitsmarkt. So wird der deutlich steigende Anteil der älteren Bevölkerung in den westlichen Industrieländern zu einer wachsenden Segmentierung der Angebotspalette führen und Innovationen in vielen Bereichen der Gesundheitsbranche auslösen. In Deutschland werden beispielsweise im Jahr 2060 34 Prozent aller Einwohner älter als 65 sein. Die Zahl der über 80-Jährigen wird bis 2060 auf 14 Prozent der Bevölkerung wachsen.

Entscheidend für Unternehmen, Branchenperspektiven und damit auch Investoren ist, dass immer mehr Menschen nicht nur in Deutschland, sondern auch in den meisten anderen westlichen Industrieländern bereit sein werden, vermehrt in ihre Gesundheit zu investieren. Gesundheitsvorsorge wird sich dabei immer stärker auf Medizin- und Gesundheitsprodukte sowie medizinische Dienstleistungen konzentrieren. Konsumgüter der Sparten Kosmetik und Ernährung ebenso wie Sport und Urlaub werden immer gezielter eingesetzt, um körperlich und mental fit und attraktiv zu bleiben. Dies wird Unternehmern und Anlegern Chancen eröffnen.

Ein direkter Weg, sich am Wachstumsmarkt Gesundheit zu beteiligen, ist die Aktienanlage an Pharmakonzernen, Vertrieben von Gesundheitsprodukten und medizinischen Dienstleistungen, Herstellern medizinischer Materialien und Ausrüstungen, Krankenhausbetreibern, Biotechnologieunternehmen, aber auch Unternehmen, die Informatik und IT-Software für den medizinischen Bereich herstellen. Aktien aus dem Gesundheitsbereich haben in der Vergangenheit gezeigt, dass sie zur Portfoliostabilisierung geeignet sind.

Aber auch im Bereich der alternativen Investments bietet sich der Gesundheitsmarkt an – beispielsweise über Engagements im Private-Equity-Bereich etwa über geschlossene Fonds. Zudem besteht die Möglichkeit, Anteile an börsennotierten Beteiligungsgesellschaften zu erwerben, die ihre Engagements auf den Gesundheitsmarkt, zum Beispiel im Bereich Biotechnologie, konzentrieren. Dazu kommen Unternehmensanleihen aus dem Pharma- und Medizinsektor mit erstklassiger Bonität sowie Investmentfonds mit Schwerpunkt Gesundheitsmarkt und Biotechnologie sowie ETFs beispielsweise auf den Stoxx Europe 600 Health Care Index.

3

Vermögensschutz durch Vermögenscontrolling

Wie gut kennen Sie Ihr Vermögen? Haben Sie kurzfristig einen aktuellen Überblick über Ihre gesamten Vermögenswerte? Wer informiert Sie über Klumpenrisiken Ihrer Anlagen? Wer beurteilt und optimiert im Gesamtkontext Ihres Vermögens die steuerlichen und rechtlichen Konsequenzen einzelner Anlagen? Über welchen finanziellen Handlungsspielraum werden Sie heute und in Zukunft verfügen? Wie sehen Ihre Vermögensziele aus? Wie lassen sich diese verwirklichen? Wer unterstützt Sie bei der Zielfindung und -konkretisierung? Eine Vermögensbilanz sollte der Ausgangspunkt sein.

Diese ermöglicht u. a. einen detaillierten Überblick aller Vermögenswerte und deren Beitrag zur Entwicklung des Gesamtvermögens. Konsolidiert erhält man klare Aussagen über das Vermögen hinsichtlich der Anlageformen und -regionen sowie damit verbundener Risiken. Um die gesteckten Ziele zu erreichen, empfiehlt es sich, regelmäßig Anlagestrategie und Risikoabsicherung zu überprüfen und soweit erforderlich anzupassen. Auch sollte eine langfristige Nachfolgeplanung so gestaltet sein, dass man sein Vermögen ohne eigenes Eingreifen in guten Händen weiß.

Vermögensverwalter und Banken bieten häufig an, die Depots anderer Banken und Verwalter zu buchen und zu controllen, um einen objektiven Überblick zu ermöglichen. Diese sind aber nicht frei von eigenen Interessen:

- Ein Vermögenscontrolling sollte daher unabhängig, ganzheitlich und transparent sein.

Auch sollte es alle Portfolios, Privat- und Betriebsvermögen, Einzel- und Familienvermögen konsolidieren. Nur so ist es möglich, eine langfristig orientierte Vermögensplanung unter Berücksichtigung rechtlicher und steuerrechtlicher Rahmenbedingungen zu optimieren. Dabei sollten die langfristigen Ziele realistisch und nicht vordergründig von Benchmarks angetrieben sein. Einfache Produkte sollten komplexen Strukturen vorgezogen, über mögliche Risiken sollte man frühzeitig aufgeklärt werden.

3.1 Vermögen optimieren – Renditeunterschiede nutzen

Auch bei der Geldanlage gilt: »Im Einkauf liegt der Gewinn.« Wenn Sie die Kosten senken, bleibt Ihnen netto mehr Rendite. Selbst kleine Unterschiede machen sich langfristig stark bemerkbar:

- Steigern Sie die Rendite Ihrer Anlagen um 0,5 Prozentpunkte, profitiert Ihr Vermögen dadurch in 25 Jahren zusätzliche 13 Prozent.
- Renditeunterschiede von 1,0 oder 2,0 Prozent bringen sogar einen Mehrwert von 28 bzw. 64 Prozent.
- Bei einer Anlagesumme von beispielsweise 500 000 Euro beträgt der Renditevorteil bei 0,5 Prozentpunkten 66 400 Euro, bei 1,0 Prozent 141 800 Euro und bei 2,0 Prozentpunkten sogar 320 200 Euro.

Sparpotenzial bieten vergleichbare, günstigere Produkte. ETFs etwa haben niedrigere Kosten als aktiv gemanagte Fonds. Wer doch nach guten Fonds sucht, sollte allein auf die Gebühren achten. Denn auf Dauer gelingt es kaum einem Fondsmanager, bessere Ergebnisse zu erzielen als bekannte Aktienbarometer wie etwa der Dax. Eine Analyse von *Morningstar* bei 3 000 in Europa zugelassenen Fonds zeigt:

- Je höher die Gebühren eines Fonds ausfallen, desto schlechter ist in aller Regel dessen Wertentwicklung, er schneidet schwächer ab als der Markt.

Von Fonds mit Gebühren von mehr als 1,5 Prozent sollte man immer die Finger lassen. ETFs sind aus Gebührensicht unschlagbar. Der iShares Core Dax beispielsweise kostet gerade einmal 0,15 Prozent Gebühren, der db x-trackers Dax ETF gerade einmal 0,09 Prozent. Das Hinterfragen der Gebühren zahlt sich aus. Das Minimieren der Kosten ist der effektivste Schritt auf dem Weg zu langfristig höheren Renditen.

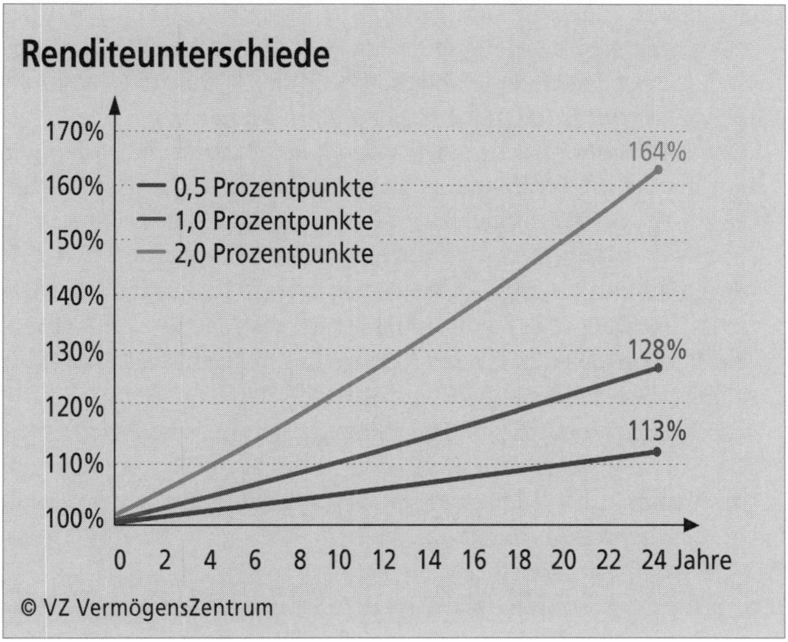

Abbildung 25: Renditeunterschiede, Quelle: VZ VermögensZentrum

3.2 Anlagestrategien zur Vermögensoptimierung

Nicht jede Anlagestrategie passt zu jedem Anlegertyp, auch hat jede Anlagestrategie Vor- und Nachteile.

- Das Grundprinzip der *Diversifikation*, also der Streuung von Risiken, hört sich zunächst kompliziert an, könnte aber auch auf den gesunden Menschenverstand zurückgehen nach dem Motto: »Lege nie alle Eier in einen Korb.«
- Die *Portfoliotheorie* zeigt im Wesentlichen, dass sich mit einer gezielten Streuung von Finanzanlagen bei gleichem Risiko eine höhere Rendite erzielen lässt als mit einem intuitiven Anlageprozess.
- Nach dem *Value-Ansatz* werden im Prinzip Unternehmen gesucht, die schon eine länger andauernde »Erfolgsstory« hinter sich haben, gleichzeitig aber so gut in der Wirtschaft verankert sind, dass der Erfolg auch in der Zukunft andauern sollte.
- Der *Wachstums-* oder *Growth-Ansatz* konzentriert sich weniger auf Einzelunternehmen, sondern versucht, zukunftsträchtige Branchen zu identifizieren.
- *Momentum-Aktien* werden dagegen eher nach technischen Kriterien herausgefiltert. Sie werden – nach einem kurzen Plausibilitätscheck der jeweiligen Unternehmensstrategie – einfach gekauft, wenn sich ein starker Kursanstieg abzeichnet, und wieder abgestoßen, sobald die Aktie nicht mehr weiter steigt.
- Die Anhänger der *Contrarian-Strategie* nehmen die Psychologie zu Hilfe. Sie versuchen zu kaufen, wenn alle anderen pessimistisch sind, und wieder zu verkaufen, sobald der Optimismus seinen Höhepunkt erreicht hat.

Jede Strategie hat ihre Logik. Gerade die aber sollten Anleger kennen, wenn sie ihr Geldvermögen erfolgreich vermehren wollen.

3.3 Portfolio-Optimierung

Genauso wenig wie ein einzelnes Anlageprodukt für alle Investoren ähnlich interessant sein kann, sind für einen einzelnen Investor alle Anlageformen gleichermaßen geeignet. Häufig gibt die individuelle Risikoeinstellung eines Investors den Ausschlag, welche

Produkte für ihn als Kapitalanlage in Betracht kommen. Doch eines gilt für nahezu alle Investoren gleichermaßen:

- Bei gegebener erwarteter Rendite wird eine vergleichsweise risikoarme Anlage einer unsicheren vorgezogen.

Zu den wesentlichen Fragen im Rahmen einer optimalen Vermögensanlage gehört daher, wie Investoren ihr Risiko reduzieren können, ohne auf die zwar risikoreicheren, dafür jedoch renditestärkeren Marktsegmente gänzlich verzichten zu müssen.

Diversifizieren lohnt sich immer. Das ganze Geheimnis der Diversifikation lässt sich mit der Kennzahl der Korrelation beschreiben. Je weniger die Werte im Depot miteinander korrelieren, also ihre Wertentwicklung gleich verläuft, desto geringer fällt ein Verlust bei einer einzelnen Vermögensposition ins Gewicht.

- Aus Risikogesichtspunkten ist eine Korrelation zwischen zwei Werten von minus eins ideal. In diesem Fall würde der Kursverlust einer Position durch den Kursgewinn der anderen völlig ausgeglichen. Negative Korrelationen sind aber in der Realität fast nicht zu finden.
- Das Gegenteil einer Korrelation von minus eins ist plus eins. In diesem Fall entwickeln sich zwei Positionen identisch. Positive Korrelationen sind häufiger, wenngleich sie in der Praxis plus eins höchstens nahekommen. In der Regel korrelieren Einzelwerte und verschiedene Märkte mit Werten zwischen 0,4 und 0,7. Auch solche Korrelationen erlauben es, die Portfoliostruktur zu verbessern und das Risiko unvorhersehbarer Kursverluste bei einzelnen Aktien, Branchen oder Märkten auszubalancieren.
- *Branchen vor Länder:* In der Vergangenheit waren die Korrelationswerte zwischen den verschiedenen Branchen relativ stabil. Zwischen unterschiedlichen Ländern ist dieser Zusammenhang weniger zuverlässig. Das liegt vor allem am höheren Risiko, das einzelne Länder verglichen mit einzelnen Branchen aufweisen. Im Zuge der Globalisierung laufen die einzelnen Aktienmärkte

zudem immer stärker in die gleiche Richtung, sodass die Vorteile einer Länderdiversifikation abgenommen haben. Der klare Schluss lautet: *Branchenportfolios diversifizieren besser als Länderportfolios.*

Die Globalisierung sorgt interessanterweise auch dafür, dass andere Assetklassen gegenüber Aktien attraktiver werden. Denn da die weltweite Vernetzung die Aktien immer stärker miteinander korrelieren lässt, suchen Investoren zunehmend nach Alternativen, um ihr Portfolio zu diversifizieren. Nicht nur gering kapitalisierte Aktien mit eher lokaler Bedeutung, sondern auch Hedgefonds, Anleihen oder Immobilien profitieren davon. Insgesamt sind das starke Argumente dafür, in Fonds zu investieren, besonders für kleinere Depots. Fonds erlauben es, Vermögen breit zu diversifizieren – international, über verschiedene Branchen und in unterschiedlichen Anlageklassen.

Aber bei Fonds sollte man die relativ hohen Gebühren im Fokus behalten.

So optimiert man Depots:

Richtige Strategie: Die Rendite eines Depots hängt erfahrungsgemäß zu 80 Prozent von der Aufteilung auf die Anlageklassen ab. Taktische Anpassung und Titelwahl tragen dagegen nur zu 20 Prozent zum Anlageerfolg bei.

Risiken senken: Strukturierte Produkte und alternative Anlagen bergen häufig hohe Risiken, die nur schwer einzuschätzen sind.

Emotionen vermeiden: Wer seinem Bauchgefühl folgt, verkauft Wertpapiere häufig, wenn die Kurse tief, und kauft, wenn diese hoch sind. Wer intelligenten Anlageregeln folgt, erzielt langfristig eine höhere Rendite.

Stärker diversifizieren: Fast alle Depots enthalten Klumpenrisiken – zu hohe Anteile einzelner Titel, Branchen oder Märkte. Auch fehlt häufig eine zusätzliche Diversifikation über Anlagestrategien. Brechen die Kurse/Preise von Aktien, Anleihen und Immobilien dann – so wie in der Finanzkrise – gleichzeitig ein, können Depots stark an Wert verlieren.

Produkte optimieren: Bankeigene Produkte sind häufig teuer und intransparent. Unabhängige Berater, die nicht am Vertrieb von Finanzprodukten mitverdienen, beraten in der Regel günstiger.

Gebühren senken: Auch geringe Unterschiede bei den Gebühren schlagen sich langfristig stark in der Entwicklung des Vermögens nieder. Mit einer Nettorendite von 2 Prozent jährlich wächst ein Depot von 500 000 Euro in 20 Jahren um rund 243 000 Euro. Steigt die Nettorendite dank niedrigerer Gebühren auf 2,5 Prozent, legt der Depotwert in dieser Zeit rund 76 000 Euro mehr zu.

4

Going Offshore I

4.1 Oh, wie schön war Panama – als die Offshore-Welt noch in Ordnung war

Spricht man über Vermögensschutz, muss man sich auch mit den Themen Bankgeheimnis, Diskretion und Steuern befassen. Denn was jetzt im Zuge internationaler Kontrollmaßnahmen und eines länderübergreifenden Informationsaustauschs unterbunden werden soll und größtenteils schon heute für Vermögende nicht mehr möglich ist, war jahrzehntelang gängiges Geschäftsmodell von Steueroasen und international operierenden Banken: *Die Anleitung zum Vermögensschutz über Steuerbetrug.*

Länder, Banken, Beraterfirmen, Steuerkanzleien haben mit Steuersparkonstruktionen und gesellschaftsrechtlichen Strukturen in der Vergangenheit viel Geld gemacht und auf Kosten ihrer vermögenden Kunden und Mandanten auch viel Geld verbrannt. Ein Milliardengeschäft. Noch 2015 waren von Privatpersonen in den Steueroasen trotz aller Kontrollen rund 7,6 Billionen Dollar unversteuert geparkt. Als Bargeld oder Wertpapiere in Depots, als Edelmetalle oder Kunstobjekte in Zollfreilagern, als Immobilien oder Yachten im Ausland. Versteckt in Stiftungen, Trusts und anderen juristischen Konstruktionen. Mit immer neuen Offshore-Tricks wurden Vermögende geködert, um deren Steuerlast in den Heimatländern so weit wie möglich zu minimieren und gleichzeitig das Vermögen zu optimieren. Dabei wurde viel Schwarzgeld außer Landes geschafft und Vermögen anonymisiert. Das einst sprichwörtliche Schweizer Bankgeheimnis half dabei.

Bis am 14. Februar 2008 morgens um sieben Uhr Steuerfahnder vor der Haustür des damaligen Deutsche-Post-Chefs Klaus

Zumwinkel in Köln standen und vor laufenden TV-Kameras Einlass verlangten. Die Steuerfahnder warfen ihm vor, über eine Liechtensteiner Stiftung Steuern in Höhe von 1,2 Millionen hinterzogen zu haben. Der Aufschrei bei den »Redlichen« in Deutschland war groß. Erstmals ging es einem prominenten Steuersünder an den Kragen.

Seitdem ist im Fürstentum Liechtenstein nichts mehr, wie es einmal war: Aufgeschreckte vermögende Steuersünder zogen hohe Milliardenbeträge von den Banken ab, Offshore-Gesellschaften wurden aufgelöst oder nach Panama transferiert und zahlreiche Doppelbesteuerungsabkommen mit wichtigen Industrieländern unterzeichnet. Steuer-Auskunftsabkommen u. a. mit den USA, Großbritannien, Frankreich, Italien und Deutschland wurden geschlossen, mit der EU eine enge Zusammenarbeit bei Steuerbetrug vereinbart und schließlich wurde das Bankgeheimnis ausgehöhlt.

Damit hatte Liechtenstein als Steueroase ausgedient.

Dass ein zum Vermögensschutz auf Steuerbetrug konzipiertes Geschäftsmodell auf Dauer keine Zukunft mehr hat, zeigt auch das Beispiel Schweiz. Zog es die reichen Ausländer in den 1960er- und 1970er-Jahren vorrangig wegen der Qualität in der Vermögensverwaltung zu den Schweizer Geldhäusern, waren es in den Folgejahrzehnten vor allem steuerliche Überlegungen. Denn mit ihrem Geschäftsmodell »Alles aus einer Hand« boten Schweizer Banken vermögenden ausländischen Kunden einen Service, der den Banken in ihren Heimatländern meist untersagt war, das Anonymisieren von Vermögenswerten jedoch leichtmachte. Neben der Vermögensverwaltung erhielten ausländische Kunden in der Schweiz rechtlichen und steuerlichen Rat – bis hin zur Wohnsitzverlagerung ins steuerfreundliche Ausland. Doch bei diesem für die Banken lukrativen Geschäftsmodell vernachlässigten sie zunehmend ihre Kompetenz in der Verwaltung von Vermögen.

Für die Kunden war das in der Regel zwar ein Nullsummen-, wenn nicht sogar ein Minusgeschäft, dafür hatten sie jedoch ihr Schwarzgeld und andere Vermögenswerte »sicher« außer Landes geschafft und vielfach auch anonymisiert. Das Schweizer Bankgeheimnis half dabei, bis Mitte 2009 der Mythos »Schweizer Bankgeheimnis« auf massiven Druck seitens EU und OECD ins Trudeln geriet.

Die Schweiz knickte in Sachen Bankgeheimnis ein. Sie verpflichtete sich, Drittländern fortan Auskünfte bei Steuerhinterziehung und -betrug von Ausländern zu erteilen. Jetzt rächte sich die jahrelange Konzentration der Schweizer Finanzhäuser auf das Offshore-Geschäft. In kurzer Zeit wurden mehrere Auskunftsabkommen mit wichtigen Drittstaaten – auch Deutschland – geschlossen. Doch es sollte für unser Nachbarland noch schlimmer kommen:

- In immer kürzeren Abständen wurden den Finanzbehörden in Deutschland, Frankreich und Großbritannien CDs mit Kundendaten Schweizer Banken angeboten.
- Das US-Justizministerium ermittelte wegen Beihilfe zur Steuerhinterziehung gegen ein Dutzend Schweizer Finanzinstitute. Hohe dreistellige Millionenstrafzahlungen waren die Folge. Auch wurden von über 5 000 Steuersündern offiziell Bankdaten ausgetauscht. Als Folge wurde 2012 die älteste Schweizer Privatbank Wegelin & Co in St. Gallen aufgelöst.
- 2013 wurde von Regierungsseite und vom Schweizer Bankenverband die »Schweizer Weißgeldstrategie« in Gang gesetzt, die es Schweizer Finanzintermediären bei Strafe untersagt, bei Steuerbetrug und Geldwäsche behilflich zu sein.
- Zwischen 2013 und 2015 wurden Auslandskunden von ihren Schweizer Vermögensverwaltern teils mit Fristsetzung aufgefordert, die bei ihnen geführten Konten und Depots nachweislich gegenüber ihren Heimatfinanzbehörden zu deklarieren – oder aber aufzulösen. Jahrelang waren die Steuersünder aus dem Ausland von den Schweizer Geldhäusern hofiert worden, jetzt ließ man sie im Regen stehen, man riet zur Selbstanzeige.
- Ende 2013 hatten sich rund ein Drittel aller Schweizer Banken (106 Institute) bei den US-Behörden wegen möglicher Beihilfe zur Steuerhinterziehung selbst angezeigt und 10 Milliarden Dol-

lar Strafe gezahlt. Die mit ausländischem Schwarzgeld reich gewordenen Schweizer Banken hatten endgültig kapituliert.

- 2014 schloss sich die Schweiz dem automatischen Informationsaustausch mit den EU- und OECD-Staaten an. Gleichzeitig zahlte die Credit Suisse wegen Beihilfe zur Steuerhinterziehung 2,6 Milliarden Dollar Strafe an die US-Finanzbehörden. Nach weiteren CD-Ankäufen hatte sich Ende 2014 die Schwarzgeldfrage für Steuerhinterzieher in Europa erledigt. Und den Offshore-Platz Singapur gab es für sie auch nicht mehr, da der für sie nur mit Hilfe der Schweizer Banken möglich war.

Der Offshore-Platz Schweiz muss sich trotz neuer Zielregionen in Asien und neuer vermögender Zielkunden aus den Schwellenländern neu erfinden. Die Schweizer Finanzwelt steht unter internationalem Druck. Aber auch in Belgien, Luxemburg und Österreich gibt es für Ausländer seitdem keinen Schutz des Bankgeheimnisses mehr. Diese und über hundert weitere Länder haben sich zwischenzeitlich dem internationalen *Informationsaustauschabkommen* angeschlossen. Allein in Deutschland haben sich in den letzten Jahren über 50 000 Steuersünder selbst angezeigt und mit ihren Nach- und Strafzahlungen Milliarden in die Finanzkassen gespült.

Und als ob das nicht schon genug wäre, haben Offshore-Leaks, Lux-Leaks und aktuell die Panama Papers immer neue Vermögensverschiebungen zu den Banken in den Steueroasen aufgedeckt. Angesichts der Höhe der im Ausland liegenden schwarzen Vermögen ist das sicherlich eine »never ending story«. Mit weiteren Whistleblowern und CD-Ankäufen ist zu rechnen. Denn wenn es um Geld geht, kennt der Staat kein Pardon. Daher wird er auch künftig Geld in die Hand nehmen, um an die Daten seiner Bürger und deren unversteuerte Vermögen zu kommen – vor allem, wenn diese in Steueroasen liegen. Denn allen Totengräbern der Offshore-Welt zum Trotz wird es attraktive Häfen für die Vermögen der Reichen dieser Welt auch künftig geben. Die Offshore-Welt wird nicht austrocknen.

Doch nicht erst seit dem Ankauf der ersten Steuer-CDs strapaziert der Staat die Rechte seiner Bürger. Schon Mitte der 1990er-

Jahre setzte er seine fiskalischen Interessen mit »Rasterfahndungen« bei Deutschlands Großbanken durch. Diese hatten das Geld ihrer betuchten Kunden nach Luxemburg »in Urlaub« geschickt. Dabei richteten sich die »steuerstrafrechtlichen Ermittlungsverfahren« nicht nur gegen »namentlich bekannte Bankkunden«, sondern auch gegen »unbekannte Anleger«, wie es seinerzeit ein Frankfurter Amtsgericht für die Genehmigung einer Bankdurchsuchung formulierte. Von einem konkret auf eine Person gerichteten Verdacht konnte angesichts dieser Formulierung nicht die Rede sein. Die juristische Gegenwehr der Finanzinstitute blieb erfolglos. Seitdem heißt die Devise »mit dem Fiskus kooperieren«.

Mit der Moral des Staates ist das aber so eine Sache. Was heute an den Pranger gestellt wird, war nicht immer so anstößig. Denn als etwa in den 1950er- und 1960er-Jahren das deutsche Wirtschaftswunder ins Laufen gebracht werden musste, konnten Unternehmen im Ausland gezahlte Schmiergelder in der Heimat von der Steuer absetzen. Gestützt auf den Bankenerlass von 1949 tolerierten die Finanzbehörden jahrelang auch Steuerhinterziehung. In diesem Erlass wurde das *»sich aus der Natur des Bankgeschäfts ergebende besondere Vertrauensverhältnis Bank/Bankkunde«* hervorgehoben. *»Daher kann im Regelfall davon ausgegangen werden, dass die Angaben in der Steuererklärung vollständig und richtig sind«* – für Steuerhinterzieher war das ein »Persilschein«. Wer da noch Kapitaleinkünfte bei der Steuererklärung in voller Höhe angab, war dumm.

Hintergrund für die staatliche »Rücksichtnahme« war seitens des Fiskus aber nicht die Fürsorge für die Bürger. Vielmehr trieb ihn die Sorge, dass die Bürger ihre Sparguthaben ins Ausland verlagern würden, wo für den deutschen Fiskus ein Blick auf die Konten nicht mehr möglich gewesen wäre.

Diese Sorge muss sich der Fiskus heute angesichts des internationalen Informationsaustauschs nicht mehr machen.

Deutschlands Umgang mit der Steuerpflicht

- 1919: In der Reichsabgabenordnung gibt es erstmals eine allgemeine Vorschrift zur Straffreiheit für Steuersünder bei Selbstanzeigen.
- 2000: Daten des Liechtensteiner Treuhänders *Herbert Batliner* landen bei der *Staatsanwaltschaft Bochum*. Über 100 deutsche Treuhandkunden geraten ins Visier der Fahnder.
- 2003: Finanzminister *Hans Eichel* lockt Steuersünder mit einem Amnestiegesetz: Straffreiheit und privilegierte Steuersätze für diejenigen, die ihr verstecktes Auslandsvermögen offenbaren.
- 2005: Ende der Steueramnestie. Statt der erhofften 5 Milliarden kann der Fiskus nur rund 1,4 Milliarden Euro einnehmen.
- 2007: Der *Bundesnachrichtendienst* kauft gestohlene Kundendaten der Liechtensteiner Bank *LGT* für 4,6 Millionen Euro.
- 2008: Hausdurchsuchung beim damaligen *Post*-Chef *Klaus Zumwinkel*. Er soll über eine Liechtensteiner Stiftung Vermögen vor dem deutschen Fiskus versteckt haben.
- 2009: Einführung der Abgeltungsteuer mit einem niedrigen Steuersatz für Kapitaleinkünfte (25 Prozent).
- 2009: *Zumwinkel* wird zu zwei Jahren auf Bewährung und einer Geldbuße von 1 Million Euro verurteilt.
- 2009: Finanzminister *Peer Steinbrück* sorgt in der *Schweiz* für Aufregung: Er droht, *»die Kavallerie ausreiten«* zu lassen.
- 2010: Das Land *NRW* kauft gestohlene Kundendaten der *Credit Suisse*. Bei den Finanzämtern gehen daraufhin Tausend Selbstanzeigen ein.
- 2010: Ankauf von Datensätzen der Schweizer Privatbank *Julius Bär*.
- 2011: Ankauf der Daten von 3 000 Kunden der *HSBC Luxemburg*.
- 2012: Das Steuerabkommen mit der *Schweiz* scheitert. Steuersünder hätten durch eine anonymisierte Einmalzahlung ihre Steuerschulden abgelten können.
- 2013: *Uli Hoeneß*, Präsident des *FC Bayern München*, erstattet Selbstanzeigen wegen nichtdeklarierter Einkünfte in der *Schweiz*.
- 2013: Der Fall *Hoeneß* kommt an die Öffentlichkeit und löst eine Welle von Selbstanzeigen aus. Die Folge: Steuermehreinnahmen von über 3 Milliarden Euro.

- 2014: Die Selbstanzeige der Frauenrechtlerin *Alice Schwarzer* wird bekannt. Sie hatte seit den 1980er-Jahren ein Konto in der *Schweiz*.
- 2014: Düsseldorfer Steuerfahndern geht ein Container voller Unterlagen der britischen Bank *Coutts* aus der *Karibik* ins Netz, der für die Niederlassung in *Zürich* bestimmt war.
- 2014: Verschärfte Regeln und höhere Strafen ab 2015 lassen die Zahl der Selbstanzeigen 2014 auf 40 000 steigen.
- 2015: Obwohl die verschärften Regeln die Zahl der Selbstanzeigen auf knapp 20 000 sinken lassen, ist es dennoch ein hoher Wert. Dazu meint Schleswig-Holsteins Finanzministerin Monika Heinold: »*Aufgrund der Zahlen müssen wir davon ausgehen, dass immer noch Schwarzgeld im Ausland gebunkert ist.*« Recht hat sie.
- 2016: Niedersachsens Finanzminister Peter-Jürgen Schneider kündigt an: » *Wir werden den Kurs gegen Steuerbetrug konsequent fortsetzen.*« Und NRW-Finanzminister Norbert Walter-Borjans empfiehlt den Banken, »*endlich reinen Tisch zu machen.*«

4.2 Steuerflucht wird schwergemacht

Mitte 2016 haben sich bereits rund 100 Steueroasen bereit erklärt, letzte Steuerschlupflöcher für Steuersünder zu schließen: Barbados, die Cayman Islands, die Antillen – eigentlich die ganze Karibik – und natürlich Europa mit Gibraltar, Jersey, Malta und den Klassikern Liechtenstein und Luxemburg. Seit Anfang 2016 sammeln die Banken dort alle Daten von ausländischen natürlichen Kontoinhabern (keine Firmen und Offshore-Gesellschaften) und melden sie an den heimischen Fiskus. Nachzügler sind Österreich, das im Oktober 2016 damit startet, und die Schweiz Anfang 2017. Dann beginnt auch Asien mit Hongkong, Macau und Singapur. Spätestens ab 2017 sind damit für Privatpersonen die Schotten dicht.

Während es für Unternehmen trotz zunehmender internationaler Kontrollmaßnahmen weiter legale Ausweichmöglichkeiten gibt, Steuern über das Ausland zu optimieren, ist es für Privatpersonen schon länger brenzlig. Unzählige CDs mit Bankdaten hat der deutsche Staat aufgekauft und damit Steuerflüchtlinge aufgespürt. Auch die sogenannte Weißgeldstrategie der Schweizer Banken hat Ausländer aus ihren Konten gedrängt, wenn sie nicht nachweisen konnten, dass die dort liegenden Gelder in der Heimat korrekt versteuert werden.

Selbst wenn es danach auch weiterhin Steuerinseln gibt, die nichts an Behörden im Ausland melden, ergibt Steuerflucht dorthin häufig keinen Sinn mehr, weil beispielsweise die Rechtssicherheit für Kapital und Personen nicht gewährleistet ist. Liberia oder Sierra Leone sind Beispiele dafür. Da erweist es sich als vorteilhafter, derzeit noch 25 Prozent auf Kapitalerträge in Deutschland zu versteuern, als beispielsweise alles durch einen Putsch oder eine Geldentwertung im Ausland zu verlieren.

Vom internationalen Informationsaustausch werden aber nicht nur alle wichtigen Länder erfasst, sondern auch alle Geldanlageformen. Bei vorangegangenen Versuchen, an das Geld der Steuerflüchtlinge zu kommen, wie etwa bei der EU-Zinssteuer, wurden nur Zinseinnahmen berücksichtigt. Aktienkursgewinne blieben steuerfrei und eröffneten Steuerpflichtigen Ausweichmöglichkeiten. Das ist jetzt anders – gemeldet wird lückenlos. Erfasst werden alle Anlageformen: von Anleihen über Aktien, Fonds, Lebensversicherungen bis hin zu Derivaten und Stiftungen. Informiert wird über Zinsen, Dividenden, Fondsausschüttungen, Auszahlungen von Lebensversicherungen sowie Kursgewinne. Auch die Umgehung über Unternehmensgründungen wie eine GmbH wird schwierig. Sobald das Geschäftsmodell dieser Firma überwiegend die Geldverwaltung umfasst, müssen die Erträge der Inhaber gemeldet werden, wenn diese mindestens 25 Prozent der Anteile besitzen. Weniger werden die meisten nicht haben wollen, weil sie dann keinen Einfluss mehr auf die Verwendung ihres Geldes haben.

Die elektronische Meldung in einem weltweit einheitlichen Datenformat bekommt in Deutschland das Bundeszentralamt für Steuern, das die Informationen anhand der mitgelieferten Steueridentifikationsnummer an das zuständige Finanzamt weitergibt.

Diese Nummer, die vor einigen Jahren jeder Deutsche bekommen hat, muss der Kunde künftig bei einer Kontoeröffnung im Ausland angeben und dabei auch mitteilen, wo er steuerpflichtig ist. Bei bestehenden Konten muss die Bank das Heimatland anhand der Adresse und anderen Nachforschungen ermitteln. Bei Vermögen ab 1 Million Dollar muss das bis Ende 2016 geschehen, darunter bis Ende 2017.

Angesichts dieses breiten Informationsaustauschs ergibt weitere Steuerflucht für Privatpersonen etwa aus »Vermögensschutzüberlegungen« wenig Sinn. Zwar werden auch künftig von Experten international tätiger Steuerkanzleien neue Schlupflöcher konstruiert werden. Doch muss man sich fragen, ob die dafür anfallenden Kosten nicht viel höher sein werden als die in der Heimat zu zahlenden Steuern. Das trifft auch für Erben von im Ausland geparkten und nicht deklarierten Vermögen zu. Sie sollten auch aus Vermögensschutzüberlegungen die Steuersünden ihrer Eltern offenlegen, um sich nicht selbst strafbar zu machen. Das Vermögen muss deswegen nicht tatsächlich aus dem Ausland abgezogen werden. Nur verheimlichen geht künftig nicht mehr.

Spätestens seit dem Ankauf von Steuer-CDs durch die Finanzbehörden und der Veröffentlichung von Offshore-Leaks, Lux-Leaks, Swiss-Leaks oder Panama Papers droht Vermögensinhabern, die ihr Vermögen in Offshore-Gesellschaften in Steueroasen geparkt und das in der Heimat nicht deklariert haben, über diese und sicherlich zu erwartende weitere Veröffentlichungen aufzufliegen. Wer daher heute als Vermögender den Schritt ins Ausland plant, sollte das nicht aus steuerlichen Gründen, sondern vor allem aus Haftungs- und Vermögensschutzüberlegungen tun. Dabei kann der Einsatz von Offshore-Konstruktionen trotz der aktuellen Kritik nach der Veröffentlichung der Panama Papers sehr wohl sinnvoll sein:

- Häufig verwendet wird die Konstruktion für das Halten von Schiffen und Yachten. Das macht es wesentlich einfacher, was das Ein- und Ausflaggen betrifft.
- Bei Immobilien spielen häufig Haftungsgründe eine Rolle.

- Bei Kauf und Halten hochwertiger Kunst und ganzer Kunstsammlungen werden gerne Offshore-Gesellschaften eingesetzt, um den Besitz zu anonymisieren.

In angelsächsischen Ländern werden Vermögen seit Jahrhunderten über Trusts gehalten und auf die nächste Generation übertragen. Dabei werden häufig Offshore-Gesellschaften eingebunden, um die Vermögen besser untereinander und auch von sonstigen Vermögen des Trustees trennen zu können. Wenn Unternehmen in andere Unternehmen investieren wollen, schützt eine Offshore-Gesellschaft vor unerwünschter Transparenz.

Dazu kommen persönliche Motive: Menschen wollen ihre Privatsphäre schützen. Viele Vermögende – etwa in Südamerika – haben Angst vor Entführung.

All das sind völlig legitime und nachvollziehbare Gründe für den Einsatz von Offshore-Gesellschaften.

Reiche nutzen also weiterhin Offshore-Finanzplätze und Offshore-Konstrukte, um ihr Vermögen über das Ausland vor dem Zugriff Dritter zu schützen. Das ist legal und kann wirtschaftlich auch sinnvoll sein – so etwa bei der Erbfolge international verzweigter Familien, bei der Fortführung von Unternehmen, als Vermögensschutz für politisch Verfolgte oder für philanthropische Zwecke.

Solche Dienstleistungen sind aber in der Regel teuer und lohnen sich erst ab einem Vermögen von mehreren Millionen Euro. Viele Banken und Vermögensverwalter wetteifern um ein entsprechendes Mandat. Doch im Kampf gegen Steuerflucht, Geldwäsche und Terrorbekämpfung werden solche Modelle heute in einem anderen Licht betrachtet.

Zahlen aus dem aktuellen *Global Wealth Report* der Beratungsfirma Boston Consulting Group (BCG) lassen den Schluss zu, dass reiche Bürger aus Westeuropa, den USA und Japan 2015 nur einen kleinen Teil ihres Geldes aus Offshore-Finanzzentren nach Hause zurückgeholt haben. Rund 3 Prozent der insgesamt im Ausland lagernden Vermögen, die kaum freiwillig rücktransferiert wurden. Zu den Gründen zählten laut BCG der wachsende politische Druck sowie Steueramnestien, etwa in Italien. Zudem haben sich etliche Banken aus Angst vor einem weiteren Imageverlust aus Steueroasen zurückgezogen. Die 3 Prozent machen einen hohen zweistelligen Milliardenbetrag aus. Das lässt ahnen, um welche Größenordnung es bei den restlichen 97 Prozent geht. Dazu passt auch, dass 2016 etwa 60 Prozent des Vermögens, das Schweizer Banken verwalten, in den Händen von Trusts, Stiftungen und Offshore-Gesellschaften liegt.

Notorische Steuersünder bevorzugen heute beim Verbergen von Vermögenswerten im Ausland vor den heimischen Finanzbehörden Wertpapiere statt Depotanlagen. So stieg beispielsweise auf den Cayman Islands die Zahl der Wertpapieranlagen zwischen 2010 und 2014 von 27 auf 46 Prozent, wie eine aktuelle Untersuchung der Grünenfraktion im Europäischen Parlament ergab. 2014 waren nach Schätzungen rund 7,6 Billionen Dollar von Privatpersonen in Steueroasen angelegt worden, davon allein 6,1 Billionen Dollar in Wertpapieren. Mitte 2016 scheinen die großen Offshore-Finanzplätze also von der weltweiten Transparenzoffensive weitgehend unbeeindruckt zu sein. Den Steueroasen geht es gut, die internationalen Bemühungen zeigen – außer in Europa – keine durchschlagende Wirkung. Dennoch nimmt die Angst selbst bei Spielernaturen unter den Steuersündern zu:

- Es gibt keine Sicherheit mehr in den Steueroasen. Datenklau kann heute überall passieren – wie die Panama Papers zeigen.

4.3 Internationale Vermögen vererben

Jährlich haben rund 450 000 Erbfälle von EU-Bürgern einen internationalen Bezug. Auch diese Erbvermögen wollen geschützt sein. Doch mit Inkrafttreten der Europäischen Erbrechtsverordnung im August 2015 hat sich für Vermögende mit Auslandsbesitz vieles verändert. Seitdem ist im Erbfall nicht mehr die Staatsangehörigkeit des Erblassers bzw. der Erben maßgebend, sondern das Erbrecht am gewöhnlichen Aufenthaltsort. Fortgefallen ist mit dem Gesetz auch die bisherige

Nachlassspaltung für Immobilienvermögen in Europa. Vermögensinhaber müssen daher überprüfen, ob ein möglicher Auslandsaufenthalt nach dem neuen Gesetz zivil- oder steuerrechtliche Veränderungen auf ihre gesetzliche Erbfolge oder auf ein in der Vergangenheit verfasstes Testament hat. Denn die Anwendung fremden Erbrechts kann für die Beteiligten überraschende Konsequenzen haben:

- So sind etwa die in Deutschland weit verbreiteten gemeinschaftlichen Ehegattentestamente in etlichen EU-Ländern unbekannt.
- Pflichtteilsrechte können in anderen Erbrechtsordnungen anders ausgestaltet oder gar nicht vorgesehen sein.
- Gleiches gilt auch für die Beteiligung des Ehegatten am Nachlass.

Die neue Regelung gilt auch dann, wenn sich der Erblasser außerhalb der EU aufgehalten hat, selbst dann, wenn sich der Nachlass vollständig in Deutschland befindet.

Da außereuropäisches Recht in unterschiedlicher Weise auf deutsches Recht zurückverweist, kann es zu sogenannten Nachlassspaltungen kommen – sprich: zur Anwendung mehrerer nationaler Erbrechte in ein und demselben Erbfall.

So muss beispielsweise ein Deutscher, der in China lebt, in Deutschland belegene Immobilien nach deutschem Recht vererben, das komplette bewegliche Vermögen hingegen nach chinesischem Recht. Die Europäische Erbrechtsverordnung sieht jedoch die Möglichkeit der Rechtswahl zugunsten des Heimatrechts des Vermögensinhabers vor.

Besteht für Vermögensinhaber ein internationaler Bezug, sollten bereits bestehende Testamente, Erbverträge und Pflichtteilsvereinbarungen aufgrund der Neuregelung überprüft werden. Gleiches gilt, wenn bei der Nachfolgeplanung eine bestimmte gesetzliche Erbfolge oder eine Teilhabe des überlebenden Ehegatten am Nachlass vorausgesetzt wurde, die wegen eines Wohnsitzes im Ausland jetzt möglicherweise nicht mehr gegeben ist. Auch bei ausländischem Immobilienbesitz gibt es im Verhältnis zu vielen Staaten akuten Anpassungsbedarf.

5

Going Offshore II

5.1 Mit Immobilien und Geld zu Aufenthalt und Pass

Reiche und Superreiche können in immer mehr Ländern Aufenthaltsrechte und Staatsbürgerschaften erwerben und so ihren eigentlichen Heimatländern steuerlich ein Schnippchen schlagen. Doch Vorsicht, nicht nur die USA ziehen ihre nicht ansässigen Bürger auch in der Ferne zur Steuer in der Heimat heran. Immer mehr Länder auf unserem Globus liebäugeln mit dieser Besteuerungsmethode. Und wie die Niederlande besteuern auch Dänemark, Großbritannien, Italien, Spanien oder Kanada ihre Landsleute beim Wegzug ins Ausland.

Aber auch Deutsche, die ihren Wohnsitz in ein möglichst niedrig besteuertes Land verlagern wollen, sollten sich über die steuerlichen Folgen im Klaren sein: Mit der Aufgabe des Wohnsitzes und/oder gewöhnlichen Aufenthaltes in Deutschland tritt an die Stelle der unbeschränkten die erweitert beschränkte Steuerpflicht der §§ 2 bis 5 AStG, wenn der Umzügler weiterhin inländische Einkunftsquellen wie etwa Unternehmensbeteiligungen oder Mieteinnahmen hat.

Zu den Gebieten mit niedriger Besteuerung im Sinne des § 2 Abs. 1 AStG zählen:

- Gebiete, in denen keine Einkommensteuer besteht oder erhoben wird: Andorra, Bahrain, Campione, Monaco, Bahamas, Bermudas, Turks & Caicos Islands, Tonga, Neue Hebriden.
- Gebiete, in denen unter 31,2 Prozent Einkommensteuer erhoben wird: Channel Islands, Gibraltar, Isle of Man, Liechten-

stein, Schweiz (außer in den Kantonen Genf, Neuenburg, Wallis, Waadt sowie in einzelnen Gemeinden der Kantone Aargau, Bern, Luzern, Tessin, Thurgau, Zürich), Angola, Niederländische Antillen, St. Helena.
- Gebiete, in denen eine wesentliche Vorzugsbesteuerung besteht: Schweiz (Pauschalbesteuerung nach dem Verbrauch), Panama (steuerfrei sind ausl. Dividenden sowie Einkünfte aus ausländischen Geschäften).

So kann auch Deutschland von seinen Bürgern im Ausland noch bis zu zehn Jahre nach Wegzug Steuern kassieren. Emigration will also überlegt sein.

Wer es sich dann leisten kann, ist gern an mehreren Orten auf diesem Globus zu Hause. Das darf dort auch in einer eigenen Immobilie sein. Eine wachsende Zahl von Ländern hat daraus ein Geschäftsmodell gemacht. Sie bieten Niederlassungsrechte im Schnellverfahren und ohne Bürokratiewust an. Das kostet Geld, doch das Geschäft blüht.

Ob die Mittelmeerinsel Malta, Portugal, Zypern oder das Karibik-Refugium Saint Kitts and Nevis – sie alle umschwärmen die Reichen und Superreichen dieser Welt mit dem, was unter dem Begriff »Niederlassung durch Investition« läuft und vielfach auch Immobilienkäufe einschließt. In einigen Staaten winken sogar Staatsangehörigkeit und Pass – angesichts der EU-Reisefreiheit zum Beispiel für einen Russen mit Sitz auf Zypern eine große Verlockung.

Menschen aus der ganzen Welt zieht es nach Europa – Europa gilt als sicherer Hafen für Familie, Vermögen und ein sorgenfreies Leben. Ebenso steht Europa oben auf der Liste, wenn es um die Suche nach einer guten Ausbildung und erstklassigen Universitäten geht. Hinzu kommt eine steigende Mobilität vermögender Privatpersonen und Unternehmer – und deren Investments. Noch nie war es so einfach, die Zelte abzubrechen, wenn Standortvorteile eines anderen Landes oder Ortes lockten. Während sich das politische Umfeld und die Lebensumstände in bestimmten Ländern verschlechtern, verstärkt sich der Trend zu einer Wohnsitzverlagerung nach Europa. Mit der steigenden Anzahl an Investitionen im Ausland steigt das Bedürfnis, dort zu sein, wo sich das Investment befindet – vor allem in Europa.

Doch der Einkauf in die neue Heimat kann ganz schön teuer werden. Zum Beispiel Malta: Wer Bürger der Mittelmeerinsel werden will, zahlt

- vorab 650 000 Euro in einen Staatsfonds,
- mindestens 350 000 für eine Immobilie und
- 150 000 Euro in Staatsanleihen.

Das macht 1,15 Millionen Euro. Bis zu 1800 Staatsbürgerschaften will die maltesische Regierung zunächst vergeben, und der Andrang seit Programmbeginn Anfang 2014 ist groß. Staat und Wirtschaft winken so in den nächsten Jahren bis zu 2 Milliarden Euro. Bei näherer Betrachtung aber lohnt sich ein Antrag nur für diejenigen, die über mindestens 30 Millionen Dollar Vermögen verfügen. Sie profitieren dann neben der Reisefreiheit in der EU von Niedrigsteuern (15 Prozent) in ihrem gelobten Land.

Wegen der Bevorzugung von Vermögenden sind diese Programme umstritten. Doch selbst in Europa können Nicht-EU-Bürger mittlerweile in fünf Ländern eine mehrjährige Aufenthaltserlaubnis erstehen. Malta, Zypern, Bulgarien und in Einzelfällen *Österreich* bieten darüber hinaus Staatsbürgerschaften an:

- In Zypern muss den Interessenten der ersehnte Pass allerdings bis zu 5 Millionen Euro wert sein. Billiger, nämlich 2,5 Millionen Euro, wird es nur für denjenigen, der sich einer Investorengemeinschaft anschließt. Diese muss mindestens ein Volumen von 12,5 Millionen Euro auf sich vereinen. Immobilien bilden dabei eine von fünf Investitionsmöglichkeiten.
- Spanien, Portugal, Lettland, Ungarn und Griechenland gehören zu jenen Staaten, die Gutbetuchten nur Aufenthaltsrechte anbieten. Wer zahlt, kann dort schnell mit der Zuzugsgenehmigung rechnen.

Unkomplizierter geht es in der Karibik zu:

- Auf Saint Kitts and Nevis erhält man beispielsweise schon ab 250 000 US-Dollar einen Pass. Das Geld muss à fonds perdu in einen staatlichen Infrastrukturfonds gezahlt werden. Auch Investitionen in Immobilien sind möglich. Hier werden dann mindestens 400 000 US-Dollar fällig. Dieselbe Summe wird verlangt in der Region Antigua and Barbuda.

Die Beträge für die in den verschiedenen Ländern verlangten Immobilienanlagen und die teils happigen Einbürgerungsgebühren dürften die Antragsteller kaum schrecken.

Kritiker der käuflichen Staatsbürgerschaften führen vor allem ins Feld, dass Einbürgerungen ein Mindestmaß an Sprachkenntnissen, nationaler Verbundenheit und Integrationswillen voraussetzen sollten. Die Einnahmen für die Staatskassen sind aber ein starker Lockstoff für Malta, Zypern und all die anderen Länder mit offenen Toren. Im Gegenzug zieht die mit einem EU-Pass verbundene Bewegungsfreiheit allen voran Chinesen und Russen an. Der EU-Kommission in Brüssel stoßen diese Programme sauer auf, aber außer einigen Anpassungen hat sie nicht viel erreicht – Staatsbürgerschaften sind nun mal Ländersache. Angeboten werden derartige Programme in länderspezifischer Ausgestaltung derzeit u. a. von:

- **Europa:** Belgien – Frankreich – Großbritannien – Guernsey – Irland – Italien – Jersey – Kroatien – Lettland – Malta – Monaco – Montenegro – Niederlande – Portugal – Österreich – Ungarn Schweiz –Spanien – Zypern
- **Nord- und Mittelamerika:** Bahamas – Belize – Kanada – US-Staat Florida
- **Karibik:** Antigua and Barbuda – Dominica – Grenada – Saint Kitts and Nevis
- **Afrika:** Mauritius – Sierra Leone – Tschad
- **Naher Osten:** Vereinigte Arabische Emirate

- **Asien:** Hongkong – Malaysia –Singapur
- **Australien/Ozeanien:** Australien – Kiribati – Tonga

Wer einen Länderwechsel beabsichtigt, sollte das nicht nur aus rein steuerlichen oder aus Vermögensschutzgründen tun. Er sollte vorab auch wissen, wie es im jeweiligen Zuzugsland unter anderem um nachfolgende Aspekte bestellt ist:

- Infrastruktur (Transport und Verkehr, medizinische Versorgung, soziale Sicherheit, Schulen und Ausbildung, Kinderversorgung, Sport, Unterhaltungsmöglichkeiten)
- geografische Gegebenheiten, klimatische Verhältnisse und Umweltbedingungen
- politische Situation, Rechtssicherheit, Korruption, Währungs- und Kapitalkontrollen
- wirtschaftliche Situation, Bank-, Rechts-, Steuer- und Finanzdienstleistungen
- Lebenshaltungskosten
- Sprache, Bevölkerung, persönliche Rechte, Kultur, Religion, Minderheitenschutz
- Aufenthaltserlaubnis und Staatsbürgerschaft

Auch sollte man wissen, dass einige Länder bei einem Wegzug in ein Niedrig- oder Nullsteuerland sogenannte »Exit Taxes« verlangen, um derartige Wohnsitzwechsel zu erschweren. Dazu gehören u.a. Dänemark, Großbritannien, Italien, die Niederlande, Spanien, Kanada und die USA.

- Mit einem Wohnsitzwechsel ins Ausland ergeben sich für Vermögende Möglichkeiten, ihre steuerliche Situation legal zu optimieren und Vermögenswerte zu schützen.

Was Pass und Aufenthaltsrecht kosten

Land/ Staatsbürgerschaft	Gesetzliche Reglung seit	Minimum-investment	Aufenthalts-pflicht	Wartezeit
Antigua and Barbuda	2013	250 000 USD	5 Tage in 5 Jahren	sofort
Australien	2012	5 Mio. AD	40 Tage pro Jahr	5 Jahre
Bulgarien	2009	500 000 EUR	keine	5 Jahre
Dominica	1993	100 000 USD	keine	sofort
Frankreich	2013	10 Mio. EUR	keine	5 Jahre
Grenada	2014	250 000 USD	keine	sofort
Griechenland	2013	250 000 EUR	keine	7 Jahre
Groß-britannien	1994	1 Mio. PFD	185 Tage p. Jahr	6 Jahre
Island	2012	500 000 EUR	keine	keine Angaben
Kanada	Mitte 1980	800 000 CAD	730 Tage in 5 Jahren	3 Jahre
Litauen	2010	35 000 EUR	keine	10 Jahre
Malta	2014	1,15 Mio. EUR	6 Monate	1 Jahr
Neuseeland	keine Angaben	1,5 Mio. NZD	146 Tage p. Jahr	5 Jahre
Portugal	2012	500 000 EUR	7 Tage p. Jahr	6 Jahre
Schweiz	keine Angaben	250 000 CHF p. Jahr	keine	12 Jahre
Singapur	keine Angaben	2,5 Mio. SD	keine	2 Jahre
Spanien	2013	500 000 EUR	keine	10 Jahre
Saint Kitts and Nevis	1984	250 000 USD	keine	sofort
Ungarn	2013	250 000 EUR	keine	8 Jahre
USA	1990	500 000 USD	180 Tage p. Jahr	7 Jahre
Zypern	2011	2,5 Mio. EUR	keine	sofort

Tabelle 13: Quelle: Henley & Partners

5.2 Ausländische Lebensversicherungen

Ausländische Lebensversicherungen – vor allem aus Liechtenstein und Luxemburg – wurden früher damit beworben, dass sie Vorteile bei der Vollstreckung inländischer Gläubiger bieten. Grundlage hierfür sollte das jeweils nationale ausländische Recht sein, das Vollstreckungen unmöglich machte. Das war bis 2010 auch tatsächlich so. Seitdem gilt der Grundsatz, dass für Deutsche bei *ausländischen Versicherungen* auch das *deutsche Versicherungsrecht* zur Anwendung kommt. Der schützende Aspekt durch eine ausländische Rechtsordnung ist damit entfallen.

Zum Kauf angeboten werden auf dem Markt Lebensversicherungsverträge, die vor dem 1. Januar 2010 abgeschlossen wurden und damit dem alten Recht unterliegen. Vor dem Ankauf muss gewarnt werden, da diese Versicherungen aus juristischer Sicht äußerst »störanfällig« sind. *Das Risiko, dass diese Gestaltungen als rechtsmissbräuchlich verworfen werden, ist hoch und im Rahmen eines nachhaltigen Vermögensschutzes nicht zu empfehlen.*

5.3 Errichtung von Stiftungen in Liechtenstein und Panama sowie Trusts

Stiftung in Liechtenstein

Das Fürstentum Liechtenstein ist das weltweit traditions- und erfolgreichste Land (seit 1926) für Stiftungen mit privaten Zwecken. Liechtensteinische Stiftungen bieten ein hohes Maß an Privatsphäre, weitgehende Gestaltungsmöglichkeiten für den Stifter, insbesondere bei Nachlassplanung und Vermögensschutz, sowie günstige steuerliche Rahmenbedingungen.

Der kleine Staat, der viele Jahre ein großes Schwarzgeldparadies war, setzt mit seinem grundlegend überarbeiteten Stiftungskonstrukt auf neue Vermögende aus dem Ausland und hofft auf einen Imagegewinn. Schrauben-Tycoon Reinhold Würth, die

Haribo-Dynastie Riegel, die Familie von und zu Guttenberg oder der Salzburger Automogul Ferdinand Piëch wissen die steuerlichen Vorzüge der liechtensteinischen Stiftung längst zu schätzen. Schätzungsweise 5 Milliarden Euro sind nach Erkenntnissen der Wirtschaftsprüfungsgesellschaft KPMG allein 2015 aus dem Nachbarland Österreich ins Fürstentum umgeschichtet worden. Darunter auch etliche Stiftungen Deutscher, die ihr österreichisches Stiftungsvermögen noch rechtzeitig vor einer Besteuerung stiller Reserven in Sicherheit bringen wollten.

Für das Ländle ein heiß ersehnter Vermögenszufluss – nicht nur an Kapital. Denn damit erlebt die seit dem Steuerskandal im Nachgang zum Datenklau bei der Fürstenbank LGT 2008 verpönte liechtensteinische Privatstiftung eine Renaissance. Aktuell sind rund 19 000 Stiftungen in Vaduz registriert. Wer heute als Deutscher oder Österreicher eine Stiftung in Liechtenstein gründet, tut dies nicht mehr aus Gründen der Steuerhinterziehung, sondern aus privaten oder familiären Motiven, um sein Vermögen zu ordnen und es über den Tod hinaus zu schützen.

In ihrer Funktion und ihrer grundsätzlichen Ausgestaltung ist die liechtensteinische Stiftung mit einer deutschen Stiftung bürgerlichen Rechts vergleichbar. Hinsichtlich ihrer Gestaltungsmöglichkeiten weicht sie jedoch zentral von denen des deutschen Rechts ab. Als Instrument des *Vermögensschutzes* ist sie in mehrfacher Hinsicht interessant. Weiteres dazu unten zur liechtensteinischen (Familien-)Stiftung.

Stiftung in Panama

Für das Halten ausländischer Vermögen wurde in früheren Jahren vor allem von Schweizer Finanzhäusern zur weiteren Anonymisierung des Vermögensinhabers häufig die Panamaische Privatstiftung (Fundaciones de Interés Privado) eingesetzt. Dieses Produktangebot wurde durch die Schweizer Weißgeldstrategie weitestgehend für europäische Staatsbürger eingestellt. Nichtsdestotrotz hat diese Stiftungsform für Ausländer einen gewissen Reiz:

- Die treuhänderische Struktur garantiert eine ordnungsgemäße Übertragung und Verfügung von Vermögenswerten zugunsten des/der Begünstigten über den Tod des Stifters hinaus.
- Der Stifter behält zu Lebzeiten die Kontrolle über das Stiftungsvermögen.
- Einkünfte der Stiftung, die offshore – also beispielsweise bei einer kontoführenden Bank in der Schweiz – generiert werden, bleiben steuerfrei.
- Pflichtteilsansprüche Enterbter aus anderen *Ländern* können in Panama nicht durchgesetzt werden. Wichtig in dem Zusammenhang: Forderungen gegen Stiftungsvermögen, das sich in einem anderen Staat befindet, in dem Pflichtteilsansprüche grundsätzlich anerkannt werden, sind nicht durchsetzbar und können der Stiftung nicht entzogen werden.
- Ermittlungsverfahren oder das Einfrieren von Vermögenswerten sind gesetzlich unterbunden.
- Vermögenswerte der Stiftung können weder blockiert noch gepfändet oder Gegenstand einer Gläubigerklage werden.

Bei Steuerpflichtigen in Europa steht die Panama-Stiftung heute nach Veröffentlichung der Panama Papers eigentlich nicht mehr im Fokus ihrer Überlegungen zum Vermögensschutz.

Trust

Mit dem Rechtsinstitut des Trusts, der ursprünglich dem englischen »common law« entstammt, kann ebenfalls Vermögen zugunsten begünstigter Personen oder für bestimmte Zwecke abgesondert und der gebundenen Verwaltung eines sogenannten Trustees unterstellt werden. Es wird oft betont, dass der Einsatz von Trusts zum Standardrepertoire einer internationalen Vermögensschutzplanung gehört.

Die rechtliche Konstruktion eines Trusts ist dem deutschen Rechtssystem fremd. Die rechtliche Grundkonstruktion lässt sich wie folgt erklären: Bei einem Trust sind mindestens drei Personen beteiligt. Dies sind der »Settlor« (Errichter), der »Trustee« (Verwalter) und der »Beneficiary« (Begünstigte). Der Errichter überträgt dem Verwalter Eigentum mit einer Zweckbindung. An diese Zweckbindung ist er gebunden. Dieses Verhältnis ähnelt den in Deutschland bekannten Treuhandverhältnissen, wobei der Trust im Gegensatz zur Treuhand kein Vertrag ist, sondern eine einseitige Handlung. Das wirkt sich insoweit erheblich aus, weil der Errichter mangels Vertrag kein jederzeitiges Rückforderungsrecht hat. Die Erträge aus der Verwaltung des Eigentums gehen wiederum nicht an den Verwalter, sondern an den Begünstigten. Sie stehen in seinem Eigentum. Das Eigentum ist aufgespalten. Die Substanz ist beim Verwalter, die Erträge beim Begünstigten. Der Trust selbst hat keine eigene Rechtspersönlichkeit, er ist vielmehr eine rechtliche Konstruktion mit Sondervermögen. Der Unterschied zur deutschen Stiftung ist also, dass der Trust kein Zweckvermögen hält, sondern das Eigentum beim Trustee, dem Verwalter liegt.

Vor allem in angloamerikanischen Kreisen hat sich der Trust als Instrument zur Asset Protection etabliert. Hierzulande kann ein Trust aufgrund des deutschen Rechtssystems nur sehr eingeschränkt zum Einsatz kommen. Ein Trust kommt nur in Betracht, solange kein in Deutschland belegendes Vermögen erfasst wird. Denn bereits im Jahr 1984 hat der Bundesgerichtshof (BGH) entschieden, dass das Institut des Trusts nicht mit dem deutschen Sachenrecht vereinbar ist. Dies hat zur Folge, dass in Deutschland belegene Vermögenswerte nicht durch einen Trust geschützt werden. Hier sind Ausweichgestaltungen in Erwägung zu ziehen. Aus diesem Grund ist der Trust regelmäßig kein geeignetes Mittel zum Vermögensschutz. Anders freilich in Ländern außerhalb Deutschlands.

Wie alle sonstigen Instrumente im Vermögensschutz funktionieren Stiftungen und Trusts nur im Rahmen einer vorsorgenden Vermögensplanung. Errichtungen in der Krise – also beispielsweise in oder kurz vor der Insolvenz – laufen ins Leere. Vermögensübertragungen können dann immer angefochten werden.

5.4 Luxemburg – eigene Fonds für Vermögende

Große und international diversifizierte Vermögen stellen den Vermögensinhaber vor Herausforderungen: Er steht einer Vielzahl an Beratern gegenüber und er trifft bei der Nachfolgeregelung auf unterschiedliche Rechts- und Steuersysteme.

So können Erbschaften und Schenkungen bei internationalen Vermögenswerten aufgrund fehlender Harmonisierung der Rechtsprechung innerhalb der EU zu zeit- und kostenintensiven Problemen führen. Probleme, die sich durch die Bündelung der Vermögenswerte innerhalb der Luxemburger Kapitalgesellschaft Société de Gestion de Patrimoine Familial, SPF, besser managen lassen. Der gesetzliche Rahmen in Luxemburg bietet die Möglichkeit der Vermögens-, Güterstands- und Nachfolgeplanung unter Berücksichtigung der EU-Gesetzgebung:

Beim Einsatz einer SPF profitieren Vermögensinhaber von den Vorteilen einer Kapitalgesellschaft, ohne Körperschaft- und Gewerbesteuer zahlen zu müssen – die SPF ist in Luxemburg weitgehend steuerbefreit und genießt den Vorteil der beschränkten Haftung.

Sie ist als Anlagegesellschaft konzipiert, die sich ausschließlich an natürliche Personen richtet, die ihr Privatvermögen sinnvoll strukturieren wollen.

Mit der Bündelung internationaler Vermögen in der SPF entfällt die aufwendige Prüfung nationaler Regelungen:

- Vererbt oder verschenkt werden nur die Anteile an der SPF, nicht die einzelner Vermögenswerte.
- Hinsichtlich der Vertragsgestaltung besteht innerhalb der Gesellschaft ein Höchstmaß an Flexibilität.
- Etwaige zum Vermögenserhalt gewünschte Beschränkungen innerhalb der Familie lassen sich in den Gesellschaftsvertrag flexibel einbauen.

Steht die Strukturierung von Finanzbeteiligungen, Immobilien, Patenten oder Lizenzen an, bietet es sich an, eine Soparfi Beteiligungsgesellschaft (Société à participation financière) in der Rechtsform einer AG, GmbH oder KGaA zu gründen. Diese Gesellschaft ist in Luxemburg zwar steuerpflichtig, sie kann jedoch von *Doppelbesteuerungsabkommen (DBA)* und vom *Schachtelprivileg* im Sinne der Mutter-Tochter-Richtlinie profitieren. Dadurch sind Beteiligungsgewinne innerhalb der Holding unter bestimmten Voraussetzungen steuerfrei.

Ähnliche Vorteile bietet ein sogenannter Reserved Alternative Investment Fund (RAIF), der bereits mit einem Mindestkapital von 125 000 Euro installiert werden kann.

Einmal mehr stellt damit die Fondsindustrie im Großherzogtum ihre Kompetenz nicht nur bei den über 14 000 Publikumsfonds unter Beweis, die aktuell rund 2,65 Billionen Euro verwalten, sondern auch mit Spezialfonds, die auf die speziellen Bedürfnisse Vermögender und ihrer Familien zugeschnitten sind. Mit Steuerspareffekten, die ihnen die legalen nationalen Steuergesetze und bilateralen Steuerabkommen bei richtiger Anwendung bieten.

5.5 Wer zu spät kommt, wird bestraft

Was bei Vermögensübertragungen bzw. -verlagerungen ins Ausland zu beachten ist

Wer Vermögen vor dem Zugriff Dritter durch Verlagerung ins Ausland schützen will, muss frühzeitig handeln, damit diese Transfers von Gläubigern oder Insolvenzverwaltern im Krisenfall nicht angefochten werden können.

- Die Fristen, innerhalb derer eine Anfechtung der Vermögensübertragung möglich ist, liegen in Deutschland zwischen drei Monaten und zehn Jahren.

- Vermögensübertragungen können ertrag- oder verkehrssteuerrechtliche Konsequenzen haben – Einkommensteuer, Schenkungsteuer oder Grunderwerbsteuer.
- Werden Vermögenswerte auf Dritte übertragen, sollte sichergestellt werden, dass der Vermögensübernehmer die ihm übertragenen Vermögenswerte und deren Erträge nicht gegen die Interessen des früheren Inhabers verwendet.
- Rückforderungsrechte sollten so ausgestaltet werden, dass sie nicht von Gläubigern des Übertragenden gepfändet werden können.
- Auswirkungen auf Erb- und Pflichtteilsansprüche müssen ebenso geprüft werden wie die Auswirkungen auf den bestehenden Güterstand.
- Ist das Vermögen im Ausland belegen, muss ausländisches Zivil-, Gesellschafts- und Steuerrecht beachtet werden.

Vermögensübertragungen oder -verlagerungen ins Ausland, die nach dem Eintritt einer Haftungslage, kurz vor einer Insolvenz oder in einer sonstigen Krisensituation – etwa einer drohenden Zwangsvollstreckung – erfolgen, kommen zu spät und sind nicht sinnvoll.

Gesetze in Deutschland, Österreich und der Schweiz verhindern, dass in Haftungsfällen den Gläubigern eines Schuldners der Zugriff auf dessen Vermögen – auch im Ausland – entzogen wird.

- In Deutschland sind dies die Strafandrohungen des § 283 ff StGB und die Anfechtung nach § 129 ff InsO (Insolvenzordnung) bzw. § 1 ff des AnfG (Anfechtungsgesetz);
- in Österreich die strafrechtlichen Vorschriften der §§ 156 bis 163 österreichisches StGB, die Anfechtung nach der österreichischen Insolvenzordnung (IO) und der österreichischen Anfechtungsordnung (AnfO);

- in der Schweiz gibt es neben den Strafdrohungen § 158, 163 ff schweizerisches StGB, Art. 175, 186 ff Bundesgesetz über die Bundessteuer (DBG) und der Anfechtungsmöglichkeit nach dem Schuldbeitreibungs- und Konkursgesetz (SchKG) weitere Rechtsgrundlagen für Anfechtungen, etwa im Erbrecht (Art. 197 ZGB) oder im Güterrecht (Art. 220 ZGB).

Geht es um die *Anfechtung von Rechtsgeschäften* durch einen Insolvenzverwalter, wird in jedem der drei Rechtsräume grundsätzlich zwischen dem *Anfechtungszeitraum* und dem *Anfechtungsanspruch* unterschieden:

- In Deutschland beträgt der *Anfechtungszeitraum* zwischen drei Monaten und zehn Jahren, er wird rückwirkend ab der Stellung des Antrags auf Eröffnung eines Insolvenzverfahrens berechnet.
- In Österreich beträgt die *Anfechtungsfrist* zwischen sechs Monaten und zehn Jahren, sie wird von der Konkurseröffnung an gerechnet.
- In der Schweiz beträgt die *Verdachtsperiode* zwischen einem und fünf Jahren.

Der zweite wichtige Zeitraum betrifft die Zeitspanne, innerhalb derer die Anfechtung erfolgen muss (*Anfechtungsfrist*):

- In Deutschland verjährt der *Anfechtungsanspruch* nach dem BGB, vgl. § 146 Abs. 1 InsO. Die regelmäßige Verjährung beträgt drei Jahre (§ 195 BGB). Sie beginnt mit Ende des Jahres, in dem der Anspruch entstanden ist und der Gläubiger von der Person des Schuldners und den Anspruch begründenden Umständen Kenntnis erlangt (§ 199 Abs. 1 BGB). Innerhalb dieser Frist muss die Anfechtung erfolgt sein.
- In Österreich muss eine Anfechtungsklage innerhalb eines Jahres ab Eröffnung des Insolvenzverfahrens (*Klagefrist*) erhoben werden.

- In der Schweiz beträgt die Anfechtungsfrist zwei Jahre, es muss Klage erhoben werden. Die Klagefrist beginnt mit der Zustellung des sogenannten *Pfändungsverlustscheines*.

TEIL 3

VERMÖGENS-SCHUTZ 2.0 – RISIKOVERORTUNG UND EIN 360°-RUNDUMBLICK

Es klingt fast zu einfach und zu logisch: *Nachhaltiger Vermögensschutz gelingt nur durch einen* 360°-Rundumblick. Doch gerade das Einfachste gestaltet sich in der Umsetzung meist als das Schwierigste. Die Vermögensschutzinstrumente müssen das Vermögen wie kleine Satelliten auf verschiedenen Umlaufbahnen umkreisen und in regelmäßigen Abständen Informationen liefern. Diese Informationen müssen ausgewertet und immer wieder kritisch hinterfragt werden. Doch wie gelingt das?

Am Anfang einer jeden Vermögensschutzplanung steht eine Selbstanalyse samt Bestandsaufnahme. Nur wenn man das Vermögen in seiner Gesamtheit – mit einem 360°-Rundumblick – betrachtet, kann man die richtigen und nachhaltigen Entscheidungen für einen wirksamen Vermögensschutz treffen. Dies gilt insbesondere für das Ausnutzen von steuerlichen Freibeträgen und anderen steueroptimierten Vermögensstrukturierungen. Bildlich gesprochen handelt es sich hierbei um eine Hauptuntersuchung, bei der sämtliche Bauteile überprüft werden und bei der das Vermögen am Ende eine Prüfplakette bekommt. Andernfalls gibt es Beanstandungen mit der Folge, dass der Nachholbedarf aufgearbeitet werden muss. Anhand der einzelnen Positionen sind etwaige Gefahrenquellen, Gefahrenorte und Störfaktoren zu analysieren. Die einzelnen Puzzlestücke sind dann zu einem Gesamtbild zusammenzufügen.

Durch die Bestandsaufnahme lassen sich weitere Synergieeffekte nutzen. Denn die Vermögensübersicht dient als Basis für die Steuerplanung und für weitere Verzeichnisse, die im Laufe der Zeit zu erstellen sind, wie etwa ein Verzeichnis für den Fall einer Betreuung oder ein Nachlassverzeichnis. Was beispielsweise bei Unternehmenskäufen Standard wurde, nämlich eine sogenannte »Due Diligence« anzustellen, eine unternehmerische Risikoprüfung, steckt im Privatbereich noch in den Kinderschuhen – eine »Private Due Diligence« –, obgleich dies eine Grundvoraussetzung für einen effizienten Vermögensschutz darstellt.

Für diese Selbstanalyse empfiehlt es sich, zunächst eine vollständige Übersicht aller Vermögenswerte des Finanz-, Human-, und Sozialvermögens zu erstellen.

Für das Finanzvermögen gestaltet sich das relativ einfach: In einem Vermögensverzeichnis sind alle Aktiva und Passiva zu bewerten und aufzunehmen. Vermögenswerte, die nicht unmittelbar beziffert werden können, sind gegebenenfalls unter Zuhilfenahme von Sachverständigen zu schätzen.

Für das Human- und Sozialvermögen ist das schon schwieriger. Der Wert einer störungsfreien Reputation, einer intakten Familie, bester Gesundheit und weitreichender Handlungsfähigkeit lassen sich nicht beziffern. All diese Punkte können aber in einem persönlichen Programm niedergelegt und als Maßstab im Rahmen der Vermögensschutzplanung berücksichtigt werden.

Die Informationen über das individuelle Vermögen sind hochsensibel, und da ist man schon beim Thema. Sie sind absolut vertraulich zu behandeln. Aus diesem Grund sollte nur ein kleiner Kreis von Vertrauten mit dem Vermögensschutz befasst sein. Besonders geeignet sind Personen, die von Berufs wegen zur Verschwiegenheit verpflichtet sind – wie etwa Rechtsanwälte, Notare oder Steuerberater, Bankberater. Im Optimalfall stellen Sie Ihr eigenes Gremium zum Zwecke des Vermögensschutzes zusammen und haben Ihren eigenen Vermögensschutzbeauftragten. Auf diesem Weg kann die größtmögliche Expertise in einem Beraterteam gebündelt werden.

Die nächsten Schritte zum 360°-Vermögensschutz:

Beginnen Sie Ihre Selbstanalyse mit einer Inventur Ihres Finanz-, Sozial- und Humanvermögens.

- Erstellen Sie Ihr eigenes Vermögensverzeichnis zur Vorbereitung Ihrer Private Due Diligence.
- Behandeln Sie die gewonnenen Informationen vertraulich und besprechen Sie sich zunächst nur in einem kleinen Kreis von Vertrauten.
- Finden Sie Ihre richtigen Berater und Ihren Vermögensschutzbeauftragten.

Die folgenden Ausführungen sollen einen Rundumblick über die einzelnen Vermögensgefahren und mögliche Umgangsanleitungen damit geben. Dabei bietet es sich an, die einzelnen Vermögensrisiken in den tatsächlichen Erscheinungsformen oder Lebensphasen zu verorten. Solche finden sich insbesondere im Bereich des Finanzvermögens, im Unternehmensbereich, in Steuerangelegenheiten, im familiären, sozialen oder gesellschaftlichen Umfeld sowie im Todesfall von Menschen.

1

Gefahrenort Privat- bzw. Finanzvermögen

Die Schutzgüter des Finanzvermögens sind alle durch Marktpreise bewertbare Vermögensgegenstände wie Geld, Wertpapiere, Immobilien, Edelmetalle und Kunst. Gemeint sind hier Vermögenswerte, die nicht dem betrieblichen Vermögen, sondern dem Privatvermögen zuzuordnen sind.

Vermögensschutz im Bereich des Finanzvermögens zielt vornehmlich darauf ab, dass sich der Wert des gesamten Vermögens nicht verringert. Aus diesem Grund sind ungewollte Zugriffe von dritter Seite auf das Vermögen zu vermeiden. Dies sind die klassischen Elemente des Vermögensschutzes, die im Gedanken des »*Vermögensschutzes 1.0*« regelmäßig durch Verlagerung von Vermögenswerten zu bewirken sind. Typische Gefahrenquellen sind vor allem der Zugriff von privaten oder öffentlichen Gläubigern im Rahmen von Insolvenzen oder Steuerfallen.

1.1 Risiken für das Finanzvermögen

Die Insolvenz

Laut den Angaben des Statistischen Bundesamts werden in Deutschland jeden Monat über 10 000 Insolvenzen angemeldet. Davon sind circa 20 Prozent Unternehmens- und 80 Prozent Privatinsolvenzen. Insolvenz ist eine Situation des Schuldners, in der er seine Zahlungsverpflichtungen gegenüber dem Gläubiger nicht mehr erfüllen kann Die Insolvenz ist daher bereits rein statistisch eine omnipräsente Gefahr für das Vermögen. Sei es die eigene Insolvenz, die des Ehegatten oder die des Geschäftspartners, die sich wiederum im eigenen Vermögen niederschlagen kann. Eine Insolvenz im unternehmerischen Bereich kann Wirkungen im privaten Bereich zeitigen und umgekehrt. Oft gehen Firmen- und Privatinsolvenz Hand in Hand.

Beachtenswert ist der Umstand, dass die meisten Insolvenzanträge von Gläubigerseite von der Sozialversicherung gestellt werden. Neben den erheblichen strafrechtlichen Konsequenzen (siehe für Arbeitnehmeranteile den Straftatbestand des § 266a StGB!) muss beachtet werden, dass die Krankenkassen die fehlenden Arbeitnehmeranteile von dem Geschäftsführer der GmbH durch Geltendmachung von Schadensersatz einfordern können. Der Geschäftsführer der GmbH haftet dann vollumfänglich für die unternehmerischen Verbindlichkeiten. Im Vorfeld einer Insolvenz befindet sich der Geschäftsführer in einer regelrechten Pflichtenzange:

- Zum einen hat er die Pflicht, die Arbeitnehmeranteile zur Sozialversicherung abzuführen,
- zum anderen darf er nach Insolvenzreife keine Zahlungen mehr aus dem Gesellschaftsvermögen leisten.

Verstößt der Geschäftsführer hiergegen, haftet er gegenüber der Gesellschaft. Die Pflicht zur Abführung der Arbeitnehmeranteile zur Sozialversicherung entfällt auch dann nicht, wenn die Löhne nicht mehr ausgezahlt werden. Ebenso ist eine anteilige Kürzung bei Teilauszahlung zu vermeiden. Insoweit besteht ein Unterschied zur Geschäftsführerhaftung für die Lohnsteuer (§§ 191, 69, 34 AO).

Nach Eintritt der Zahlungsunfähigkeit besteht für den Geschäftsführer also entweder das Strafverfolgungsrisiko, verbunden mit der Schadensersatzhaftung gegenüber der Krankenkasse, oder das Risiko, etwa noch geleistete Zahlungen auf Arbeitnehmeranteile zur Masse erstatten zu müssen. Zur Lösung dieser Kollision und damit zum Schutz des eigenen Vermögens bedarf es daher eines gut durchdachten Konzepts.

Anfechtungsfragen

Soll Vermögen »insolvenzfest« gemacht werden, darf der Faktor Zeit nicht unterschätzt werden. Präventiver Vermögensschutz kommt zu spät, wenn die Insolvenz bereits eingetreten ist oder auch nur droht. In dieser Phase der wirtschaftlichen Schieflage sollte das Vermögen dem Zugriff der Gläubiger nicht mehr entzogen werden. Der Gesetzgeber hat zur Durchsetzung dieses Gläubigerschutzes im Wesentlichen drei Sicherungsmechanismen geschaffen:

- Erstens die Anordnung einer Strafe nach §§ 283 f. StGB,
- zweitens die Anfechtung nach der §§ 129 ff. InsO sowie
- drittens die (allgemeine) Nichtigkeit der Übertragung nach § 138 BGB.

Auch außerhalb der Insolvenz kommt eine Anfechtung in Betracht. Rechtsgrundlage hierfür bietet das Anfechtungsgesetz (§§ 3 ff. AnfG).

Die Anfechtungstatbestände dienen dazu, Vermögenswerte, die der Schuldner der Vollstreckung durch Verlagerung entziehen wollte, zurückzuerlangen und für eine Verwertung im Interesse der Gläubiger bereitzustellen. Im Wege des Anfechtungsrechts sollen daher die betroffenen Gegenstände in die Vermögensmasse des Schuldners zurückgeführt werden. Daher wird ein optimaler Vermögensschutz es zum Ziel haben, dass die betroffenen Gegenstände eben nicht mit den Mitteln der Gläubiger- bzw. Insolvenzanfechtung zurück gegeben werden müssen.

Gegenstand der Anfechtung sind stets Rechtshandlungen wie beispielsweise Schenkungen oder Übertragungsakte. Diese Rechtshandlung muss zu einer wirtschaftlichen Benachteiligung eines Gläubigers geführt haben. Eine solche Benachteiligung liegt vor, wenn durch die Rechtshandlung die Masse der Schulden und Verbindlichkeiten vergrößert oder die Aktivmasse verringert wird oder wenn der Zugriff der Gläubiger auf die Haftungsmasse vereitelt, erschwert oder verzögert wird. Die Benachteiligung kann sich unmittelbar oder mittelbar auswirken. Im Ergebnis wird ein Vermögensschutz aber nur realisiert, wenn die erfolgte Vermögensübertragung nicht mit den Mitteln der Gläubiger- bzw. Insolvenzanfechtung rückgängig gemacht werden kann.

Nach der Insolvenzordnung (InsO) sind im Einzelnen folgende Anfechtungstatbestände zu berücksichtigen:

- Vorsatzanfechtung (§ 133 InsO)
- Anfechtung von unentgeltlichen Leistungen (§ 134 InsO)
- Anfechtung von Rechtsgeschäften mit nahestehenden Personen (§ 138 InsO)
- Anfechtung im Zusammenhang mit Gesellschafterdarlehen (§ 135 InsO)
- Anfechtung bei kongruenter Deckung (§ 130 InsO)
- Anfechtung bei inkongruenter Deckung (§ 131 InsO)
- Anfechtung unmittelbar nachteiliger Rechtshandlungen (§ 132 InsO).

Nach dem Anfechtungsgesetz (AnfG) sind im Einzelnen folgende Anfechtungstatbestände zu berücksichtigen:

- Vorsatzanfechtung (§ 3 Abs. 1 AnfG)
- Anfechtung von unentgeltlichen Leistungen (§ 4 AnfG)
- Anfechtung entgeltlicher Verträge mit nahestehenden Personen (§ 3 Abs. 2 AnfG)
- Anfechtung im Zusammenhang mit Gesellschafterdarlehen (§ 6 Abs. 1 AnfG).

Die Anfechtungszeiträume variieren je nach Anfechtungstatbestand von drei Monaten bis zu zehn Jahren. Der Zeitpunkt, ab dem sich der nach Vermögensschutz Suchende in Sicherheit wiegen kann, variiert stark. Die Anfechtungstatbestände lassen sich in folgende Gruppen einteilen:

- Dem zehnjährigen Anfechtungszeitraum unterliegen die Vorsatzanfechtung (§ 133 InsO, § 3 Abs. 1 AnfG) und die Anfechtung der Sicherheitsgewährung für Gesellschafterdarlehen (§ 135 Abs. 1 Nr. 1 InsO).
- Dem vierjährigen Anfechtungszeitraum unterliegen die Tatbestände betreffend unentgeltliche Leistungen (§ 134 InsO, § 4 AnfG).
- Dem zweijährigen Anfechtungszeitraum unterliegen die Tatbestände der unentgeltlichen Verträge mit nahestehenden Personen (§ 133 Abs. 2 InsO, § 3 Abs. 2 AnfG). Dies betrifft vor allem das in der Nachfolgeplanung wichtige Instrument der Schenkung.
- Dem einjährigen Anfechtungszeitraum unterliegen die Tatbestände der Tilgung eines Gesellschafterdarlehens (§ 133 Abs. 2 InsO, § 3 Abs. 2 AnfG).
- Der dreimonatigen Anfechtung unterliegen nur die Tatbestände der kongruenten und inkongruenten Deckung (§§ 130, 131 InsO) und die unmittelbar nachteiligen Rechtshandlungen (§ 132 InsO).

Die unterschiedlichen – teils sehr langen – Anfechtungszeiträume zeigen, dass Vermögensschutz rechtzeitig geplant werden muss. Neben der Planung müssen die den Vermögensschutz flankierenden Maßnahmen, wie die Schaffung einer entsprechenden Dokumentation zu Beweiszwecken, bedacht werden.

Folgen unüberlegter Vermögensverlagerung – Vermögensbedrohungen durch Veränderungen in der Vermögensstruktur

Vermögensschutz bedeutet in seinem ursprünglichen Grundverständnis (»Vermögensschutz 1.0«), Vermögen vor Zugriffen Dritter abzuschirmen. Diese Aussage beansprucht – mit den eingangs erwähnten Ergänzungen – weiterhin Gültigkeit. Dies kann unter anderem durch die Verlagerung von Haftungsmassen erfolgen. Bei unüberlegter Verlagerung von Haftungsmassen sind jedoch ungewollte Steuerfolgen oftmals große Wertevernichter.

Das Paradebeispiel ist die vorschnelle Veräußerung von Immobilien aus Angst vor dem Zugriff eines Gläubigers auf diese Immobilie. Wenn im Privatvermögen gehaltene Immobilien, die nicht eigenen Wohnzwecken gedient haben, nämlich innerhalb eines Zeitraums von zehn Jahren seit dem Zeitpunkt der Anschaffung verkauft werden, ist der Veräußerungsgewinn zu versteuern (sogenannter Spekulationsgewinn). Diese Einkommensteuerzusatzbelastung ist meist nicht eingeplant und führt zu einer weiteren Reduktion des liquiden Vermögens. Werden in einem Zeitraum von fünf Jahren zudem mehr als drei Objekte verkauft, ist der Veräußerungsgewinn auch nach einer Haltezeit von über zehn Jahren steuerpflichtig, da nach der Rechtsprechung des Bundesfinanzhofs dann nicht mehr von steuerfreien Erträgen privater Vermögensverwaltung auszugehen ist, sondern vielmehr gewerbliche Einkünfte angenommen werden. Also Vorsicht vor vorschnellem Verkauf von Immobilienvermögen, ohne dass die steuerlichen Folgen geprüft wurden!

In ertragsteuerlicher Hinsicht ist des Weiteren Folgendes zu beachten: Werden Vermögenswerte aus der privaten Sphäre in die betriebliche Sphäre überführt, sind sie nunmehr »steuerverstrickt«, d. h. steuerverhaftet. Verlassen Vermögenswerte die betriebliche Sphäre und werden in die private Sphäre überführt, werden regelmäßig Wertsteigerungen realisiert, die zu versteuern sind (sogenannte Aufdeckung der stillen Reserven).

Als Lehrbuchfall wird hier häufig das Verbringen von Kunstgegenständen in das Büro und zurück in das Wohnzimmer des Unternehmers genannt. In diesem Fall sind die Wertsteigerungen des Kunstgegenstandes in der Zeit, in der er sich im Betriebsvermögen befunden hat, ertragsteuerpflichtig.

Ein weiteres plakatives Beispiel ist die Einbringung von bislang privat gehaltenen Aktien bzw. Gesellschaftsanteilen eines Start-up-Unternehmens in eine haftungsbeschränkte Gesellschaft (z. B. GmbH), um etwaige Haftungs- und Steuervorteile ausnutzen zu können. Je nach Kapitalbeteiligung kommt es hier zu einkommensteuerpflichtigen Veräußerungsvorgängen (§§ 17, 23 EStG). Dies kann mehr oder weniger offensichtlich geschehen, denn einkommensteuerrechtlich muss für die Realisierung eines Veräußerungstatbestandes nicht zwingend Geld fließen. Ein Fallstrick ist dabei insbesondere die korrekte Bewertung des Verkehrswerts der Aktien bzw. Gesellschaftsanteile zum jeweiligen Stichtag. Werden beispielsweise Aktien in den kapitalintensiven Anfängen des Start-ups zum Nennwert von 1 Euro im Privatvermögen gehalten und in der Erwartung eines baldigen Verkaufs in eine Einmanngesellschaft eingebracht, ist bereits jetzt jede bis dahin eingetretene Wertsteigerung zu versteuern. Zu einer weiteren Versteuerung kommt es dann auf der Ebene der Gesellschaft, wenn die Aktien aus dieser wieder heraus verkauft werden.

Der Gedanke, all diese Vorgänge vereinten sich sowieso wieder in einer Person, kann zum Verhängnis und einem echten Wertevernichter werden.

Vermögensschutz bedeutet daher, Vermögenssphären genau zu trennen und Geschäftsvorfälle exakt zuzuordnen, um die richtigen steuerlichen Konsequenzen ziehen zu können.

Die Vermischung von Privatvermögen mit dem Gesellschaftsvermögen erlangt auch im Haftungsrecht Bedeutung. Denn nach der Rechtsprechung konterkariert eine derartige Vermögensvermischung die Abschirmwirkung der Kapitalgesellschaft. Auf eine beschränkte Haftung kann man sich dann nicht mehr berufen.

Bei der Verschiebung von Vermögenswerten zum Zwecke des Vermögensschutzes müssen zudem erbschaft- und schenkungsteuerliche Aspekte ins Visier genommen werden. Freibeträge sollten nicht unnötig verspielt werden. Haben Ehegatten und Lebenspartner nicht den Güterstand der Gütergemeinschaft gewählt, so sind sie Inhaber getrennter Vermögensmassen, die sich im Verlauf der Ehe- bzw. Lebenspartnerschaft durch Zuerwerbe unterschiedlich entwickeln können. Dadurch können Vermögensdisparitäten entstehen, was dem Grunde nach der gemeinsamen Erwerbs- und Wirtschaftsgemeinschaft von Ehegatten und Lebenspartnern widerspricht. Möchten Ehegatten und Lebenspartner zur Sicherung der Altersvorsorge des Ehepartners, zur gleichberechtigten Teilhabe beider Eheleute an den Früchten des ehelichen Zusammenwirkens oder eben zur besseren haftungsmäßigen Organisation Vermögen umschichten, ist besondere Vorsicht geboten. Denn jede Vermögensverschiebung birgt das Risiko in sich, dass Schenkungsteuer ausgelöst wird.

Bankeinlagen sind vielleicht sicher, Ehegattenkonten sicher nicht

Innerhalb der Europäischen Union sind derzeit die einzelnen Länder für die Einlagensicherung verantwortlich. Ab diesem Jahr soll der neu geschaffene Abwicklungsfonds SRM (»Single Resolution Mechanism«) in die Bresche springen, wenn international agierende Banken oder Institute, die unter der Aufsicht der Europäischen Zentralbank stehen, in finanzielle Schieflage geraten. Kleinere Geldhäuser werden weiterhin von den nationalen Behörden abgewickelt. Die Sicherung der Einlagen bleibt aber Sache der Länder. In Deutschland ist die gesetzliche Einlagesicherung so unübersichtlich wie kaum in einem anderen Mitgliedstaat in der EU. Ursache ist das komplizierte Bankensystem: Es gibt private Banken, öffentliche Banken sowie Sparkassen und Genossenschaftsbanken. Jedes dieser Finanzinstitute hat sein eigenes Einlagensicherungssystem.

Diese Sicherung schützt allerdings nur gegen das Ausfallrisiko gegenüber der Bank und nicht gegen Risiken, die unmittelbar aus dem Konto an sich entstehen. Im Rahmen eines ganzheitlichen Konzepts ist auch die Verwaltung von Kapitalvermögen auf ehelichen Bankkonten zu überdenken. Ehegatten und Lebenspartner haben bei der Eröffnung eines Gemeinschaftskontos die Wahl zwischen sogenannten Und-Konten und Oder-Konten. Die meisten Ehegatten und Lebenspartner entscheiden sich für ein Oder-Konto. Bei einem Oder-Konto werden beide Ehegatten bzw. Lebenspartner Kontoinhaber. Jeder kann selbstständig, d.h. unabhängig vom anderen, über das Guthaben und im Rahmen des eingeräumten Kreditlimits verfügen.

Nach außen zeigt sich dies, indem beide Ehegatten bzw. Lebenspartner über EC- und Kreditkarten verfügen. Bei den Und-Konten können die Ehegatten bzw. Lebenspartner nur gemeinsam handeln. Dies gestaltet sich im täglichen Leben teilweise kompliziert, weshalb die Und-Konten selten anzutreffen sind. Die Lage wird noch komplizierter, wenn ein Kontoinhaber verstirbt und nicht von dem anderen beerbt wird. Der überlebende Partner kann dann nur zusammen mit den Erben des verstorbenen Partners über das Konto verfügen.

Doch auch Oder-Gemeinschaftskonten haben ihre Tücken und können sich als regelrechte Schenkungsteuerfallen entpuppen. Ehegatten und Lebenspartner denken sich häufig nichts dabei, wenn sie Geld auf ein gemeinsames Konto einzahlen. Vor allem, weil Vermögen zu teilen gerade dem Sinnbild der Ehe als Erwerbs- und Gütergemeinschaft entspricht (»Was mein ist, ist auch dein«). Dies sieht die Finanzverwaltung jedoch anders: In Steuerprüfungen greift sie zunehmend auch lange in der Vergangenheit liegende Sachverhalte auf. Die Finanzverwaltung geht entsprechend der zivilrechtlichen Vermutung grundsätzlich von einer jeweils hälftigen Zurechnung des Guthabens an die Ehegatten und Lebenspartner aus und nimmt bei disquotalen Einlagen auf ein solches Konto einen schenkungsteuerpflichtigen Vorgang an, sofern die anschließende disquotale Vermögensverteilung nicht anderweitig nachgewiesen werden kann. Die Ehegatten und Lebenspartner werden auf diese Weise immer wieder von vermeidbaren Steuerforderungen der Finanzämter überrascht (Stichwort: »Dummensteuern«).

Hierzu zwei Beispiele: Zahlt der Ehemann einen Millionenbetrag aus dem Verkauf von Unternehmensbeteiligungen, die nur ihm gehörten, auf ein Gemeinschaftskonto ein, kann in dieser Einzahlung zur Hälfte eine Schenkung an die Ehegattin liegen.

Ein anderer praxisnaher Fall ist die Einzahlung eines Veräußerungserlöses aus dem Verkauf einer Immobilie, die ein Ehegatte vererbt bekommen hat. Selbst wenn bei einer solchen Übertragung aufgrund des steuerlichen Freibetrages meist keine Steuer auf dem Papier steht, werden die für andere Gestaltungen kostbaren Freibeträge unnötig »verschenkt«.

Haben Ehegatten und Lebenspartner nicht den Güterstand der Gütergemeinschaft gewählt, so sind sie Inhaber getrennter Vermögensmassen, die sich im Verlauf der Ehe durch Zuerwerbe unterschiedlich entwickeln können. Dadurch können Vermögensdisparitäten entstehen, was dem Grunde nach der gemeinsamen Erwerbs- und Wirtschaftsgemeinschaft von Ehegatten und Lebenspartner widerspricht.

Möchten Ehegatten und Lebenspartner zur Sicherung der Altersvorsorge des Ehepartners, zur gleichberechtigten Teilhabe beider Eheleute an den Früchten des ehelichen Zusammenwirkens oder eben zur besseren haftungsmäßigen Organisation Vermögen umschichten, muss vorgesorgt werden, damit die Steuerfalle nicht zuschnappt.

Die nächsten Gedanken auf dem Weg zum 360°-Vermögensschutz

- Denken Sie an insolvenzrechtliche Themen und machen Sie Ihr Vermögen insolvenzfest.
- Denken Sie an den Faktor Zeit, wenn Vermögensübertragungen nicht von dritter Seite angefochten werden sollen.
- Hüten Sie sich vor vorschnellen Immobilienverkäufen oder Vermögensverschiebungen zwischen privater und unternehmerischer Vermögenssphäre.
- Bei Einlagen in ehegemeinschaftliche Bankkonten denken Sie bitte an mögliche schenkungsteuerliche Folgen.

1.2 Schutz des Finanzvermögens

Der Schutz des Finanzvermögens gelingt, indem Zugriffe von privater und öffentlicher Seite abgewehrt werden. Das Finanzvermögen muss abgeschirmt werden.

Vermögen durch eine Stiftung abschirmen

Eine erhöhte Abschirmwirkung vor dem Haftungszugriff von Gläubigern kann durch Übertragung von Vermögen auf eine Stiftung als selbstständigen Rechtsträger erzielt werden. Hierdurch wird das gefährdete Vermögen vom Eigentum des Bedrohten in das Eigentum einer Stiftung verbracht und somit der gefährdeten Haftungsmasse entzogen. Denn es gilt der Grundsatz: ohne Eigentum kein Zugriff! Ausgehend von der rechtlichen Struktur einer Stiftung und den involvierten Personen muss hinsichtlich der Abschirmwirkung zwischen dem Vermögen des Stifters, dem Vermögen der Destinatäre und dem Stiftungsvermögen selbst unterschieden werden.

Im Gegensatz zu Anteilen an einer Personen- oder Kapitalgesellschaft, die sich wiederum in der Hand einer Person befinden, handelt es sich bei dem Vermögen der Stiftung um ein verselbstständigtes Vermögen ohne Anteilsrechte. Auf diese Weise genießt das auf die Stiftung übertragene Vermögen Schutz vor Pfändungen beim Stifter. So der Grundfall.

Ein Fallstrick kann sich aus den Anfechtungstatbeständen des Anfechtungsgesetzes (AnfG) und der Insolvenzordnung (InsO) ergeben. Denn die Stiftungserrichtung unterliegt als Rechtshandlung der allgemeinen Insolvenzanfechtung gemäß § 3 Abs. 1 AnfG, § 133 Abs. 1 InsO (s. hierzu bereits oben), der Schenkungsanfechtung nach § 4 Abs. 1 AnfG bzw. § 134 InsO sowie den übrigen besonderen Insolvenzanfechtungstatbeständen. Dies gilt auch für Zustiftungen und Zuwendungen an eine bereits existierende Stiftung. Das bedeutet, dass diese Rechtshandlungen innerhalb von zehn Jahren vor dem Eröffnungsantrag des Insolvenzverfahrens oder der Anfechtung angegriffen werden können. Voraussetzung ist allerdings, dass der Stifter, Zustifter oder Schenker die Absicht hatte, seine Gläubiger zu benachteiligen. Damit besteht eine latente Vermögensgefährdung innerhalb dieses Zeitraums. Mit Ablauf der Anfechtungsfristen ist ein Vollstreckungszugriff auf das Vermögen der Stiftung ausgeschlossen.

Der Schutz von Vermögenswerten durch Verlagerung der Haftungsmasse auf eine Stiftung muss aber grundsätzlich mit einem Verlust der rechtlichen Verfügungs- und Einflussnahmemöglichkeit »erkauft« werden. Mit dem Instrument einer inländischen Stiftung lässt sich nicht erreichen, dass der nach Vermögensschutz Strebende auch nach Stiftungsgründung und Einlage des bedrohten Vermögensgegenstandes in die Stiftung uneingeschränkt über dieses Vermögen weiter verfügen kann. Ist ein bestimmter Vermögensteil nämlich erst einmal der Stiftung gewidmet, kann dies grundsätzlich nicht mehr geändert oder rückgängig gemacht werden. Der Stifter muss sich an der Widmung festhalten lassen.

Anders verhält es sich beispielsweise bei der *liechtensteinischen Stiftung*, diese ist durch satzungsmäßige Änderungsmöglichkeiten und Weisungsrechte deutlich flexibler (dazu sogleich nachstehend). In Deutschland sind Stiftungen, die ausschließlich der Versorgung des Stifters dienen, sowie reine Funktionsstiftungen (reine »Vehikel«) unzulässig. Nach liechtensteinischem Recht ist sogar eine Stiftung für den Stifter zulässig.

In finanzieller Hinsicht lässt sich die Teilhabe des Stifters an den Erträgen der Stiftung sowie die Versorgung der Familie des Stifters durch Errichtung einer *Familienstiftung* verwirklichen. Als Familienstiftungen werden solche Stiftungen bezeichnet, deren Begünstigte (Destinatäre) in einem familiären verwandtschaftlichen Zusammenhang mit dem Stifter stehen. Die Stiftung dient daher der Versorgung der Familie. Die Familienstiftung ist jedoch kein »Steuersparmodell«; steuerliche Vorteile sind mit einer Familienstiftung nicht verbunden. Sie unterliegt im laufenden Ertrag der Körperschaftsteuer und alle 30 Jahre der Erbersatzsteuer. Inländische Destinatäre versteuern die Ausschüttungen nach dem Teileinkünfteverfahren. Insoweit sind nicht steuerliche Motive ausschlaggebend für die Errichtung einer Familienstiftung, sondern meist der Wunsch nach Vermögenserhalt und Verhinderung der Vermögenszersplitterung durch Konservierung von Familienvermögen.

Eine *gemeinnützige* oder *mildtätige Stiftung* genießt hingegen steuerliche Privilegien, wie etwa die Befreiung von der Körperschaftsteuer. Diese Art der Stiftung darf neben der Förderung eines gemeinnützigen oder mildtätigen Zwecks gemeinnützigkeitsunschädlich einen Teil – höchstens ein Drittel – ihres Einkommens dazu verwenden, um in angemessener Weise den Stifter und seine nächsten Angehörigen zu unterhalten, ihre Gräber zu pflegen und ihr Andenken zu ehren (§ 58 Nr. 6 AO).

Ist das Vermögen des Stifters, des Zustifters bzw. des Schenkers auf die Stiftung übertragen und sind die Anfechtungsfristen abgelaufen, ist das übertragene Vermögen insolvenzfest. Ein Vollstreckungszugriff beim Stifter ist nicht mehr möglich. Ein Fallstrick kann sich allerdings daraus ergeben, dass die Destinatäre einen Anspruch auf die Erträge der Stiftung haben. Diese Gefahr kann durch eine entsprechende Satzungsgestaltung oder dadurch gebannt werden, dass die Stiftung die jeweiligen Kosten (z. B. Miete) selbst übernimmt. Hierzu kann die Stiftung direkt an den jeweiligen Gläubiger (z. B. Vermieter) zahlen oder den jeweiligen Vertrag (z. B. den Mietvertrag) selbst abschließen. Mit der richtigen Gestaltung wird es daher nur ausnahmsweise zu einer Pfändung von Destinatärsrechten kommen.

Die liechtensteinische (Familien-)Stiftung

Es besteht grundsätzlich auch die Möglichkeit, eine Stiftung nach außerdeutschem Recht zu gründen. Am populärsten ist derzeit die Stiftungsgründung nach dem Recht des Fürstentums Liechtenstein.

Die liechtensteinische Stiftung ist in ihrer Funktion und ihrer grundsätzlichen Ausgestaltung einer deutschen Stiftung bürgerlichen Rechts vergleichbar. Hinsichtlich ihrer Gestaltungsmöglichkeiten weicht sie jedoch zentral von denen des deutschen Rechts ab.

Als Instrument des Vermögensschutzes ist sie in mehrfacher Hinsicht interessant. Zum einen können die niedrigen Publizitätsanforderungen, die an die Stiftungserrichtung gestellt werden, genutzt werden. Die Stiftung wird in keinem öffentlichen Register eingetragen. Gläubiger erlangen somit nur schwer oder oftmals keine Kenntnis von der Existenz der Stiftung. Bereits dieser Umstand erschwert bzw. verhindert womöglich einen Zugriff auf das übertragene Vermögen. Dies hat zusätzlich den Vorteil, dass die Frist für etwaige Anfechtungen nach deutschem Recht (s. o.) ohne Kenntnis des anfechtungsberechtigten Gläubigers und verborgen läuft und endet.

Darüber hinaus kann der Verlust der rechtlichen Verfügungs- und Einflussnahmemöglichkeit aufgrund der hohen Flexibilität des liechtensteinischen Rechts abgemildert werden. Trotz des verselbstständigten Vermögens einer Stiftung werden dem Stifter weitreichende Gestaltungsmöglichkeiten eingeräumt. Während die Vermögensübertragung auf eine Stiftung nach deutschem Recht ein unumkehrbarer Vorgang ist, kann sich der Stifter nach liechtensteinischem Recht Satzungsänderungen und ein freies Widerrufsrecht vorbehalten. Die Gestaltungsspielräume stehen aber nur dem Stifter, nicht auch dessen Erben zu, mit der Folge, dass spätestens im Zeitpunkt des Todes des Stifters die Stiftung »erstarrt« und ein verselbstständigtes Zweckvermögen entsteht.

Die weitreichenden Gestaltungsrechte dürfen den Vermögensschutz allerdings nicht konterkarieren. Denn so nützlich diese Rechte zum Zweck des Vermögensschutzes erscheinen mögen, ist auch zu beachten, dass im Grundsatz sämtliche Rechte pfändbar sind. Es wäre fatal, wenn eine Stiftung zum Zwecke des Vermögensschutzes errichtet wird und das Vermögen im Rahmen der Pfändung ausgekehrt würde. Ein deutscher Gläubiger steht allerdings vor dem faktisch unüberwindbaren Hindernis, dass ein deutsches Urteil mangels Vollstreckungsabkommen zwischen der Bundesrepublik Deutschland und dem Fürstentum Liechtenstein nicht vollstreckbar ist. Damit wird die Bundesgrenze zum Schutzwall für vollstreckbare Forderungen.

In steuerrechtlicher Hinsicht ist das »Abkommen zwischen der Regierung der Bundesrepublik Deutschland und der Regierung des Fürstentums Liechtenstein über die Zusammenarbeit und den Informationsaustausch in Steuersachen« (TIEA FL/D) sowie das »Abkommen zwischen der Bundesrepublik Deutschland und dem Fürstentum Liechtenstein zur Vermeidung der Doppelbesteuerung und der Steuerverkürzung auf dem Gebiet der Steuern vom Einkommen und vom Vermögen« (DBA FL/D) zu beachten.

In diesem Kontext ist auch das deutsche Außensteuerrecht (AStG) zu beachten. Nach § 15 AStG werden nämlich die Einkünfte einer ausländischen Stiftung bei der Ermittlung des Einkommens des Stifters bzw. des Begünstigten, sofern diese Person in Deutschland unbeschränkt steuerpflichtig sind, hinzugerechnet und führen so zu einer Steuerbelastung in Deutschland. Diese Hinzurechnung greift gerade dann, wenn keine Erträge aus der Stiftung ausgeschüttet werden. Damit durchbricht § 15 AStG die Abschirmwirkung der ausländischen Stiftung.

Vermögensverwaltende Gesellschaften – Familienpools

Eine weitere Gestaltung, um Vermögen vor Zersplitterung zu bewahren, ist die Einbringung von Vermögenswerten in vermögensverwaltende Familiengesellschaften. Unter einer vermögensverwaltenden Familiengesellschaft versteht man im Allgemeinen die gesellschaftsrechtliche Zusammenfassung des Familienvermögens unter Beteiligung aller oder zumindest mehrerer Familienangehöriger. Vielfach werden diese Gesellschaften auch als Familienholding oder Familienpool bezeichnet.

Eine vermögensverwaltende Familiengesellschaft kann in unterschiedlichen Rechtsformen geführt werden. In der Praxis sind vor allem Gesellschaften bürgerlichen Rechts (GbR) und Kommanditgesellschaften (KG) verbreitet. Sollen minderjährige Kinder beteiligt werden, empfiehlt es sich, die Gesellschaft zur Haftungsbeschränkung für die minderjährigen Kinder als Kommanditgesellschaft zu organisieren.

Die gesellschaftsrechtliche Organisation des Familienvermögens im Wege einer Familiengesellschaft wird meist aus folgenden Gesichtspunkten gewählt:

- Bindung der Familienmitglieder in Bezug auf das Familienvermögen durch einen gemeinsamen Gesellschaftsvertrag, dadurch Schaffung eines gemeinsamen Verantwortungsverständnisses
- gemeinschaftliche und einheitliche Verwaltung des Familienvermögens (z. B. bei einer Mehrzahl an Immobilien)
- Vermögensverwaltung ausschließlich durch qualifizierte Familienangehörige (d. h. die Verwaltung obliegt bestimmten Personen) oder ausgewählten Dritten
- langfristiger Erhalt des Familienvermögens und Vermeidung einer Vermögenszersplitterung durch vereinbarte Veräußerungsverbote.

Die Errichtung einer vermögensverwaltenden Familiengesellschaft kann darüber hinaus auch steuerrechtlich vorteilhaft sein. Mögliche einkommensteuerliche Beweggründe in diesem Zusammenhang sind:

- Verteilung der Erträge auf mehrere Personen unter mehrfacher Ausnutzung von Grundfreibeträgen (z. B. der Kinder) und von Progressionsvorteilen
- Verlagerung von Einkunftsquellen auf Kinder, sodass künftige Wertzuwächse unmittelbar in der nächsten Generation entstehen.

Insbesondere bei Immobilienvermögen sind hohe Wertzuwächse zu verzeichnen. Sind bereits Anteile an der Gesellschaft, in die Immobilien eingebracht wurden, auf die Nachkommen übertragen, so entstehen die Wertzuwächse direkt in deren Vermögen. Erb- oder Schenkungsteuer fällt auf diese Wertzuwächse beim Ableben des Schenkers somit nicht mehr an.

Durch die Übertragung von einzelnen Anteilen an einer Familiengesellschaft kann den individuellen Vorstellungen der Beteiligten meist besser Rechnung getragen werden als mit der unmittelbaren Übertragung einzelner Vermögenswerte. Zu den Vorteilen der Vermögensübertragung im Wege einer Familiengesellschaft gehören u.a.:

- Flexibilität der Vermögensübertragung: Unabhängig von der Art und der Zusammensetzung des Vermögens (etwa bei unteilbaren Gegenständen) sind Übertragungen von Gesellschaftsanteilen in beliebigen Stückelungen und zu beliebigen Konditionen möglich
- schrittweise Heranführung der Nachfolger an das Vermögen und dessen Verwaltung
- Schutz des Vermögens vor Zersplitterung durch vererbbare Verkaufsverbote
- umfassende Entscheidungskompetenz des Seniors: Der Übertragende kann trotz zunehmend geringeren Anteils an der Gesellschaft der »Chef« bleiben und das Sagen behalten, indem er sich Stimmrechte vorbehält
- Sicherung des Versorgungsinteresses des Seniors durch individuelle Verteilung der Erträge, z.B. durch vorbehaltenen Nießbrauch an den Erträgen.

Über den Gesellschaftsvertrag kann die Vermögensnachfolge über Generationen hinweg genau geregelt werden. So kann eine sehr lange Bindung des Vermögens an die Familie erreicht werden. Die wichtigsten Regelungen, die sich über die Gestaltung des Gesellschaftsvertrags erreichen lassen, sind folgende:

- Die Kündigung eines Gesellschafters wird für einen längeren Zeitraum, etwa für 20 Jahre, ausgeschlossen.
- Künftige Gesellschafter dürfen beispielsweise nur (eheliche) Abkömmlinge sein.
- Über eine Vinkulierungsklausel können Verfügungsbeschränkungen über die Gesellschaftsanteile angeordnet werden, sodass

Gesellschaftsanteile nicht verkauft oder weiterübertragen werden können.

- Der Senior bleibt der »Chef«, auch wenn bereits der Großteil des Vermögens übertragen wurde, da Stimmrechte in der Gesellschaft unabhängig vom Eigentum festgelegt werden können.
- Für bestimmte Szenarien, wie beispielsweise die Zwangsvollstreckung in das Vermögen eines Gesellschafters, die Insolvenz eines Gesellschafters, das Vorversterben des beschenkten Kindes vor seinen Eltern, die Scheidung eines Gesellschafters im Falle des Nichtvorliegens eines Ehevertrages zum Ausschluss der Teilhabe des vermögensschwächeren Ehegatten am Zugewinn des betroffenen Gesellschafters etc., wird der Ausschluss aus der Gesellschaft vereinbart. Hierfür soll das ausscheidende Familienmitglied eine Abfindung unterhalb des Verkehrswerts erhalten.

Bei der Ausgestaltung von Abfindungsvereinbarungen verbergen sich jedoch zahlreiche Fallstricke, weswegen hier mit Sorgfalt gearbeitet werden muss. Sollte das Abfindungsguthaben nur für den Fall der Insolvenz eines Familiengesellschafters von dem Verkehrswert abweichen, sieht die Rechtsprechung hierin eine sittenwidrige Gläubigergefährdung. Der Vermögensschutz wäre ohne eine Mindestabfindung aufgehoben. Um diese offensichtliche gläubigerbeeinträchtigende Wirkung zu vermeiden, ist eine für den Einzelfall austarierte Regelung zu suchen.

Damit die Gesellschaftsform nicht zur Vermögensgefährdung wird, sind die Grundsätze zur rechtsformabhängigen Haftung zu beachten.

Die Gründung einer Gesellschaft bürgerlichen Rechts (GbR) ist nur dann sinnvoll, wenn das zu schützende Vermögen kein Haftungsrisiko für die Familiengesellschafter begründet. Bei einer Haftungsgefahr sollte eher an die Rechtsform einer Kapitalgesellschaft (z. B. einer GmbH) oder einer GmbH & Co. KG gedacht werden.

- Ein Vorteil der KG als Rechtsform der Familiengesellschaft ist die Beschränkung der Haftung der Kommanditisten auf die im

Handelsregister eingetragene Haftsumme. Sollen minderjährige Kinder an der Gesellschaft beteiligt werden, ist diese Haftungsbeschränkung unumgänglich.

In steuerlicher Hinsicht erfährt das Vermögen nach Einbringung in eine Familiengesellschaft meist keine Nachteile im Vergleich zur vorherigen Vermögensverwaltung:

- Es bleibt beim steuerlichen Privatvermögen.
- Die Qualifikation der Einkünfte sollte dieselbe bleiben (etwa Einkünfte aus Vermietung und Verpachtung), Einkünfte sollten gewerbesteuerfrei bleiben.
- Wertsteigerungen bleiben aufgrund des weiterhin geltenden Privatvermögens steuerfrei, etwa nach Halten der zehnjährigen Haltefrist für Immobilien.

Eine Vermögensbedrohung hingegen entsteht, wenn Privatvermögen in Betriebsvermögen gewandelt wird, etwa durch Einbringung von Immobilienvermögen in eine GmbH. In diesem Fall würden die Mieteinnahmen gewerbesteuerpflichtig und Wertzuwächse bei den Immobilien bei deren Veräußerung körperschaftsteuerpflichtig.

Lebensversicherungen

Gelegentlich werden Lebensversicherungen zum Schutz des Vermögens ins Spiel gebracht, wobei streng genommen nicht die Lebensversicherung bzw. der Lebensversicherungsvertrag an sich das Vermögensschutzinstrument ist. Vielmehr stellt die Lebensversicherung aufgrund der langen Laufzeit eine effektive Maßnahme der Vermögensbildung dar. Es fragt sich dann, wie das gebildete Vermögen geschützt werden kann. Es handelt sich damit um einen mittelbaren Vermögensschutz. Nur im Rahmen des gesetzlichen Pfändungsschutzes vermittelt die Lebensversicherung unmittelbaren Vermögensschutz.

Der zu schützende Vermögenswert setzt sich zusammen aus den verschiedenen Forderungen, die zur Entstehung gelangen können, unabhängig davon, ob der Versicherungsvertrag ein Bezugsrecht für eine dritte Person vorsieht. Zuvörderst wird es um die Zahlung der Versicherungssumme bei Eintritt des Versicherungsfalls gehen. Daneben stehen der Anspruch auf die Umwandlungssumme (§ 165 VVG) und der Anspruch auf den Rückkaufswert (§ 169 VVG) oder eine etwaige Überschussbeteiligung im Raum.

Der Gesetzgeber hat für Lebensversicherungen einen automatischen Pfändungsschutz vorgesehen. So ist beispielsweise die Pfändung in eine betriebliche Altersvorsorge von abhängig Beschäftigten nur begrenzt möglich (§ 850 Abs. 3 ZPO). Erfahrungsgemäß stärker haftungsgefährdete Selbstständige genießen Pfändungsschutz bis zu einer Maximalhöhe von 238 000 Euro für ihre private Altersvorsorge in Form von (Kapital-)Lebensversicherungen (§§ 851c, 851d ZPO). Der nach Vermögensschutz suchende Selbstständige wird allerdings durch die gesetzlichen Schranken beim Pfändungsschutz für Altersrenten (§ 851c ZPO) eingeschränkt. Danach darf die Auszahlung der Rente nicht vor Vollendung des 60. Lebensjahres beginnen und die Bestimmung von bezugsberechtigten Dritten ist ausgeschlossen. Hiervon ausgenommen sind Hinterbliebene. Des Weiteren ist ein Kapitalwahlrecht ausgeschlossen.

Ebenfalls beschränkten Vermögensschutz bietet eine strikt auf den Todesfall abgeschlossene Lebensversicherung. Diese vermittelt zur Deckung der Beerdigungskosten Pfändungsschutz bis zu einem Versicherungsvertrag von 3 579 Euro.

Normale Kapitallebensversicherungen in Form von privaten Rentenversicherungen genießen keinen Pfändungs- und damit Vermögensschutz, sodass der eigentliche Vermögensschutz erst hier beginnt. Im Lichte des dargestellten Pfändungsschutzes kann der Versicherungsnehmer von seinem Recht auf Umwandlung (§ 167 VVG) Gebrauch machen. Dieses Gestaltungsrecht ermöglicht ihm, das in der nicht geschützten Kapitallebensversicherung befindliche Vermögen in eine dem Pfändungsschutz unterliegende Altersvorsorgeversicherung umzuwandeln. Die gesetzlichen

Beschränkungen des Pfändungsschutzes bei Altersrenten (§ 851c ZPO) sind auch hier zu beachten.

Rechtsunsicherheit besteht hinsichtlich der Frage, ob die Umwandlung als Rechtshandlung mit den Mitteln des AnfG bzw. der InsO angefochten werden kann. Die Frage wird von der Rechtsprechung unterschiedlich beantwortet. Aufgrund des rechtlichen Risikos ist das Instrument der Umwandlung (§ 167 VVG) allenfalls mit großer Vorsicht einzusetzen.

Bei drohender Zwangsvollstreckung bietet das gesetzliche Eintrittsrecht des Bezugsberechtigten (§ 170 VVG) ein weiteres Gestaltungsmittel: Der Bezugsberechtigte ist berechtigt, in den Versicherungsvertrag gegen Erstattung des aktuellen Rückkaufswerts einzutreten. Es kommt somit zu einer Verlagerung der Haftungsmasse und die Zwangsvollstreckung wird abgewendet.

Vollmachten statt Verfügungsmacht

Gemeinschaftliche Bankkonten von Ehegatten und Lebenspartner können schnell zu einer Schenkungsteuerfalle werden. Eine kostengünstige Lösung bietet die sogenannte Vollmachtslösung. Dabei wird der Ehegatte bzw. Lebenspartner nicht (Mit-)Inhaber des Kontos, sondern mit umfangreichen Vollmachten ausgestattet. Bei diesen Vollmachten kann unterschieden werden, ob sie nur zu Lebzeiten des Kontoinhabers oder auch über dessen Tod hinaus wirksam sein sollen. Der Vorteil einer Vollmacht besteht darin, dass die automatische hälftige Zurechnung des Guthabens durchbrochen wird. Mit der Vollmacht kann der Partner wie beim Gemeinschaftskonto auf das Guthaben zugreifen. Wenn eine »Vollmacht über den Tod hinaus« erteilt wird, kann er auch nach dem Ableben des anderen zugreifen. Die einzige Einschränkung der Vollmachtslösung besteht darin, dass der bevollmächtigte Partner das Konto nur für Zwecke des Kontoinhabers, nicht aber für Geschäfte auf eigene Rechnung nutzen darf. Und Gutschriften müssen zwecks Unterbindung von Geldwäsche auf den Namen des Kontoinhabers erfolgen und dürfen nicht auf den Bevollmächtigten lauten.

Für den Fall, dass Ehegatten dennoch ein Oder-Konto führen möchten, sollte zu Beweiszwecken eine schriftliche Vereinbarung (vor Einzahlungen auf das Oder-Konto) getroffen werden. Eine spätere Vereinbarung zwischen den Ehegatten reicht hierfür nicht aus. In dieser Vereinbarung zwischen den Ehegatten sollte bestimmt sein, in welcher Höhe dem jeweiligen Ehegatten ein Anteil am Guthaben zusteht, und es sollten Ausgleichspflichten festgelegt werden. Die Annahme einer Schenkung für den Ehegatten, der keine Einzahlung auf das Oder-Konto vorgenommen hat, scheidet nämlich aus, wenn dieser nach der getroffenen Vereinbarung einer Ausgleichspflicht unterliegt.

Gezielte Vermögensstrukturierung

Jede Entscheidung mit gewisser Tragweite im privaten oder beruflichen Bereich bedarf einer Abwägung von verschiedenen Interessen und eines klaren Verständnisses der wirtschaftlichen und steuerlichen Auswirkungen sowie einer Abwägung der etwaigen Alternativwege der angedachten Vermögensverlagerungen und Investitionen. Das Ergebnis der Abwägung ist eine Gegenüberstellung von Alternativszenarien, wie beispielsweise eines individuellen Steuerbelastungsvergleichs. Dies kann letztlich nur strukturiert im Rahmen einer individuellen Beratung geleistet werden. Hierzu gehören auch eine Analyse der Ertragsvorschau und ein Verständnis der wirtschaftlichen Rahmenbedingungen. Deshalb ist der einzig zielführende Weg, vor wichtigen Entscheidungen die entsprechenden steueroptimalen Alternativen und Wege durchzuspielen. Doch auch in der Hektik des alltäglichen Geschäfts können leichtsinnige Fehler durch das Aufstellen von Verhaltensregeln vermieden werden. Die gezielte Vermögensstrukturierung ist somit eine Bündelung der Kompetenzen aus dem Bereich der Steuerberatung, des Bankwesens, der Vermögensverwaltung und der Rechtsberatung, wobei der Umfang allein durch den Wunsch des Vermögensinhabers bestimmt wird.

Fazit

- Ziehen Sie eine Stiftung in Betracht und denken Sie über Vor- und Nachteile einer Stiftung, etwa auch einer in Liechtenstein, nach.
- Familiengesellschaften sind bewährte Vehikel zum langfristigen Vermögensschutz.
- Gestalten Sie über Vollmachten statt über volle Verfügungsbefugnisse.
- Strukturieren Sie Ihr Vermögen gezielt und spielen Sie Alternativszenarien durch.

2

Gefahrenort Immobilie

2.1 Risiken im Bereich der Immobilie

Risiken aus den Grundeigenschaften – Mietpreisbremse & Co.

Der Anteil des Immobilienvermögens am Gesamtvermögen in Deutschland beträgt über 60 Prozent. Bereits aufgrund der zahlenmäßigen Bedeutung ergibt sich die Relevanz für den Vermögensschutz. Dabei ist zu beachten, dass Immobilien besondere Vermögenswerte sind, die viele »Eigenheiten« haben, die im Rahmen der 360°-Vermögensschutzplanung berücksichtigt werden müssen. Die erste Besonderheit ist die Unbeweglichkeit von Immobilien. Dies kann zu großen Standortvorteilen, aber auch zu Risiken führen, vor allem, wenn im Umfeld der Immobilie Risiken veranlagt sind (z. B. der geplante Bau einer Autobahn, einer Windkraftanlage oder eines Flughafens in unmittelbarer Nähe). Die Unbeweglichkeit der Immobilien spiegelt sich auch darin wieder, dass sie nur in einem notariellen und grundbuchrechtlichen Verfahren übertragen oder belastet werden können.

Auch in wirtschaftlicher Hinsicht ist mit Immobilien ein erhöhtes Risiko verbunden. Erhaltungsaufwendungen, Renovierungen und Sanierungen verursachen einen permanenten und regelmäßig erhöhten Kapitalbedarf. Zusätzlich schränkt der Staat aus sozialstaatlichen Gesichtspunkten die Entscheidungsfreiheit von Vermietern in der Nutzung ihrer Immobilien ein. Er möchte vor allem den steigenden Mieten und mangelndem Wohnraum in deutschen Ballungszentren mit der »Mietpreisbremse« sowie den »Erhaltungssatzungen« entgegensteuern. Über Sinn und Unsinn dieser politischen Eingriffe wird heftig gestritten. Die Mietpreisbremse regelt, dass Mieten für Bestandswohnungen, das heißt Wohnungen, die bereits vor dem 1. Oktober 2014 genutzt und vermietet wurden, bei Wiedervermietung auch in beliebten Wohnvierteln und Großstädten höchstens um 10 Prozent über die ortsübliche Vergleichsmiete angehoben werden dürfen. Die Mietpreisbremse gilt in Gegenden mit einem sogenannten »angespannten Wohnungsmarkt«. Diese Gebiete legen die Länder fest. Mit der Mietpreisbremse soll dafür gesorgt werden, dass künftig insbesondere in begehrten Wohnlagen bislang feststellbare Mietpreissprünge von 20, 30 oder mehr Prozent verhindert werden. Vermieterverbände beklagen, dass diese Einschränkung in der wirtschaftlichen Nutzung notwendige Erhaltungs- und Sanierungsmaßnahmen behindert.

Zusätzlich zur Mietpreisbremse treten die Erhaltungssatzungen, die die Erhaltung der städtebaulichen Eigenart eines Gebiets auf Grund seiner städtebaulichen Gestalt, den sogenannten »Milieuschutz«, also den Erhalt der Zusammensetzung der Wohnbevölkerung oder die Unterstützung städtebaulicher Umstrukturierungen sichern sollen. In der Gesamtschau ist eine stärkere Reglementierung der Entscheidungsfreiheit von Vermietern zu beobachten.

Weitere Unterschiede bestehen in emotionaler Hinsicht. Die emotionale Bindung wird bei selbst bewohnten und traditionsreichen Familienheimen höher sein als bei reinen Kapitalanlagen.

Wertsteigerungen

Die Immobilienpreise in den Metropolen steigen rapide. Dies ist Segen und Fluch zugleich. Einerseits erfreuen sich Immobilieneigentümer an den hohen Werten und stabilen Renditen, unabhängig vom niedrigen Zinsniveau auf den Kapitalmärkten. Andererseits erfreut sich auch der Fiskus an den hohen Vermögenswerten. Denn im Falle einer Schenkung oder im Erbfall winkt ein hohes Steueraufkommen. Die Grundlage der Steuerberechnung ist nämlich der Verkehrswert zum Zeitpunkt der Übertragung, also zum Zeitpunkt der Schenkung oder im Todesfall. Die Wertsteigerungen vollziehen sich vollständig in der Immobilie und sind in dieser gebunden. Das kann für den Vermögensübernehmer dann zum Verhängnis werden, wenn er die aufgrund der Wertsteigerung erhöhte Steuerlast nicht aus seiner eigenen Liquidität stemmen kann.

Ein den Wertsteigerungen immanentes Risiko ist deren Bewertung. Eine aktuelle Nachfrage am Markt kann sich kurz- und mittelfristig relativieren. Die »richtige« Bewertung der Immobilie hängt von vielen Faktoren ab. Eine »falsche« Bewertung birgt zahlreiche Risiken. Manche sprechen auch bei uns in Deutschland von einer Immobilienblase, die platzen kann, wenn die Werte tatsächlich nicht mehr in der Substanz vorhanden sind. Dann droht zusätzlich aufgrund der sogenannten »Übermaßbewertung« eine »Übermaßsteuer«.

Die Immobilie im Erbfall

Immobilien sind im Erbfall besonders mit Problemen behaftet. Gibt es nur einen Erbanwärter, ist die Lage relativ einfach: Der Alleinerbe erwirbt die Immobilien als Ganzes. Sind jedoch mehrere Erben vorhanden, erben diese die Immobilie in ihrer Gesamtheit. Dann stellt sich regelmäßig die Frage, wie sich Haus und Grund anhand der Erbquoten aufteilen lassen. Ohne klare Regelung sind Streitigkeiten unter den Erben vorprogrammiert. Im schlimmsten Fall droht eine Zersplitterung des Immobilienvermögens oder die Versteigerung der Immobilie, da jeder der Erben die Teilungsversteigerung beantragen kann.

Ähnlich wie bei Unternehmensbeteiligungen ist das Kapital einer Immobilie gebunden und nicht kurzfristig verfügbar. Eine Liquidierung ist nur durch Veräußerung zu bewirken. Dies ist vor allem dann brisant, wenn mehrere Personen eine Immobilie als Miteigentümer innehaben. Denn deren Teilhaber können grundsätzlich jederzeit die Auflösung der Gemeinschaft verlangen (§ 749 Abs. 1 BGB). Damit droht eine Zersplitterung des Vermögens. Eine

Zerstückelung von Immobilien droht auch, wenn mehrere Erbanwärter vorhanden sind und sich diese im Todesfall des Immobilienübergebers durch Geltendmachung ihres Pflichtteilsanspruchs den ihnen zustehenden Geldbetrag ausbezahlen lassen möchten. Die hierfür erforderliche Liquidität ist meist nicht vorhanden, mit der Folge, dass der Vermögensnachfolger das »Betongold« liquidieren muss. Eine ähnliche wirtschaftliche Situation kann bei einer Steuerlast entstehen, die nicht in bar gezahlt werden kann, da nicht ausreichende Liquidität vorhanden ist. Auch dann werden Immobilien regelmäßig verkauft werden müssen.

Schrottimmobilien und Darlehensfallen

Der steuerlich begünstigte Erwerb von Beteiligungen an Immobilienfonds in den 1990-ern des Baubooms in West- und Ostdeutschland wurde vielen Anlegern zum Verhängnis. Tausende Anleger verloren ihre Altersvorsorge durch kreditfinanzierte Anteile, wobei die von den Vermittlern suggerierten Wachstumsraten überwiegend ausblieben. Die Euphorie auf das schnelle Geld wurde durch zahlreiche Privatinsolvenzen endgültig gestoppt. Das seinerzeitige Steuersparmodell sah vor, dass Verluste aus dem Bereich der Beteiligung mit anderen Einkünften (z. B. Lohn) verrechnet werden sollten. Die durch die Verlustverrechnung ersparten Steuern sollten dann zur Tilgung der Kredite eingesetzt werden. Zusätzlich sollten die Beteiligungen über Mieteinnahmen Rendite abwerfen, die das Darlehen ebenfalls tilgen sollten.

Die meisten Objekte blieben allerdings unvermietet oder brachten zu wenig Miete ein. Die Mischung aus einer falschen Immobilienbewertung, dem Leerstand und der wackeligen Fremdfinanzierung führte die meisten Anleger in den Ruin. Die Eigenkapitaldecke war zu dünn und die laufende Liquidität zu schwach, um die Kredite bedienen zu können. Darüber hinaus entsprach der aufgenommene Darlehensbetrag nicht dem Wert der Beteiligung. Der Zwangsverkauf brachte allenfalls einen Bruchteil der ursprünglichen Investitionssumme ein. Die Immobilien und Beteiligungen an den Immobilienfonds entpuppten sich als sogenannte »Schrottimmobilien«.

Immobilienexperten fürchten aufgrund der Niedrigzinspolitik eine »kleine Renaissance« der Schrottimmobilienthematik. Viele Anleger fühlen sich aufgrund der unsicheren Kapitalmärkte bei Immobilien sicherer und versuchen die »Flucht ins Betongold«. Die steigenden Immobilienpreise führen aber oft dazu, dass Erwerber deutlich höhere Kredite bei verhältnismäßig geringerem Eigenkapital aufbringen müssen. Die Risikobereitschaft der Anleger steigt durch die niedrige Zinslage, das vermeintlich »günstige Geld« lockt. Hier besteht die Gefahr, dass sich Immobilienkäufer schlicht übernehmen. Diesem Trend soll durch neue gesetzliche Regularien begegnet werden: Die seit März 2016 geltende Wohnimmobilienkreditrichtlinie zwingt nun Banken zu einer restriktiveren Kreditvergabe. Verbraucher haben es nun deutlich schwerer, ein Baudarlehen, eine Anschlussfinanzierung oder einen Kredit für eine Renovierung aufzunehmen.

Auch droht in strukturschwachen Gebieten ein dauerhafter Leerstand und die Zinslage kann sich mittelfristig ändern. Die heutige grundsätzliche Risikolage unterscheidet sich daher kaum von dem »Boom« der 1990er-Jahre.

Die nächsten Gedanken auf dem Weg zum 360°-Vermögensschutz

- Denken Sie an die Risiken, die Immobilien immanent sind.
- Denken Sie an die Wertsteigerungen, die Ihre Immobilie erfährt.
- Beziehen Sie Ihre Immobilie in Ihre Nachlassplanung ein.
- Machen Sie sich Gedanken, ob eine Flucht in Substanzwerte für Sie infrage kommt.

2.2 Schutz der Immobilie

Die Grundrisiken

Die Immobilien innewohnenden Risiken können weitestgehend durch ein optimales Immobilienmanagement neutralisiert werden. Hier empfiehlt es sich, Expertenwissen zu bündeln. Auch das »enge Korsett« der Mietpreisbremse kann durch entsprechende vertragliche Gestaltungen und Modelle »gelockert« werden. Zuvörderst können die – vom Gesetzgeber selbst geschaffenen – Ausnahmen in Anspruch genommen werden. Von der Mietpreisbremse nicht erfasst sind nämlich Neubauten (dadurch möchte der Gesetzgeber verhindern, dass der Wohnungsneubau behindert wird), Wohnungen mit umfassenden Modernisierungen und Bestandsmietverträge:

- Als Neubau gelten Wohnungen, die nach dem 1. Oktober 2014 erstmals vermietet worden sind.
- Auch umfassende Modernisierungen rechnen sich regelmäßig nur dann, wenn anschließend die Miete erhöht werden kann. Als umfassend gilt eine Modernisierung, wenn mehr als ein Drittel der Mittel aufgewendet wurde, die ein vergleichbarer Neubau gekostet hätte.
- Ausgenommen sind auch bestehende Mietverträge. Liegt die Miete für eine Wohnung zum Zeitpunkt des Inkrafttretens bereits mehr als 10 Prozent über der ortsüblichen Vergleichsmiete, darf das auch in Zukunft so bleiben.

Vermieter müssen also eine in der Vergangenheit zulässig vereinbarte Miete nicht absenken.

Frühzeitige Übertragung

Bei steigenden Immobilienpreisen droht eine höhere Steuerlast. Ist statistisch zu vermuten oder bereits absehbar, dass eine Immobilie im Wert steigen wird, bietet es sich an, dass die Substanz frühzeitig, das heißt noch vor den zu erwartenden Wertsteigerungen, übertragen wird. Der für die steuerliche Bewertung maßgebliche Bodenrichtwert wird von den Gutachterausschüssen der jeweiligen Gemeinde aufgrund einer durchschnittlichen Marktbeobachtung tatsächlich stattgefundener Immobilienverkäufe nämlich alle zwei Jahre neu festgesetzt, sodass alle zwei Jahre, etwa zum 31.12.2016/01.01.2017, enorme Wertzuwächse nur dadurch zustande kommen, dass der Bodenrichtwert erhöht wird. Eine Ausformung des Vermögensschutzes ist es regelmäßig, Vermögen zu noch niedrigeren Werten auf die nächste Generation zu übertragen und nicht abzuwarten, bis die Werte (wieder) gestiegen sind.

Die Wertsteigerungen werden auf diese Weise schenkung- und erbschaftsteuerfrei auf eine andere Person übertragen. Der Vermögensübergeber kann sich zusätzlich einen Nießbrauch an der Immobilie vorbehalten. Auf diese Weise kann er sich die wirtschaftlichen Früchte sichern und die Gebäudeabschreibung zunutze machen. Dieser vorbehaltene Nießbrauch wird steuerlich als Belastung der Immobilie verstanden, sodass hierdurch der Wert der Immobilie durch den Wert des Nießbrauchs reduziert wird. Seit einer Gesetzesänderung im Erbschaft- und Schenkungsteuergesetz zum 1. Januar 2009 ist diese Art der Vermögensübertragung (Immobilienübertragung unter Nießbrauchsvorbehalt) eine beliebte Nachfolgegestaltung im Wege der steueroptimierten vorweggenommen Erbfolge.

Steuern sparen durch vollentgeltliche Veräußerung

Diente eine vermietete Immobilie als Kapitalanlage, ist die Gebäudesubstanz mit fortgeschrittenem Alter des Immobilieninhabers einkommensteuerlich abgeschrieben. Für den Erben bzw. Beschenkten, der die Gebäude-AfA von seinem Rechtsvorgänger fortzuführen hat, bleibt nicht mehr viel AfA-Substanz zur Verfügung. Würde der Vermögensnachfolger die Immobilie hingegen durch »normalen Kauf« erwerben, würde die Fortführung der AfA nicht gelten. Grundlage der AfA-Berechnung wären stattdessen die Anschaffungskosten. Hier können sich einkommensteuerliche Vorteile bei einer bewusst entgeltlichen Übertragung von Immobilienvermögen zunutze gemacht werden. So wird bei dem Verkauf einer Immobilie an die Kinder, vor allem durch die Wertsteigerungen, steuerfrei AfA-Substanz generiert. Die Veräußerung bleibt für die Eltern regelmäßig wegen des Verkaufs außerhalb der Spekulationsfrist steuerfrei.

Im Falle einer Fremdfinanzierung kann der Zins- und Tilgungsdienst auf die jeweiligen Mietüberschüsse ausgerichtet werden. Damit lässt sich bei vollständig oder nahezu vollständig abgeschriebenen Immobilien neues Abschreibungspotenzial für die Vermögensnachfolger heben. Zusätzlich besteht die Möglichkeit, dass die Eltern den Nachfolgern das Darlehen selbst gewähren. Durch die Tilgung, etwa in Höhe der Mietüberschüsse, wäre damit das Versorgungsinteresse der Vermögensübergeber erfüllt. Die Tilgung ersetzt dann die Einkünfte über einen Nießbrauch bei einer Schenkung. Der Vorteil der erbschaft- und schenkungsteuerlichen Nießbrauchsgestaltung würde dann gegen eine erhöhte AfA eingetauscht werden. Zusätzlich werden die zukünftigen Wertsteigerungen einer künftigen Erbschaftsteuer entzogen. Ein Nachteil dieser Gestaltung ist, dass der 10-prozentige Wertabschlag nach § 13c ErbStG verloren geht, was aber durch einen moderaten Kaufpreis wieder gutgemacht werden kann. Damit diese Gestaltung steuerrechtlich anerkannt wird, sind die Verträge fremdüblich zu gestalten.

Immobilien richtig bewerten

Ein entscheidender Faktor bei der Steuerplanung und dem Schutz vor einer Übermaßbesteuerung infolge einer Übermaßbewertung ist die richtige Bewertung der Immobilie. »Die Kunst der richtigen Bewertung« hat sich in der jüngsten Vergangenheit zu einer eigenen Disziplin entwickelt, die zunehmend mehr an Bedeutung gewinnen wird. Grundsätzlich existieren nach dem Bewertungsgesetz (BewG) drei verschiedene Verfahren im Zusammenhang mit der Bewertung von Grundvermögen: das *Vergleichswertverfahren* (§ 182 Abs. 2 BewG), das *Ertragswertverfahren* (§ 182 Abs. 3 BewG) und das *Sachwertverfahren* (§ 182 Abs. 4 BewG).

Nach dem Vergleichswertverfahren wird der Immobilienwert aus tatsächlich realisierten Kaufpreisen von anderen Grundstücken abgeleitet. Hierbei muss es sich um Grundstücke handeln, die in Lage, Nutzung, Bodenbeschaffenheit, Zuschnitt und sonstiger Beschaffenheit mit dem zu bewertenden Grundstück vergleichbar sind.

Das Ertragswertverfahren kommt vor allem bei vermieteten oder verpachteten Grundstücken zur Anwendung. Die Werteinschätzung basiert hier in dem dauerhaft erzielbaren Ertrag. Für selbst genutzte Immobilien eignet sich das Ertragswertverfahren daher nicht, es kommt das Vergleichswertverfahren zur Anwendung.

Beim Sachwertverfahren wird grundsätzlich ermittelt, welche Kosten bei dem Neubau der zu bewertenden Immobilie entstehen würden. Man spricht hier von den sogenannten Rekonstruktionskosten. Zur Ermittlung des Zeitwerts ist die Abnutzung zu bewerten und in Abzug zu bringen. Ferner sind weitere wertbeeinflussende Umstände zu berücksichtigen. Das Sachwertverfahren eignet sich daher für die Bewertung von baulichen Anlagen. Allen Verfahren ist gemeinsam, dass sie letztlich auf einem reinen Zahlenwerk basieren. Dies entspricht dem Ziel des Gesetzgebers.

Trotz der Besonderheiten von Immobilien im Allgemeinen und im Speziellen war es nämlich Ziel des Gesetzgebers, die Bewertung von Grundvermögen ohne Ortsbesichtigungen oder Sachverständigengutachten zu ermöglichen. Zwar birgt dies einerseits das Risiko, dass die Verfahren zu nicht sachgerechten Ergebnissen führen. Andererseits bieten die verschiedenen Bewertungsverfahren aber einen Spielraum, da nicht jedes Verfahren zum gleichen Ergebnis kommt. In der Praxis von besonderer Bedeutung ist die »Escape Klausel« des § 198 BewG. Die Vorschrift eröffnet zugunsten des Steuerpflichtigen die Möglichkeit, einen niedrigeren Verkehrswert durch ein Sachverständigengutachten nachzuweisen. Ausländischer Grundbesitz ist immer mit dem individuellen Verkehrswert durch Sachverständigengutachten zu bewerten.

Vermögensbedrohungen in Gestalt einer übermäßigen Steuerlast im Schenkungs- oder Todesfall lassen sich daher durch die »richtige« Bewertung der Immobilie durchaus reduzieren.

Zersplitterung verhindern

Eine Zersplitterung von Immobilien kann durch entsprechende erbrechtliche Gestaltungen verhindert werden. Neben klaren testamentarischen Einzelzuordnungen in Verbindung mit der Aussetzung von Vermächtnissen bieten sich vor allem Gesellschaftslösungen an. Diese binden die Immobilie in ihrem Vermögen und beugen somit einer Zerstückelung vor. Dies dient dem Erhalt und dem Schutz des Familienvermögens. Zugleich wird der Familienfrieden gewahrt, da Streit über die Zukunft der Immobilie vermieden wird. Näheres hierzu finden Sie vorne zu den Familiengesellschaften.

Existiert bereits eine Bruchteilsgemeinschaft, kann die Immobile durch eine parallel begleitende Gesellschaft abgesichert werden. Die zweite Gesellschaft stellt dann beispielsweise rechtsverbindliche Regeln für die Bruchteilsgemeinschaft auf. So kann etwa das Verlangen nach Auseinandersetzung auf der Ebene der Bruchteilsgemeinschaft eine hohe Vertragsstrafe auf der Ebene der begleitenden Gesellschaft auslösen. Dies begründet ein faktisches Veräußerungshindernis und hält das Vermögen zusammen.

Fazit

- Sichern Sie Ihre Immobilie durch ein professionelles Immobilienmanagement.
- Kommen Sie dem Fiskus zuvor und verlagern Sie Wertsteigerungen rechtzeitig in die nächste Generation.
- Ziehen Sie nicht nur unentgeltliche Übertragungen in Betracht, entgeltliche Übertragungen bieten auch Vorteile.
- Bewerten Sie Ihre Immobilie richtig.
- Verhindern Sie eine Zersplitterung Ihres Immobilienvermögens.

3

Gefahrenort Unternehmen

3.1 Risiken aus dem Unternehmensbereich

Selbstständigkeit und Unternehmertum

Die selbstständige geschäftliche bzw. unternehmerische Tätigkeit ist mit Chancen, aber regelmäßig auch mit Risiken verbunden. Auf der einen Seite stehen viele Freiheiten, auf der anderen Seite bezieht der Unternehmer typischerweise keinen »sicheren« Lohn wie ein »normaler« Angestellter. Zusätzlich hat der Unternehmer aufgrund der Natur der unternehmerischen Tätigkeit mehr Pflichten zu erfüllen als ein »normaler« Angestellter. Aufgrund des gesteigerten unternehmerischen Risikos wird der Unternehmer das Bedürfnis haben, bereits erwirtschaftetes Vermögen auf die sichere Seite – die Schäfchen ins Trockene – zu bringen.

Rechtsformabhängige Haftung

Am Anfang einer jeden unternehmerischen Tätigkeit wird sich ein Unternehmer fragen müssen, in welcher Rechtsform er sich entfalten will. Dabei stellt ihn das deutsche Recht vor die Wahl, ob er seine Tätigkeit als Einzelunternehmer oder im Rahmen einer Gesellschaft (allein oder mit mehreren zusammen) ausüben möchte. Bei den Gesellschaften ist zwischen den Personen- und den Kapitalgesellschaften zu unterscheiden. Gerade in Einzelunternehmen und in inhabergeführten Personengesellschaften steckt viel Herzblut. Die Person des Unternehmers steht im Mittelpunkt des Geschehens. Diese Rechtsformen bedeuten für den Unternehmer aber teilweise auch ein höheres persönliches Haftungspotenzial als bei Kapitalgesellschaften. Der Unternehmer haftet beispielsweise bei einem Einzelunternehmen, einer Gesellschaft bürgerlichen Rechts (GbR) oder offenen Handelsgesellschaft (OHG) mit seinem gesamten Vermögen, d.h. auch mit seinem Privatvermögen. Zur Beschränkung seiner persönlichen Haftung muss der Unternehmer andere Rechtsformen in Betracht ziehen.

Gerade in GbRs verbirgt sich ein enormes Haftungsrisiko. Dies bekommen vor allem gutgläubige Anleger bei geschlossenen Fonds (z. B. bei Immobilienfonds) in der Rechtsform der GbR zu spüren, wenn diese in wirtschaftliche Schieflage geraten. Denn grundsätzlich haftet der GbR-Gesellschafter mit seinem ganzen Vermögen, das heißt auch mit seinem Privatvermögen. Daher sollten bereits bei Beginn der unternehmerischen Tätigkeit verschiedene Rechtsformen und die Vertragsgestaltung ins Blickfeld genommen werden, um etwaige Haftungsansprüche erst gar nicht entstehen zu lassen (Stichwort: Prävention). Sollte eine Rechtsform im Nachhinein als ungeeignet erscheinen, kann eine Änderung der Rechtsform oder Anpassung der Gesellschaftsverträge erwägenswert sein.

Allein mit der Wahl der Rechtsform dürfen die Überlegungen zum Vermögensschutz aber noch nicht enden. Die richtige Gestaltung des Gesellschaftsvertrages selbst ist ebenfalls zwingend notwendig, um Vermögensgefahren auf Augenhöhe zu begegnen.

Veraltete Gesellschaftsverträge

Im Unternehmensbereich ist es ein Standardphänomen, dass Gesellschaftsverträge zur Gründung der Gesellschaft vereinbart wurden, ohne dass sich die Gesellschafter der einzelnen Regelungen bewusst wurden. Regelungen über unangenehme Umstände, wie z. B. das Versterben eines Gesellschafters, die Zwangsvollstreckung in das Vermögen eines Gesellschafters, dessen Privatinsolvenz oder dessen Scheidung werden im Gründungsfieber entweder gar nicht oder allenfalls stiefmütterlich diskutiert. Zudem bleibt der Gesellschaftsvertrag nach der Gründung des Unternehmens für lange Zeit in der Schublade – bis eben einer der gerade genannten Umstände dann doch eintritt: Ein Gesellschafter stirbt etc.

In der Zwischenzeit ist der Gesellschaftsvertrag veraltet und die gelebte Gesellschaftspraxis geht an Recht und Gesetz vorbei. Virulent wird das Thema des veralteten Gesellschaftsvertrags, wenn es Streit im Gesellschafterkreis gibt. Dass der Gesellschaftsvertrag die eigentliche Organisationsstruktur ist, wird dabei oft vergessen. Änderungs- und Aktualisierungsbedarf im Gesellschaftsvertrag kann insbesondere dann entstehen, wenn sich die tatsächlichen Verhältnisse in personeller, wirtschaftlicher oder organisatorischer Hinsicht ändern. Auch Rechtsprechungs- und Gesetzesänderungen können Anlass für eine kritische Überprüfung des Gesellschaftsvertrages sein. So können auch steuerliche Änderungen, wie z. B. die Abschaffung des sogenannten Stuttgarter Verfahrens – eine Methode zur Schätzung des Unternehmenswerts für Zwecke der Erbschaft- und Schenkungsteuer – die Notwendigkeit der Anpassung der Gesellschaftsverträge nach sich ziehen. *Daher sollten Sie Ihre Gesellschaftsverträge immer wieder prüfen lassen, um später ungewollte Vermögensbedrohungen zu vermeiden.*

Einlagen und Kapitalerhöhungen

Im Rahmen von Betriebs- und Außenprüfungen sind sogenannte disquotale Einlagen immer wieder störanfällig. Hinter dem Begriff der disquotalen Einlage verbirgt sich beispielsweise der im Folgenden aufgeführte Sachverhalt.

An einer Familienkapitalgesellschaft sind Vater und Sohn zu je 50 Prozent beteiligt. Das Gesellschaftskapital soll um 100 000 Euro erhöht werden. Der Vater leistet eine Einlage in Höhe von 80 000 Euro, der Sohn zahlt lediglich 20 000 Euro ein. Dadurch weicht die Einlage des Vaters disquotal, das heißt von den im Gesellschaftsvertrag geregelten Beteiligungsquoten, ab. Im Ergebnis erhöht sich jedoch der Wert aller Gesellschaftsanteile – auch der des Sohnes, der eine geringere Einzahlung geleistet hat. Diese Gestaltung der

Zuwendung von Vermögensvorteilen an Angehörige »über den Umweg einer GmbH« war und ist in der Beraterpraxis sehr beliebt und wird vor allem bei Familiengesellschaften häufiger mit dem Ziel praktiziert, Vermögen über eine Gesellschaftsbeteiligung steuerbegünstigt zu übertragen.

Steuerrechtlich ist die Gestaltung äußerst gefährlich und bedarf einer detaillierten Planung. Denn trotz des Umstands, dass die Einlageleistung zivilrechtlich zwar nur der Gesellschaft zugutekommt, wird steuerrechtlich der Mitgesellschafter als Zuwendungsempfänger angesehen. Der Bundesfinanzhof sah das im Jahr 2009 noch anders und urteilte zugunsten des Steuerzahlers. Dem stellte sich jedoch zunächst die Verwaltung durch eine Verwaltungsanweisung und dann der Gesetzgeber durch eine Gesetzesänderung in § 7 Abs. 8 ErbStG entgegen. Danach gilt als steuerpflichtige Schenkung auch die Werterhöhung von Anteilen an einer Kapitalgesellschaft, die eine an der Gesellschaft unmittelbar oder mittelbar beteiligte natürliche Person oder Stiftung durch Leistungen einer anderen Person an die Gesellschaft erlangt. Dies ist nur eines von vielen Themen der bereits erwähnten »Nichtanwendungsthematik«.

Disquotale Einlagen und Kapitalerhöhungen bei Familienkapitalgesellschaften sollten im Einzelfall genau geprüft werden, um steuerliche Risiken zu vermeiden und verbleibende Gestaltungsspielräume rechtzeitig zu nutzen.

Vermögensversicherungen für Manager, Organe und Amtsinhaber (D&O)

Auch bei der Unternehmensführung wie Organen (Vorstand, Geschäftsführung, Aufsichtsrat, Beirat etc.), leitenden Angestellten (z. B. Prokuristen) und Handelsvertretern einer Gesellschaft kann es zweckmäßig sein, privates Vermögen von der Organ- und Managertätigkeit und einer daraus resultierenden Haftung (D&O) abzuschirmen. Gleiches gilt bei der Ausübung spezieller Ämter wie das des Testamentsvollstreckers.

Geschäftsführer und Vorstände sind als Fremdverwalter nicht selbst Unternehmer. Das Unternehmerrisiko trägt allein die Gesellschaft. Diese Organe haften daher weder mit ihrem Privatvermögen gegenüber Dritten für die Verbindlichkeiten der Gesellschaft, noch haben sie der Gesellschaft Verluste zu ersetzen, die während der Zeit, in der sie die Organstellung innehatten, durch Maßnahmen im Rahmen ihrer Geschäftsführung entstanden sind.

Nichtsdestotrotz hat die Unternehmensleitung eine Vielzahl an Pflichten zu befolgen, deren Verletzung zur Haftung und zu einer Reihe weiterer Rechtsfolgen führen kann. Zu unterscheiden sind dabei Pflichten, die den Organen im Verhältnis zur Gesellschaft und zu den Gesellschaftern einerseits, und die Pflichten, die ihnen im Verhältnis zu Dritten und im öffentlichen Interesse andererseits auferlegt sind (bspw. Gewerberecht, Lebensmittelrecht, Umweltrecht, Wettbewerbsrecht, Steuerrecht). Mögliche Haftungsherde gegenüber der Gesellschaft sind Verstöße gegen organisationsrechtliche Pflichten- und Haftungsordnung sowie Verletzungen der Pflichten aus dem Anstellungsvertrag. Das Gesetz ordnet als oberste Richtschnur an, dass die Organe in den Angelegenheiten der Gesellschaft die Sorgfalt eines ordentlichen Geschäftsmannes anzuwenden haben (vgl. insoweit die inhaltsgleichen Regelungen der § 43 GmbH, § 93 AktG sowie § 34 GenG). Die Ausfüllung dieses konturarmen Begriffs beschäftigt die Gerichte und füllt ganze Bücher.

Derzeit sind jedenfalls eine Zunahme öffentlich-rechtlicher Pflichten und eine Kriminalisierung der Unternehmensleitungen zu beobachten. Aus diesem Grund erfreut sich die sogenannte D&O-Versicherung immer größerer Beliebtheit. Schätzungsweise 75 Prozent aller deutschen Unternehmen haben eine entsprechende Vermögensschadenhaftpflichtversicherung für ihre Directors & Officers (D&O) abgeschlossen. Jedoch darf ein etwaiger Versicherungsschutz nicht zu Schluderei einladen.

Auch ein etwaiger Selbstbehalt ist immer im Auge zu behalten: Schließt eine Aktiengesellschaft eine D&O-Versicherung zur Absicherung eines Vorstandsmitglieds gegen Risiken aus dessen beruflicher Tätigkeit für die Gesellschaft ab, ist ein Selbstbehalt von mindestens 10 Prozent des Schadens bis mindestens zur Höhe des 1,5-Fachen der festen jährlichen Vergütung des Vorstandsmitglieds vorzusehen (§ 93 Abs. 2 S. 3 AktG). Da diese Vorschrift nur Mindestwerte festlegt, kann die AG auch einen höheren Selbstbehalt vereinbaren, wobei dann beachtet werden muss, dass nicht eine leistungsfähige Versicherung, sondern ein weniger solventes Vorstandsmitglied Schuldner ist. Gegen den Selbstbehalt kann sich das Vorstandsmitglied jedoch auch im eigenen Namen versichern. Eine direkte oder mittelbare Mitfinanzierung durch die Gesellschaft muss ausgeschlossen sein.

Im Übrigen zahlen Versicherungen lediglich bis zur Deckungssumme. Für einen darüber hinausgehenden Schaden muss der Manager mit seinem Vermögen einstehen. Hierzu ein aktuelles und plakatives Beispiel:

Aufgrund der Aussagen des ehemaligen Vorstandssprechers der Deutschen Bank, Rolf Breuer, zur finanziellen Lage der Kirch-Gruppe im Jahr 2000 hat die Deutsche Bank den Kirch-Erben einen Betrag von 925 Millionen Euro gezahlt. Laut Medienberichten hat der Aufsichtsrat des Finanzinstituts nunmehr beschlossen, Rolf Breuer in Regress zu nehmen. Sein persönlicher Beitrag soll sich in Millionenhöhe bewegen. Parallel soll die D&O-Versicherung in Anspruch genommen werden.

Compliance

Die Einhaltung gesetzlicher Regelungen durch Unternehmen ist notwendig (zum Begriff Compliance siehe genauer ab Seite 201) und an sich selbstverständlich. Denn auch Unternehmen haben Gesetze einzuhalten. Das gilt unabhängig davon, ob sie als rechtsfähige Personengesellschaft oder als Kapitalgesellschaft betrieben werden. Unternehmen und Unternehmensverantwortliche sind über die §§ 9, 30 und 130 des Gesetzes über Ordnungswidrigkeiten (OWiG) gefordert, dafür Sorge zu tragen, dass aus dem Unternehmen heraus keine Gesetzesverstöße erfolgen. Werden entsprechende Organisations- und Aufsichtsmaßnahmen nicht ergriffen, droht der Unternehmensleitung und dem Unternehmen selbst eine Ahndung, sofern es aus dem Unternehmen zu Gesetzesverstößen gekommen ist. Macht sich beispielsweise ein Mitarbeiter des Unternehmens wegen Korruption strafbar, so drohen dem Unternehmen nicht nur zivilrechtliche Klagen des Geschäftspartners, dessen Mitarbeiter bestochen wurden. Das Unternehmen muss auch damit rechnen, dass gegen das Unternehmen oder gegen die Unternehmensleitung ein »OWi-Verfahren« eingeleitet wird, weil den Organisations- und Aufsichtspflichten nicht nachgekommen wurde.

Eine Ahndung nach §§ 130, 30 OWiG ist nicht zwingend nur auf das Einzelunternehmen beschränkt, sondern kann sich im Einzelfall auch gegen die Konzernobergesellschaft richten, obwohl die Bestechungshandlung in der Sphäre der Tochtergesellschaft stattfand. Dieses Risiko ist für das Unternehmen und für die Führungskraft erheblich. Darüber hinaus regeln eine Vielzahl von gesetzlichen Vorschriften unmittelbare Pflichten und Verantwortungen des Unternehmens, die dieses einzuhalten hat und bei deren Nichteinhaltung dem Unternehmen unter Umständen empfindliche Strafzahlungen drohen (z. B. aus Zoll- und Kartellverstößen). Eine mittelbare Pflicht zur Sicherstellung der Einhaltung der gesetzlichen Regeln ergibt sich zusätzlich aus der Verantwortlichkeit und den Sorgfaltspflichten von Geschäftsführern (§ 43 GmbHG) und Vorständen (§§ 91, 93 AktG). Aus der Pflicht zur Einhaltung dieser gesetzlichen Bestimmungen ergibt sich eine latente Gefahr für den Fall der Nichteinhaltung. Dabei ist nicht nur das Finanzvermögen, sondern auch das Sozialvermögen betroffen. Denn gelangen eklatante Verstöße an die Öffentlichkeit, nimmt der gute Ruf schnell Schaden.

Die nächsten Gedanken auf dem Weg zum 360°-Vermögensschutz

- Prüfen Sie, ob die Rechtsform, in der Sie tätig sind, noch Ihren Bedürfnissen entspricht.
- Denken Sie auch über alternative Rechtsformen nach.
- Schirmen Sie Ihr Vermögen ggf. durch Versicherungen ab.
- Stellen Sie Ihre Gesellschaftsverträge auf den Prüfstand.
- Vermeiden Sie Haftung, indem Sie Compliance-Systeme nutzen.

3.2 Vermögensschutz im Gefahrenbereich Unternehmen

Abschirmung durch Rechtsformwahl (haftungsbeschränkter Unternehmensträger)

Vermögensschutz zu Lebzeiten bedeutet neben dem Schutz von Vermögenswerten auch die freie Entfaltung der Persönlichkeit im Rahmen der Rechtsordnung. Dies ist ein wesentlicher Bestandteil des Sozial- und Humanvermögens. Die freie Entfaltung der Persönlichkeit kann dabei nicht nur auf privater Ebene gelingen, sondern auch auf der beruflichen und unternehmerischen Ebene. Zu Beginn der unternehmerischen Entfaltung steht die Wahl der Rechtsform, die einem die Rechtsordnung zur Verfügung stellt. Doch nur wer sich auskennt, weiß, welche Möglichkeiten er hat und wie er sich entfalten kann. Im Rahmen einer ganzheitlichen Vermögensschutzplanung sind daher beide Aspekte zu beachten.

Der Schutz des Finanzvermögens durch Abschirmung des Privatvermögens vom unternehmerischen Bereich kann in einem ersten Schritt durch entsprechende Rechtsformwahl und Vertragsgestaltung erfolgen. Diese präventive Maßnahme soll eine persönliche Haftung des Unternehmers verhindern. Aufgrund der grundlegenden Bedeutung lohnt es sich, auch bei bestehenden Unternehmungen regelmäßig zu prüfen, ob die ursprünglich gewählte Rechtsform noch den aktuellen und zukünftigen Anforderungen entspricht oder ob eine alternative Rechtsform von Vorteil wäre. In Deutschland stehen Unternehmern 15 Rechtsformen (16 inklusive der Stiftung) zur Wahl, die sich teilweise kombinieren lassen. Ergänzend treten ausländische Rechtsformen hinzu.

Das deutsche Recht stellt Unternehmern Personen- und Kapitalgesellschaften zur Auswahl:

- Personengesellschaften sind die Gesellschaft des bürgerlichen Rechts (GbR), die Partnerschaft für freie Berufe (PartG) sowie die offene Handelsgesellschaft (OHG) oder die Kommanditgesellschaft (KG) für Gewerbetreibende. Es handelt sich um Unternehmen, in denen sich die Inhaber meist persönlich einsetzen (inhabergeführte Unternehmen), aber auch mit ihrem privaten Vermögen haften. Allein bei der KG gibt es Gesellschafter, die ihre Haftung begrenzen können (Kommanditisten).
- Anders verhält es sich bei den Kapitalgesellschaften der GmbH (inklusive UG), AG, KGaA, eG und SE. Für Schulden dieser Gesellschaften haften Sie grundsätzlich nicht mit Ihrem Privatvermögen. Mit der Reduzierung der Haftung geht allerdings eine Erhöhung anderer Pflichten, bspw. bei der Buchführung, einher.
- Die Haftungsvorteile der Kapitalgesellschaft können mit Vorteilen der Personengesellschaft durch Gründung einer GmbH & Co. KG kombiniert werden. Bei dieser haftet lediglich die GmbH unbeschränkt. Ein weiterer wesentlicher Unterschied zwischen den Personen- und Kapitalgesellschaften besteht in dem Erfordernis eines gesetzlichen Mindestkapitals. Die Höhe des Mindestkapitals schwankt je nach Rechtsform zwischen 1 Euro bei der Unternehmergesellschaft (haftungsbeschränkt) und 50 000 Euro bei der Aktiengesellschaft. Unterschiede ergeben sich auch hinsichtlich der Geschäftsführung. Während bei der Personengesellschaft der Grundsatz der Selbstorganschaft gilt, nach dem mindestens ein persönlich haftender Ge-

sellschafter Geschäftsführer der Gesellschaft sein muss, ist es bei Kapitalgesellschaften uneingeschränkt möglich, auch nur Nichtgesellschafter als Geschäftsführer bzw. Vorstand zu bestellen. Man spricht hier von dem Grundsatz der Drittorganschaft. Demzufolge sind auch die Rechtspositionen der geschäftsführenden und vertretungsberechtigten Personen unterschiedlich ausgestaltet. Beispielsweise ist der Komplementär einer Kommanditgesellschaft keinen Weisungen anderer Gesellschafter unterworfen (§ 164 HGB). Nur für Geschäfte, die über den gewöhnlichen Geschäftsbetrieb der Gesellschaft hinausgehen, bedarf er der Zustimmung der Gesellschafterversammlung. Der Geschäftsführer einer GmbH unterliegt demgegenüber den Weisungen der Gesellschafterversammlung. Bei der AG kann der Mehrheitsgesellschafter seinen Einfluss durch die Wahl des Vorstands und über den Aufsichtsrat ausüben.

Ein weiterer wichtiger Aspekt ist die Vererblichkeit von Beteiligungen. Bei den Personengesellschaften gehen die Gesellschaftsanteile entsprechend der Erbquote im Wege der Sonderrechtsnachfolge über, sofern der Gesellschaftsvertrag nichts Abweichendes bestimmt. Bei den Geschäftsanteilen einer GmbH oder Aktien einer AG bedarf es insoweit zunächst einer Erbauseinandersetzung unter den Erben.

Doch nicht allein die Wahl der »richtigen« Rechtsform vermittelt bereits ausreichenden Vermögensschutz. Erforderlich ist stets ein Gesellschaftsvertrag nach Maß. Dies bedeutet auch, dass dieser mit dem Unternehmertestament abzustimmen ist. Die mangelnde Abstimmung zwischen Gesellschaftsvertrag und Testament ist ein typischer Fehler bei Nachfolgeregelungen. Auf der einen Seite sollte ein Testament ohne Vorliegen des Gesellschaftsvertrages weder errichtet noch geändert werden. Auf der anderen Seite sollte auch ein Gesellschaftsvertrag ohne Vorliegen des Testaments nicht errichtet oder geändert werden. Jeweils ergänzend sollten familienrechtliche Verträge (Eheverträge, Güterstandsvereinbarungen etc.) hinzugezogen werden.

Der Boom um ausländische Rechtsformen wie die Limited (Ltd) ist zwischenzeitlich abgeflaut. Der deutsche Gesetzgeber hat auf die Bedürfnisse der Unternehmer reagiert und die Anforderungen an eine GmbH-Gründung entsprechend angepasst.

Nicht nur in gesellschaftsrechtlicher Hinsicht, auch im Steuerrecht gibt es erhebliche Unterschiede. Das gilt sowohl für die laufenden Ertragsteuern und die Besteuerung der Gesellschafter als auch für die den Vermögenserhalt betreffende Erbschaft- und Schenkungsteuer. Bereits in ertragsteuerlicher Hinsicht bestehen erhebliche Belastungsunterschiede. Bei Thesaurierung zahlen Kapitalgesellschaften 15 Prozent Körperschaftsteuer zzgl. einer Gewerbesteuerbelastung, die je nach dem Sitz der Gesellschaft variiert. Bei Personengesellschaften wird zwar die Gewerbesteuer auf die Einkommensteuer angerechnet (§ 35 EStG), dennoch kann die Höchstbelastung am Ende bei 47 Prozent liegen.

Unterschiede bestehen auch bei der Erbschaft- und Schenkungsteuer. Für Anteile an Personengesellschaften bestehen weitreichende steuerliche Verschonungsregeln (§§ 13a, 13b ErbStG). Anteile an Kapitalgesellschaften sind ebenfalls privilegiert, wenn der Vermögensübergeber mehr als 25 Prozent der Anteile an der Gesellschaft hält. Sofern dies nicht der Fall ist, besteht die Möglichkeit, dass sich die Gesellschafter, die zusammen mehr als 25 Prozent der Anteile besitzen, zusammenschließen und ihre Stimmrechte in einem sogenannten Pool bündeln. Doch auch bei diesen Poolvereinbarungen ist Vorsicht geboten. Eine rein steueroptimierte Lösung muss nicht immer die günstigste Lösung sein. Dies zeigt sich in erbrechtlicher Hinsicht, wenn sich Gesellschafterstämme aus verschiedenen Ländern zusammenschließen und im Erbfall verschiedene Rechtsordnungen aufeinandertreffen.

Die Betriebsaufspaltung

Die meisten produzierenden Betriebe sind abhängig von dem Einsatz bestimmter Wirtschaftsgüter wie beispielsweise Maschinen und Immobilien. Befinden sich diese Wirtschaftsgüter in dem Vermögen des Unternehmens, sind sie grundsätzlich Bestandteil der Haftungsmasse für Verbindlichkeiten des Unternehmens. Im Fall einer Insolvenz droht deren zwangsweise Verwertung. Im Sinne des ursprünglichen Gedankens des Vermögensschutzes kann es sinnvoll sein, diese Vermögenswerte der Haftungsmasse zu entziehen. Der Grundgedanke der Betriebsaufspaltung ist daher, die Vermögenswerte auf zwei Gesellschaften zu verteilen. Eine Gesellschaft besitzt die Vermögenswerte, das sogenannte Besitzunternehmen, die andere – haftungsgefährdete – Gesellschaft ist dann die operative Gesellschaft, das sogenannte Betriebsunternehmen.

Damit die Betriebsgesellschaft mit den Vermögenswerten arbeiten kann, werden sie ihr im Wege einer schuldrechtlichen Vereinbarung entgeltlich überlassen. Durch die Trennung von operativem Betriebsunternehmen und dem nicht operativen Besitzunternehmen werden die Vermögenswerte aus der haftungsgefährdeten Masse herausgelöst und verselbstständigt. Für die haftungsgefährdete Betriebsgesellschaft eignet sich die Rechtsform der haftungsbeschränkten GmbH. Das Besitzunternehmen wird aus steuerlichen Gründen meist als Personengesellschaft betrieben. Diese Vorteile bezwecken primär den Schutz des Finanzvermögens.

Darüber hinaus lassen sich positive Nebeneffekte im Bereich des Sozialvermögens gestalten. Denn wird die Besitzgesellschaft als Personengesellschaft betrieben, unterliegt sie weniger Rechnungslegungs- und Publizitätsvorschriften als eine Kapitalgesellschaft, genießt daher mehr Anonymität. Dies ist vor allem für Vermögensinhaber und Familien interessant, die ihre Beteiligung diskret halten.

Trotz dieser Vorteile sollte nicht vergessen werden, dass eine Betriebsaufspaltung einen organisatorischen Mehraufwand erfordert, vor allem in steuerrechtlicher Hinsicht.

Compliance

Der umsichtige Geschäftsmann vermeidet unnötige Risiken und geht andere Risiken ganz bewusst ein. Das ist so lange unproblematisch, wie ein Risiko abgeschätzt werden kann und sämtliche Szenarien durchdacht sind. Um das Risiko im Zaum halten zu können, wird aus Präventionsgesichtspunkten begleitend zum Versicherungsschutz auf sogenannte Compliance-Systeme zurückgegriffen. Der schillernde Begriff »Compliance« meint die Einhaltung der gesetzlichen Bestimmungen und der vom Unternehmen selbst gesetzten ethischen Standards und Anforderungen. Kurz: Pflichtenbefolgung und Rechteverfolgung. Im Grunde handelt es sich hierbei um etwas ganz Selbstverständliches. Der besondere Compliance-Mechanismus offenbart sich erst dann, wenn dagegen verstoßen wird. Denn Compliance ist nichts anderes als eine Umkehrung des Haftungsrechts. Nicht die Folgen eines Fehlers sind Gegenstand der Überlegung, sondern die Vermeidung des Fehlers. Hierzu werden in der Unternehmensorganisation Kontrollmechanismen und Frühwarnsysteme eingebaut. Unternehmen werden so organisiert, dass Gesetz und Recht tatsächlich befolgt werden. Die Compliance-Systeme kommen vor allem dort zum Einsatz, wo öffentlich-rechtliche Pflichten einzuhalten sind, wie beispielsweise bei Steuern, Zöllen und dem Außenhandel.

Die Verwendung von Compliance-Systemen ist für das Vermögen allerdings dann gefährlich, wenn versucht wird, die eigene Verantwortung der Beteiligten abzustreifen. Derartige Systeme dürfen nicht als Freizeichnung verstanden werden. Im Übrigen funktionieren sie nur, wenn sich die Beteiligten als Teil des ganzheitlichen Systems verstehen.

Optimale Gesellschaftsverträge

Gesellschaftsverträge bilden die maßgebliche Organisationsstruktur von Gesellschaften. In ihnen sind sämtliche Belange der Gesellschafter zu regeln und dennoch müssen sie schlank und praktikabel gehalten werden. Die Verwendung von Standardformularen kann deshalb gefährlich sein, weil es keine »Standardgesellschaft« gibt. Hinter den Gesellschaften stehen immer Menschen mit ihren natürlichen Anliegen, Schicksalen, Familienstrukturen etc. Daher ist stets ein maßgeschneiderter Gesellschaftsvertrag erforderlich.

Wichtige Punkte, die zum Schutz und Erhalt der Gesellschaft in keinem Vertrag fehlen sollten, sind beispielsweise

- die Bestimmung der in Betracht kommenden künftigen Gesellschafter
- die Festlegung von Geschäftsführerkompetenzen
- die Festlegung von Zustimmungserfordernissen im Rahmen der Geschäftsführung
- Regeln zur Ausübung und Verteilung der Mitwirkungs- und Stimmrechte
- Regeln zur Entnahme- und Rücklagenpolitik der Gesellschaft, nicht nur in kapitalintensiven Zeiten
- Regelungen über die Frage des freien Verkaufs von Gesellschaftsanteilen bzw. zur Notwendigkeit eines dies erlaubenden Gesellschafterbeschlusses
- Vorkaufsrechte
- Regelungen über das zwangsweise Ausscheiden eines Gesellschafters bei Eintritt bestimmter Umstände
- Abfindungsregelungen
- Wettbewerbsverbote.

Ein einmal optimal ausgestalteter Gesellschaftsvertrag ist keine Garantie dafür, dass er in alle Ewigkeit »die optimale Lösung« ist. Gründe, warum ein Gesellschaftsvertrag geändert und angepasst werden muss, gibt es viele:

- Änderungen der tatsächlichen Verhältnisse (Änderung im Gesellschafterkreis, Änderung der Gesellschafterkonten und Gesellschafterdarlehen, technische Veränderungen, erhöhte Konfliktgefahr unter den Gesellschaftern usw.)
- Gesetzesänderungen
- Rechtsprechungsänderungen.

Aus diesen Gründen sollten Gesellschaftsverträge regelmäßig, spätestens bei punktuellem Änderungsbedarf, überprüft werden. Die niedergelegten Regeln sind dann anhand der gelebten Gesellschaftspraxis und anhand der Bedürfnisse der Gesellschafter und der Gesellschaft zu überprüfen. Werden nur punktuelle Änderungen durch einzelne Gesellschafterbeschlüsse vorgenommen, sind mehrere Dokumente im Umlauf, auch wenn die Regelung im Gesellschafterbeschluss die Regelung in dem Gesellschaftsvertrag inhaltlich ersetzt. Vor allem bei nicht schriftlich beschlossenen Änderungen – sofern dies rechtsformabhängig zulässig ist – kann dies zu Intransparenz und Beweisproblemen im Streitfall führen. Ab einem gewissen Umfang ist es daher empfehlenswert, sämtliche Änderungen des Gesellschaftsvertrages in einem Dokument zusammenzufassen (Konsolidierung).

Fazit

- Prüfen Sie, ob die von Ihnen gewählte Rechtsform (noch) Ihren Bedürfnissen entspricht.
- Überprüfen Sie regelmäßig Ihren Gesellschaftsvertrag auf dessen Aktualität hin.
- Denken Sie über Compliance-Systeme nach.

4

Gefahrenquelle Unternehmensnachfolge

4.1 Risiken im Bereich der Unternehmensnachfolge

Optimale Nachfolge eines Unternehmers – optimale Unternehmensfortführung

An den Vermögensschutz werden besondere Anforderungen gestellt, wenn das maßgebliche Vermögen ein Unternehmen ist. Vermögensschutz und Unternehmensnachfolge gehen dann Hand in Hand.

Ohne Gestaltung wäre das Schicksal des Unternehmens im Erbfall den gesetzlichen Regelungen ausgesetzt. Diese beruhen noch auf dem mittelalterlichen Grundsatz: »Das Gut fließt wie das Blut.«

Die gesetzliche Erbfolge ist keine Steuerung der Unternehmernachfolge bzw. Unternehmenskontinuität. Kraft Gesetzes eintretende Erbengemeinschaften, unter Umständen mit Beteiligung von Minderjährigen, wären wenig zielführend. Sie wären bereits deshalb kontraproduktiv und wenig zukunftsorientiert, da sie auf Auseinandersetzung und nicht auf Fortführung gerichtet sind. Davon abgesehen lassen sich die persönlichen Motive des Erblassers auf diesem Weg nicht umsetzen.

Soll ein Unternehmen von einer weiteren Generation fortgeführt werden, ist eine detaillierte Nachfolgeplanung unumgänglich. Da Nachfolgeplanung und Vermögensschutz mitunter deckungsgleich sind, bedeutet dies auch, dass sich ein Familienunternehmen dem Vermögensschutz nicht entziehen kann.

Eines steht fest:

- Die Nachfolge eines Unternehmers muss gestaltet werden, damit der Unternehmensbestand nachhaltig gesichert ist.

Die Unternehmenskontinuität durch Vermögensnachfolge kann maßgeblich durch zwei Grundfaktoren gefährdet werden:

1. Führungsschwäche (sei es, weil der Person die Qualifikation und/oder weil ihr das Machtverhältnis fehlt) und
2. Liquiditätsgefährdung.

Im Rahmen einer optimierten Vermögensnachfolge im Unternehmensbereich muss daher für beide Faktoren gesorgt werden.

Unternehmenskontinuität!

Bei der Nachfolge eines Unternehmers sollte die Unternehmenskontinuität oberste Priorität haben. Nur so lassen sich Unternehmensrisiken und damit die Risiken für das Vermögen minimieren.

Machtverhältnisse schaffen!

Nicht geregelte Machtverhältnisse können eine echte Gefahr für das Unternehmen und damit für den Bestand des Vermögens sein. Nehmen zwei Geschwister die Position des weichenden Unternehmers ein und sind mit gleich starken Stimm- und Verwaltungsrechten ausgestattet, wird ihnen ein Gesellschafter quasi aufgezwungen mit dem Wissen, dass sie sich in einer Pattsituation befinden. Ohne den anderen Erben »geht dann nichts«. Stimmgleichheit kann zu Machtkämpfen verleiten, in denen der eine den anderen blockiert. Zudem kann Unmut entstehen, wenn beide Nachfolger des Unternehmers nicht die gleiche Arbeitsleistung erbringen oder sich bei unternehmerischen Entscheidungen von sachfremden Erwägungen leiten lassen. Vermögensschutz durch optimierte Vermögensübergabe heißt daher auch: Machtverhältnisse schaffen!

Sicherung der Liquidität!

Eine große Gefahr geht auch von Pflichtteilsansprüchen aus. Sofern Ehegatten bzw. Lebenspartner oder Kinder eines Erblassers nicht dessen Erben werden, d. h. testamentarisch enterbt sind oder die Erbschaft ausschlagen, steht diesen ein sogenannter Pflichtteil als Bargeldabfindung zu. Rein statistisch betrachtet wird bei jedem dritten Erbrechtsprozess um Pflichtteilsansprüche gestritten. Das Wort Streit ist hier wörtlich zu verstehen. Es wird regelmäßig mit harten Bandagen gekämpft. Der Wille zur Maximierung des Geldanspruchs ist meist besonders ausgeprägt. Der unfreiwillig weichende Erbe wird dabei dadurch bekräftigt, dass er sich emotional zurückgesetzt fühlt und nicht an der Verwaltung und Verwertung des Nachlasses teilnehmen kann. Umso härter wird seine Gangart sein, wenn er aus der Ferne seinem Anspruch Geltung verleihen will. Dabei stellt die mit dem Erbfall sofortige Fälligkeit und Einklagbarkeit ein erhebliches Druckmittel dar.

Man wird daher nach Lösungen suchen, die einen Pflichtteil bzw. Ergänzungspflichtteil erst gar nicht entstehen lassen oder sich zumindest in einem finanzierbaren Rahmen halten. Die Gestaltungspraxis findet jedoch ihre Schranken in der pflichtteilsfreundlichen Rechtsprechung des Bundesgerichtshofs. Sollte sich die Zahlung eines Pflichtteils nicht vermeiden lassen, ist der Erblasser gut beraten, wenn er die hierfür erforderliche Liquidität dem mit den Pflichtteilsansprüchen belasteten Erben zur Verfügung stellt. Hierdurch kann die Gefahr abgewendet werden, dass zur Finanzierung von Pflichtteilszahlungen Nachlassvermögen veräußert werden muss.

Das Problem der Verteilungsgerechtigkeit – das Standardproblem bei Nachfolgen in Familienunternehmen

Bei der Nachfolgegestaltung ist die Herstellung von Gerechtigkeit von herausragender Bedeutung. Gerade für Unternehmerfamilien ist es besonders schwer, im Nachfolge- und Erbfall Gerechtigkeit gegenüber den eigenen Nachkommen walten zu lassen. Denn herkömmlich wird es in Familien als gerecht und richtig empfunden, wenn jedes Kind ohne Ansehen der Person gleich behandelt wird und entsprechend ein materiell gleichwertiges Erbe erhält. Man spricht hier von der sogenannten *Familiengerechtigkeit.* In Unternehmen gilt es in unserer Gesellschaft hingegen als fair und gerecht, wenn der oder die Leistungsstärkste mit der größten Verantwortung dafür auch materiell am höchsten honoriert wird. Dies ist die sogenannte *Unternehmergerechtigkeit.* Auch im Hinblick auf die Verantwortung gegenüber den Angestellten, die ihre Existenzgrundlage aus dem Lohn des Unternehmens bestreiten. Jede Unternehmerfamilie steht damit bei der Übergabe des Unternehmens auf die nächste Generation vor einem erheblichen Gerechtigkeitsdilemma: *Einerseits müsste das Unternehmen an alle Kinder gleich und andererseits nur an den oder die Leistungsstärksten übertragen werden.*

Gerade in der Landwirtschaft ist dieses Problem seit jeher bekannt: Es gibt nur *einen* Hof, aber eine Vielzahl an Kindern, den Hof kann jedoch nur einer übernehmen.

Streit innerhalb der Eigentümerfamilie

In einem Familienunternehmen ist der Streit innerhalb der Familie ein gravierender Wertevernichter. Dies zeigen Negativbeispiele wie die Notverkäufe bei *Adidas, Krups, Müller's Mühle* oder die Streitigkeiten bei *Tchibo.* Laut Medienberichten ist auch unter den *ALDI-Erben* ein heftiger Streit ausgebrochen. Es entsteht dann ein Streit, wenn die Familienbande nicht mehr eng genug geflochten sind, um Einzelinteressen gegenüber dem großen Ganzen hintanzustellen. Es kommt immer wieder vor, dass sich einzelne Familienmitglieder von unterschiedlichen – unter Umständen diametral entgegengesetzten – Interessen leiten lassen, bis der familiäre Zusammenhalt nahezu vollständig erodiert ist. Es treffen dann Feuer und Eis aufeinander. Von einer ähnlichen Konfliktlage wird bei den beiden Eigentümerfamilien von Porsche berichtet. Den Milliardärsfamilien Porsche und Piëch gehört die Mehrheit der Porsche Holding SE, die wiederum den Volkswagen-Konzern über die Mehrheit der Stammaktien kontrolliert. Über den Umgang mit dem Familienvermögen gibt es strenge Regeln. Dieses enge Korsett führte zu einem »Zwangszusammenschluss« anstatt zu einer »Wunschverbindung«. Auch hier sollen gegenläufige Interessen in der Unternehmenspolitik der Auslöser der Streitigkeiten sein.

Daher heißt Vermögensschutz auch, Familienkonflikte möglichst rechtssicher zu vermeiden und Vorkehrungen zu treffen, damit Vermögen nicht vom Kurs abgebracht wird. Das Konfliktpotenzial bei einer eigentümergeführten Familiengesellschaft, bei der die Familienmitglieder zugleich Gesellschafter und Geschäftsführer sind, und erst recht bei Patchwork-Konstellationen oder wenn verschiedene Familienstämme an Gesellschaft und Geschäftsführung beteiligt sind, ist deutlich höher als bei einer Publikumsgesellschaft mit vielen Gesellschaftern. In der erbrechtlichen Gestaltung der Nachfolge sowie im Gesellschaftsvertrag sollten die vorhersehbaren Konflikte klar und interessengerecht geregelt werden. Streitanfällige Themen sind beispielsweise Entnahmen, Tätigkeitsvergütungen, Sonderrechte für Gesellschafter und Nachfolgerechte.

Eine besondere Thematik, vor allem mit Blick auf die Auszahlung, sind die Pflichtteilsansprüche der nicht in das Unternehmen eintretenden Geschwister. Hier sorgt eine rechnerische Ungleichbehandlung regelmäßig für Unmut. Im Lichte des Vermögensschutzes ist jedoch Folgendes zu bedenken: Bei der Berechnung des finanziellen Ausgleichs der weichenden Geschwister erhält der Unternehmensnachfolger zwar in aller Regel einen rechnerisch größeren Vermögenswert als die weichenden Geschwister. Das im

Unternehmen gebundene Vermögen ist aber ein risikobehaftetes Vermögen, das nicht ohne weiteres liquidiert werden kann. Die Ausgleichszahlungen sind demgegenüber »risikofrei« und sofort verfügbar. Daher sollte der Abfindungswert nicht sklavisch anhand des Unternehmenswerts berechnet werden, sondern sich an der tatsächlichen finanziellen Machbarkeit orientieren.

4.2 Vermögensschutz bei der Vermögensübergabe im Unternehmensbereich

Die optimale Vermögensübergabe im Unternehmensbereich

Besteht das Vermögen maßgeblich aus Anteilen an einem Unternehmen, bedeutet Vermögensschutz Erhalt des Unternehmens zu Lebzeiten und im Todesfall. Dies gilt für jede Generation. Bei dieser Thematik geht es um die optimale Nachfolgeplanung.

Unternehmenskontinuität!

Bei der Nachfolge eines Unternehmers sollte die Unternehmenskontinuität oberste Priorität haben. Nur so lassen sich Unternehmensrisiken und damit Risiken für das Vermögen minimieren. Daher muss für folgende Faktoren gesorgt werden:

1. Führungsstärke
2. Liquidität.

Zur Führungsstärke: Machtverhältnisse schaffen!

Grundvoraussetzung ist, dass der Nachfolger die erforderliche Qualifikation besitzt. Bei noch fehlender Qualifikation oder in Übergangszeiten können dem Nachfolger Hilfen zur Seite gestellt werden. Die Hilfe kann in verschiedene Instrumente eingekleidet sein. So bietet sich eine fachliche Unterstützung beispielsweise durch einen *Beirat* oder einen *Aufsichtsrat* an. Ein Beirat kann auf Dauer, aber auch nur für gewisse Konfliktlagen wie beispielsweise Pattsituationen bei 50/50-Gesellschaftern installiert werden. Diesem obliegt dann das Letztentscheidungsrecht. Für eine Übergangszeit könnte dem Nachfolger auch ein unabhängiges *Interimsmanagement* zur Seite gestellt werden. Auch ein *Testamentsvollstrecker* kann Hilfestellungen leisten, wobei die Ausübung von Gesellschafterrechten genau ins Blickfeld genommen werden muss.

Die Machtverhältnisse müssen so geregelt werden, dass Pattsituationen vermieden werden. Hierzu müssen klare Kompetenzen mit Entscheidungszuständigkeiten zugewiesen werden. Dies gilt umso mehr, wenn mehrere Personen die Nachfolge des Unternehmers antreten. Zur Vermeidung von Kompetenzkonflikten können die jeweiligen Personen in unterschiedliche Schlüsselpositionen eingesetzt werden. Beispielsweise kann die Unternehmensleitung dann aus einem kaufmännischen, technischen und kreativen Direktor bestehen.

Zur Liquidität: Erbengemeinschaften vermeiden?

Im Grundsatz ja, aber ... Grundsätzlich sollte man versuchen, streitige Erbengemeinschaften zu vermeiden. Aus diesem Grund bevorzugte man früher bei Vorhandensein von Betriebsvermögen aus Gründen der Praktikabilität und aus Kostengründen eine Gestaltung, nach welcher der Unternehmensnachfolger Alleinerbe und die übrigen Familienangehörigen Vermächtnisnehmer waren. Heute wird die Erbengemeinschaft nicht per se ausgeschlossen und auf Konfliktsituationen vorbereitet. Beispielsweise durch den gezielten Einsatz einer Testamentsvollstreckung, die eine ordnungsgemäße Auseinandersetzung unter den Miterben gewährleistet. Bei Wahl der Alleinerbenlösung ist die Testamentsvollstreckung aber ebenfalls sinnvoll, um über § 2214 BGB den Vollstreckungszugriff von Gläubigern des Alleinerben in die vermächtnisweise auszukehrenden Vermögenswerte zu verhindern.

Pflichtteil

Um einer Liquiditätsgefährdung durch Pflichtteilsansprüche begegnen zu können, wird man nach Lösungen suchen, die einen Pflichtteil der Höhe nach erst gar nicht entstehen lassen oder zumindest in einem gewissen Rahmen halten. Auch hier gilt das Prinzip des sichersten Weges. Extreme Gestaltungen sind streitanfällig. In Grenzfällen neigt die Rechtsprechung dazu, pflichtteilsfreundlich zu entscheiden. In manchen Fällen wird man Pflichtteilsberechtigte zu einem Verzicht bewegen können. Verzichte sind seit jeher ein wichtiges und geeignete Instrumente zur Steuerung der Unternehmensnachfolge. Sie haben das Ziel, dem Unternehmer Gestaltungsfreiheit zu verschaffen und das Vermögen nicht zu überfordern. Nicht nur gesetzliche Erben (§ 2346 Abs. 1 BGB), auch Verlobte können auf ihr zukünftiges Ehegattenerbrecht verzichten (§ 2347 BGB), was vor allem bei Eheverträgen von Bedeutung ist. Der umfassende Erbverzicht kann auch auf den Pflichtteil beschränkt werden (§ 2346 Abs. 2 BGB), was in der Gestaltungspraxis der Regelfall ist.

Alternativ gibt es verschiedene Gestaltungen, um den Pflichtteil zu reduzieren.

Lebzeitige Vermögensübertragungen: Eine relativ simple Form, um Pflichtteilsansprüche erst gar nicht entstehen zu lassen, sind lebzeitige Vermögensübertragungen. Mit jeder einzelnen Übertragung werden der künftige Nachlass und damit auch der Pflichtteilsanspruch reduziert. Denn dieser ist immer eine Quote aus dem Nachlass. Mit der Planung sollte allerdings frühzeitig begonnen werden, um diesen Gestaltungsspielraum nicht ungenutzt zu verspielen. Dies hat folgenden Hintergrund: Hat ein Vermögensinhaber innerhalb der letzten zehn Jahre vor seinem Ableben Schenkungen an Dritte geleistet, können Pflichtteilsberechtigte eine Ergänzung ihres Pflichtteils verlangen. Man spricht hier vom sogenannten Pflichtteilsergänzungsanspruch. Die Schenkung wird innerhalb des ersten Jahres vor dem Erbfall in vollem Umfang, innerhalb jedes weiteren Jahres vor dem Erbfall um jeweils ein Zehntel weniger berücksichtigt. Sind zehn Jahre seit der Leistung des verschenkten Gegenstandes verstrichen, bleibt die Schenkung unberücksichtigt. Vorsicht ist hinsichtlich des Beginns der Frist geboten, denn Widerrufsrechte, Nießbrauchsrechte und andere umfangreiche Nutzungsrechte können unter Umständen den Beginn der Frist stoppen. Der jeweilige Vermögensgegenstand bleibt dann im Nachlass, der Vermögensschutz wäre vereitelt.

Generierung von Nachlassverbindlichkeiten: Grundlage des Pflichtteilsanspruchs ist der Nachlass mit allen Aktiva und Passiva (§ 2311 BGB). Nachlassverbindlichkeiten sind anzusetzen, wenn sie zum Zeitpunkt des Erbfalls bereits entstanden oder bereits angelegt waren. Verpflichtungen, die aus dem Testament des Erblassers resultieren, dürfen nicht vom Nachlass abgezogen werden. Um den Nachlass zu minimieren, kann daher versucht werden, Verbindlichkeiten für den Nachlass zu begründen.

Hierzu eignen sich beispielsweise ehevertraglich begründete Verbindlichkeiten in Gestalt von Zugewinnausgleichsansprüchen, die als Passiva bei der Berechnung des Nachlasses zu berücksichtigen sind. Hierbei ist folgender Fallstrick zu beachten: Wird der überlebende Ehegatte Erbe oder Vermächtnisnehmer, wird sein Zugewinnausgleich pauschaliert und geht im seinem Erbanteil auf. Der Nachlass wird dann nicht reduziert.

Rückwirkende Güterstandsvereinbarung: Gelegentlich werden sogenannte rückwirkende Güterstandsvereinbarungen zur Reduzierung von Pflichtteilsansprüchen ins Spiel gebracht. Hierbei ist zu beachten, dass rückwirkende Güterstandsvereinbarungen zivilrechtlich wirksam sein können, jedoch keine Wirkungen im Steuerrecht für den erbrechtlichen Zugewinnausgleich zeitigen. Zudem besteht Rechtsunsicherheit dahingehend, ob eine pflichtteilsrechtliche Rückwirkung anerkannt wird. Bereits aufgrund der Rechtsunsicherheit ist diese Gestaltung im Rahmen des Vermögensschutzes nicht sonderlich geeignet.

Ausstattungen (aus dem Elternvermögen): Bei Ausstattungen handelt es sich um Zuwendungen der Eltern an das Kind mit Rücksicht auf seine Verheiratung oder zur Unterstützung einer selbstständigen Lebensführung. Diese Zuwendungen werden zivilrechtlich nicht als Schenkung behandelt, obwohl sie unentgeltlich erfolgen. Auf den ersten Blick könnte der Eindruck entstehen, dass durch entsprechende Ausstattungen der Nachlass geschmälert werden kann. Hierbei ist jedoch zu beachten, dass sie steuerlich wie Schenkungen behandelt werden und unter den Abkömmlingen auszugleichen sind und das auch außerhalb der Zehnjahresfrist. Im Ergebnis kann festgehalten werden, dass sich mit sogenannten Ausstattungen keine Steuervorteile erzielen lassen und in pflichtteilsrechtlicher Hinsicht das 10-Jahres-Abschmelzungsmodell nicht zur Anwendung kommt.

Vererbbarkeit von Gesellschaftsanteilen und Steuern

Die Unternehmensnachfolge gestaltet sich je nach Rechtsform unterschiedlich. War der Erblasser als Einzelkaufmann tätig, unterscheidet sich die Vererbung seines »Betriebs« nicht von der Vererbung von Privatvermögen. Anders verhält es sich bei der »Vererbung« eines Unternehmens. Bei Personengesellschaften (Gesellschaft des bürgerlichen Rechts, offene Handelsgesellschaft oder Kommanditgesellschaft) hängt die Vererbung der Gesellschaftsanteile maßgeblich von dem Gesellschaftsvertrag ab. Denn nur, wenn geregelt ist, dass die Gesellschaftsanteile vererbbar sind und wer in die Stellung des Erblassers eintreten kann, kann der Gesellschaftsanteil übergehen. Wird der Erblasser durch eine Erbengemeinschaft beerbt, tritt nicht diese in die Stellung ein, sondern unmittelbar der Erbe. Anders verhält es sich bei den Kapitalgesellschaften. Bei diesen können Gesellschaftsanteile durch die Erbengemeinschaft gehalten werden.

Bei der Übertragung von Unternehmen gibt es grundsätzlich zwei steuerbegünstigte Modelle, die zwar derzeit aufgrund des Urteils des Bundesverfassungsgerichts vom 17.12.2014 (Urteil zur Verfassungswidrigkeit des Erbschaft- und Schenkungsteuergesetzes) überarbeitet werden, im Grundsätzlichen aber gleich bleiben. Das eine Modell führt zu einer 85-prozentigen Verschonung, das andere zu einer Vollverschonung (100-Prozent-Verschonung). Beide Modelle sind an Voraussetzungen geknüpft. Insbesondere ist ab einer gewissen Anzahl an Arbeitnehmern (bislang gab es Erleichterungen für Unternehmen bis zu 20 Arbeitnehmern, künftig wohl bis zu fünf Arbeitnehmern) im Betrieb eine sogenannte Lohnsumme einzuhalten. Unter diesem Begriff versteht man die Summe aller Vergütungen, die den Angestellten gezahlt werden. Bei dem Modell der Vollverschonung muss das Unternehmen über sieben Jahre eine Lohnsumme von 700 Prozent aufrechthalten. Mit anderen Worten: Die Ausgangslohnsumme darf sich in sieben Jahren nicht verringern. Die Verschonung in Höhe von 85 Prozent kommt zum Tragen, wenn es keine massiven Rückgänge bei der Lohnsumme gibt, was der Fall ist, wenn die Lohnsumme während der fünf Jahre mindestens 400 Prozent beträgt. Zusätzlich spielt die Quote des Verwaltungsvermögens, also des unproduktiven Vermögens, eine Rolle. Bei der Vollverschonung darf sie höchstens 10 Prozent, bei der 85-Prozent-Verschonung 50 Prozent betragen.

Die Ausnutzung dieser erbschaftsteuerlichen Befreiungsvorschriften trägt ganz besonders dazu bei, dass Unternehmensvermögen in ihrem Bestand gewahrt bleiben und nicht durch übermäßigen Liquiditätsabfluss belastet werden. Kurzum: ein staatlich geförderter Unternehmensschutz!

Konfliktlösungsmethoden

Streit vernichtet Werte und Vermögen. Im Rahmen eines effektiven und nachhaltigen Vermögensschutzes sind deshalb Verfahren auf den Plan gerufen, die das Vermögen bei Konflikten schützen.

Gerichtliche Verfahren sind ihrer Natur nach auf Konfrontation angelegt. Am Ende lautet das Ergebnis: Der eine gewinnt, zumindest teilweise; der andere verliert, zumindest teilweise. Während die Partei, die gewinnt, mit dem Ergebnis in der Regel zufrieden sein wird, wird die unterlegene Partei das Ergebnis nur in den seltensten Fällen akzeptieren. Die Gerichte nehmen auf den Schutz des Vermögens keine Rücksicht. Dies ist auch nicht deren Aufgabe.

Sie urteilen über das, was ihnen vorgetragen wird. Der Vermögensinhaber bzw. die streitenden Beteiligten haben auf die Person des Richters keinen Einfluss. Das bedeutet auch, dass möglicherweise ein Richter über Vermögen urteilt, das ihm nicht näher bekannt ist. Dies erweist sich für Familienvermögen immer wieder als Problem. Zwar wirken die Gerichte mittlerweile auf »gütliche« Einigungen hin, jedoch ist es für eine »richtig gütliche Einigung« oft zu spät. Am Ende ist eine vermiedene Klage fast immer ein weit günstigeres Ergebnis als ein Obsiegen vor Gericht.

Deshalb ist nach vermögensschützenden Konfliktlösungsmethoden zu suchen.

Als alternative Streitbeilegungsverfahren haben sich seit Langem *Mediationsverfahren* etabliert. Das sind außergerichtliche Verfahren zur konstruktiven Beilegung eines Konfliktes. Mit Hilfe eines unabhängigen Mediators versuchen die Konfliktparteien, zu einer gemeinsamen Vereinbarung zu gelangen, die den jeweiligen Bedürfnissen und Interessen entspricht. Im Gegensatz zu einem gerichtlichen Verfahren gewinnt hier nicht nur eine Partei. Vielmehr sind alle Beteiligten Teil der Gesamtlösung, was insgesamt auf eine größere Akzeptanz stößt. Das Ergebnis einer guten Mediation ist kein »Kuhhandel«. Es ist eine tragfähige Lösung für alle Beteiligten.

Diese Erkenntnis kann auch für den Vermögensschutz genutzt werden. Insbesondere im Rahmen der vermögensschützenden Nachlassplanung stellt die Mediation ein probates Mittel zur Streitvermeidung und Streitbeilegung dar. Uneinigkeit der Erben im Erbfall ist ein fortwährendes Problem. Dabei kommt es nicht nur in Erbengemeinschaften zu Streitigkeiten. Auch bei Pflichtteils- und Vermächtnisansprüchen kommt es immer wieder zu Ungereimtheiten zwischen den einzelnen Beteiligten. Oftmals handelt es sich um Probleme, die erst aus dem Eifer des Gefechts entstehen und sich durch einen neutralen Streitschlichter und Mediator lösen lassen.

Aufgabe des Vermögensschutzes muss daher sein, die potenziellen Konfliktparteien zu einem solchen Verfahren, d.h. an einen gemeinsamen Tisch, zu bewegen. Der Charakter der Freiwilligkeit sollte hierbei gewahrt bleiben. Dennoch kann die Teilnahme

»schmackhaft« gemacht werden, beispielsweise wenn die Teilnehmer wissen, dass sie durch die konstruktive Teilnahme an dem Verfahren mehr am Vermögen partizipieren als im Wege eines streitigen Verfahrens. Anknüpfungspunkte hierfür bieten erbrechtliche Anordnungen und gesellschaftsrechtliche Regelungen.

Eine weitere Alternative bietet die *Schiedsgerichtsbarkeit*. Schiedsgerichte sind nichtstaatliche Gerichte, die allein aufgrund einer Vereinbarung, der sogenannten Schiedsvereinbarung, zuständig sind. Das Urteil der Schiedsgerichte, der sogenannte Schiedsspruch, ist für die Parteien rechtlich bindend. Seine Vollstreckung kann über die staatlichen Gerichte bewirkt werden. Das Verfahren vor den Schiedsgerichten bringt eine Reihe von Vorteilen mit sich. In aller Regel kann eine erhebliche Verfahrensbeschleunigung erzielt werden. Das Verfahren ist nicht an das formstrenge deutsche Prozessrecht gebunden. Daher kann das Verfahren flexibler an die Wünsche der Parteien angepasst werden. Beispielsweise sind die Schiedsverfahren im Gegensatz zu Gerichtsverhandlungen in der Regel nichtöffentlich. Positiv ist auch, dass die Parteien Schiedsrichter bestimmen können, die über eine besondere Expertise verfügen. Zudem bestehen möglicherweise Kostenvorteile bei Verfahren mit großem Vermögens- und Streitwert.

Fazit: Die nächsten Schritte auf dem Weg zum 360°-Vermögensschutz

- Planen Sie die optimale Nachfolge für Ihr Unternehmen.
- Denken Sie an Unternehmenskontinuität und schaffen Sie Machtverhältnisse.
- Sichern Sie Liquidität.
- Denken Sie an Pflichtteilsansprüche von Ehegatten oder Kindern.
- Zerschlagen Sie den gordischen Knoten der Verteilungerechtigkeit.
- Suchen Sie nach Konfliktlösungsmethoden und beugen Sie damit Streit vor.

5

Gefahr durch den Steuerstaat

Die Steuern dominieren das Vermögensumfeld in beispielloser Art und Weise. Die Erkenntnis des Bankiers Mayer A. Rothschild (1744–1812), dass »die Unkenntnis der Steuergesetze nicht von der Pflicht zum Steuerzahlen befreit, die Kenntnis aber häufig«, trifft auch heute noch zu. Die Interessenverteilung bei der Steuererhebung ist seit jeher eindeutig: Der Steuerstaat will für seine Kasse so viel wie möglich erhalten, der steuerpflichtige Bürger möchte so wenig wie möglich zahlen. Um diesen Interessengegensatz zugunsten des Steuerpflichtigen auflösen zu können, muss der steuerlichen Risikolage besondere Aufmerksamkeit geschenkt werden.

5.1 Risiken im Bereich der Steuern

Das Grundproblem

Besteuerung wird gemeinhin als lästig empfunden. Sie ist die staatliche Teilhabe am privaten Eigentum. Daher hat Vermögensschutz dafür Sorge zu tragen, dass das private Vermögen im rechtlich zulässigen Rahmen vor der Beschneidung durch das öffentliche Gemeinwesen bewahrt wird. Der Steuerstaat begegnet den Bürgern in allen Lebenslagen. Hierfür sorgen über 30 Steuerarten. Jede wirtschaftliche Betätigung und Vermögensplanung wird durch das Thema Steuern beeinflusst. Die zahlreichen Steuerarten belasten den Bürger sehr unterschiedlich. Wie auch bei der zugrunde liegenden wirtschaftlichen Entscheidung wird der Bürger sein Handeln danach ausrichten, dass die Entscheidung für ihn optimal ist. Dieses Bedürfnis ist legitim! Dazu gehört auch, die eigene Steuerlast gering zu halten. Auch das ist legitim! Das Anliegen zu sparen ist letztlich eine Verhaltensweise, die dem Markt, dem Wettbewerb und damit der hiesigen Wirtschaftsordnung immanent ist.

Die grenzüberschreitende Mobilität von Personen und Gütern hat einen internationalen Wettbewerb hervorgerufen, der sich seit Langem auch auf die Steuern erstreckt. Der deutsche Steuerstaat reagiert auf den internationalen Steuerwettbewerb sehr schwerfällig. Anstatt ein wettbewerbsfähiges Steuersystem zu installieren, gibt er folgendes Verhaltensmuster zu erkennen:

Vermeintliche »Steuerschlupflöcher« werden anhand der gelebten Wirtschaftspraxis verortet und durch einzelne – teils systemfremde – Steuervorschriften »gestopft«.

Hieran beteiligt sich die deutsche Steuerverwaltung fleißig. Urteilt der Bundesfinanzhof als oberstes deutsches Finanzgericht zugunsten des Steuerzahlers, schreckt das Bundesfinanzministerium als Spitze der Verwaltung nicht davor zurück, die Kernaussage des Urteils massenhaft nicht auf vergleichbare Fälle anzuwenden (Stichwort: Nichtanwendungserlasse). Teilweise legt der deutsche Gesetzgeber noch »einen oben drauf«, wenn er gleich die gesetzliche Grundlage zuungunsten des Steuerzahlers ändert (Stichwort: Nichtanwendungsgesetz).

Die Erforderlichkeit von Steuern für einen funktionierenden Sozialstaat kann wohl nicht abgestritten werden. Es stellt sich dann aber die Frage, wie viel Belastung einem Bürger abverlangt werden kann. Eines steht jedenfalls fest: Aufgrund seines unersättlichen Finanzbedarfs hält der Staat seine Hände und Taschen gerne weit auf. Das war schon immer so und das wird auch immer so bleiben.

Der Finanzbedarf wird angesichts der von der Politik versprochenen Sicherheit der Renten weiter steigen. Was aus der deutschen Rente wird, ist unklar. Damit ist auch unklar, was aus dem Vermögen wird, das zwangsweise in die Hände der Deutschen Rentenversicherung Bund gelegt wird bzw. wurde. Fest steht jedenfalls, dass sich der Steuerzahler an der Sicherung beteiligen muss. Eine Lösung für die Rentenproblematik hat die Politik noch nicht gefunden. Es ist daher zu erwarten, dass jeder seine eigene Lösung zur Schaffung und zum Erhalt seiner Altersvorsorge finden muss. Damit wird das Thema der Rente auch ein Thema des Vermögensschutzes.

Steuern steuern vs. Dummensteuern

Bereits an dieser Stelle ist klar, dass das Verhältnis des Bürgers zum Steuerstaat ein zentraler Bereich des Vermögensschutzes ist. Es beginnt bereits mit der Geburt eines Menschen. Aus diesem Grund erhält ein Bürger regelmäßig nach nicht einmal zwei Lebenswochen eine Steueridentifikationsnummer, die ein Leben lang für ihn gültig ist. Zwischen dem Bürger und dem Steuerstaat besteht somit ein sogenanntes »lebenslanges besonderes Dauerschuldverhältnis«. Anders ausgedrückt: Das Steuerrechtsverhältnis besteht zwischen Staat und Bürger, bis dass der Tod sie scheidet. Doch selbst nach dem Tod haftet der Staat mit der Erbschaftsteuer am Vermögen des Steuerbürgers. Damit wird der Staat faktisch Miterbe. Es fragt sich dann, wie er enterbt werden kann.

Den rechtlichen Rahmen für das Steuerverhältnis setzt dabei der Staat. Innerhalb des Rahmens kann sich der Bürger frei entfalten. Dies gehört zu seinen Grundrechten. Handelt er innerhalb des gesetzlichen Rahmens, befolgt er die Gesetze. Vermeidet der Bürger in rechtlich zulässiger Weise Steuern, handelt er gesetzestreu. Es gibt keinen, schon gar keinen gesetzlichen Grund, der den Bürger zu einer maximalen Steuerlast zwingt. Die Gesetze machen es dem Bürger allerdings schwer: Das deutsche Steuerrecht ist in seiner Komplexität weit von der ehemals angedachten »Bierdeckelsteuer« entfernt.

Der Bürger wird sich, um sich in dem Paragrafendschungel nicht zu verirren, beraten lassen (müssen). Aufgrund der Komplexität der Steuergesetze wird sogar auf wissenschaftlicher Ebene von den sogenannten *Dummensteuern* gesprochen. Je komplexer die

Steuergesetze ausgestaltet sind, desto mehr ist die Steuervermeidung den gut Beratenen vorbehaltenen. Die schlecht oder gar nicht Beratenen sind letztlich wohl die Dummen. Trotz Beratungsaufwand kommt es in der Regel zu einer Ersparnis. Eine der größten Dummensteuern ist dabei die Erbschaft- und Schenkungsteuer, auf die noch genauer einzugehen ist.

Bei dem Wort »Steuervermeidung« schrecken die Befürworter des staatlichen Umverteilungssystems auf und plädieren für »die Steuermoral«. Hierbei sollte nicht vergessen werden, dass die Ordnung des Steuersystems in der Macht des Staates liegt. Nicht der Bürger schafft verfassungswidrige Gesetze oder erfindet Gesetzeslücken. Es ist der Staat selbst. Wenn sich der Bürger innerhalb des rechtlich Zulässigen bewegt, kann ihm wohl kaum ein Vorwurf daraus gemacht werden. Im Gegenteil, der Bürger handelt gesetzeskonform. Die steuerminimierende Gesetzesbefolgung ist keine Steuerhinterziehung oder Steuerverkürzung. Wer die Möglichkeit, Steuern zu sparen, anprangert, sollte den vermeintlichen Fehler nicht beim Steuersparer, sondern beim Steuergesetzgeber suchen. Es wäre unehrlich und paradox, wenn der Gesetzgeber steuerliche Anreize setzt, der Bürger sie aber nicht in Anspruch nehmen soll oder darf. Wer eine andere Rechtsordnung will, muss die gesetzlichen Grundlagen verändern.

Gefahr durch inländische und ausländische Steuer

Ist ein großer Teil des Vermögens beispielsweise in einer sehr werthaltigen Unternehmensbeteiligung gebunden, sehen sich die Erben bzw. Unternehmensnachfolger regelmäßig mit Liquiditätsproblemen konfrontiert, da die entsprechenden Mittel nicht immer in bar vorhanden sind. Im Worst Case kann die Steuerbelastung gesellschafterverdrängende Wirkung haben.

Noch problematischer ist die steuerliche Situation für Familienmitglieder und Familiengesellschafter, die selbst im Ausland leben oder Familienmitglieder im Ausland haben. Bestehen Berührungspunkte ins Ausland, wie beispielsweise durch eine US-Greencard,

US-Staatsangehörigkeit oder eine tatsächliche Ansässigkeit, drohen mitunter sehr hohe in- und ausländische Erbschaft- und sonstige Steuerzahlungen. In Frankreich beispielsweise drohen Erbschaftsteuersätze von bis zu 60 Prozent. Der Vermögensschutz macht hier eine steuerminimierende Steuergestaltung und einen Steuerfinanzierungsmechanismus notwendig. Ein vorausschauender Erblasser wird daher, wenn er den Vermögens- und Unternehmensbestand nachhaltig sichern möchte, die Steuerrisiken und Steuerzahlungen seiner Erben bei seiner Nachlassplanung berücksichtigen müssen. Im Rahmen der Analyse müssen auch die gesellschaftsrechtlichen Regelungen ins Blickfeld genommen werden. Insbesondere ist bei Personengesellschaften dafür Sorge zu tragen, dass das im Unternehmen gebundene Kapital notfalls zur Steuerfinanzierung mobilisiert, das heißt ohne Steuerrisiko entnommen werden kann.

Erbschaftsteuer: Die einzige Konstante ist die Veränderung

Kaum eine Steuer ist so unbeständig wie die Erbschaft- und Schenkungsteuer. Der Bürger sieht sich mit dem Problem konfrontiert, dass er auf das ihm aufgedrückte Gesetz nicht vertrauen kann. Allein in den letzten 20 Jahren hat das Bundesverfassungsgericht (BVerfG) das Erbschaft- und Schenkungsteuergesetz in drei Entscheidungen teilweise für verfassungswidrig erklärt! In drei Anläufen hat der Gesetzgeber es nicht geschafft, Steuerregelungen zu schaffen, die mit dem grundlegendsten aller Gesetze im Einklang stehen. Mit anderen Worten: Der Gesetzgeber hat sich nicht an das Gesetz gehalten. Konsequenzen hat der Gesetzgeber hieraus nicht gezogen. Vielmehr zeigte sich die Große Koalition überfordert, eine vom Bundesverfassungsgericht aufgetragene Korrektur bei der Erbschaftsteuer zuwege zu bringen, welche Privilegierungen von Familienunternehmen im Vergleich zu natürlichen Personen mildern soll. Nach langem Gewürge ist die Reform fast vor der Sommerpause dieses Jahres stecken geblieben.

Ob der derzeitige Gesetzesentwurf langfristig Bestand haben wird, kann mit Recht bezweifelt werden. Fest steht jedenfalls, dass auch mit dem neuen System eine im Jahr 1997 für tot erklärte Vermögenssteuer langsam wieder zum Leben erweckt wird. Denn im Grunde ist eine Erbschaft- und Schenkungsteuer eine Steuer auf das Vermögen. Zusätzlich sieht der aktuelle Gesetzesentwurf Privilegierungen vor, bei denen die endgültige Steuerbelastung von dem Einsatz von privatem Vermögen abhängig gemacht wird. Damit denaturiert die Erbschaftsteuer endgültig zu einer Vermögenssteuer. Fest steht auch, dass das Abschaffen von steuerlichen Privilegien zu einer Steuererhöhung führt. Eine solche wurde im Koalitionsvertrag allerdings ausgeschlossen.

Eines sollte auch nicht vergessen werden. Die endgültige Steuerbelastung unterscheidet sich von der gefühlten Steuerbelastung. Die tatsächliche Belastung kann deutlich höher sein. Der Steuerzahler unterliegt dann einer sogenannten *Steuerillusion.* Besonders bei Abzugssteuern bzw. Quellensteuern, wie beispielsweise bei der Umsatzsteuer, kann eine Steuerillusion derart vorliegen, dass der Einzelne seine tatsächliche Belastung unterschätzt.

Dass die Steuerbelastung primär das Finanzvermögen betrifft, ist so weit klar. Dass auch das Sozialvermögen betroffen sein kann, zeigt sich vor allem in der jüngeren Vergangenheit. Sogenannte Whistleblower handeln in großem Stil mit Datenträgern, auf denen Daten von Bankkunden gespeichert sind, die angeblich über nicht versteuertes Einkommen verfügen. Ob der Name eines Vermögensinhabers in diesem Kontext zu Unrecht oder zu Recht genannt wird, der Ruf ist massiv angegriffen. Vermögensinhaber geraten schnell in die bedrängte Lage, sich rechtfertigen zu müssen. Auch Staatsanwaltschaften geraten immer wieder in die Kritik, wenn sie lautstark Wohnungen und Geschäftsräume auf Verdacht hin durchsuchen. Besonders aufgefallen ist die Bochumer Staatsanwaltschaft, als sie im Jahr 2010 öffentlichkeitswirksam das private Wohnhaus des ehemaligen Post-Chefs Zumwinkel durchkämmte. Der sich anschließende Prozess sollte nach eigenen Aussagen der seinerzeit zuständigen Staatsanwältin zur ihrer »Krönungsmesse« werden. Die Medien titelten à la: »Bochums schärfste Waffe«, »Leitwölfin im Rudel der harten Hunde«, »Jagd in der High Society« und »Außergewöhnlich unerschrockene Vertreterin ihres Berufsstandes«. Dieses Beispiel des Selbstverständnisses einzelner Amtsträger zeigt in besonders dramatischer Weise, wie auch von staatlicher Seite gegen das Sozialvermögen Front gemacht werden kann.

Die nächsten Gedanken auf dem Weg zum 360°-Vermögensschutz

- Denken Sie sich in den Interessengegensatz im Rahmen der Besteuerung ein.
- Denken Sie auch an ausländische Steuern.
- Denken Sie nicht nur an die Erbschaft- und Schenkungsteuer.

5.2 Vermögensschutz durch Steueroptimierung

Erbschaft steuern statt Erbschaftsteuern – wie enterbe ich den Staat?

Vermögensschutz durch Steueroptimierung ist bei allen Steuerarten möglich. Personen und wirtschaftliche sowie nichtwirtschaftliche Vorgänge werden im deutschen Steuerrecht sehr unterschiedlich behandelt. Es bedarf daher einer genauen Analyse, welche Steuerarten in Betracht kommen und wie diese zu optimieren sind. Da die steuerlichen Belastungen an zivilrechtliche Vorgänge anknüpfen, sind auch diese in das Blickfeld zu nehmen. »Die Steueroptimierung von der Stange« kann und wird es daher nicht geben. Wie in kaum einem anderen Rechtsgebiet ist im Steuerrecht die Veränderung die einzige Konstante. Die gewählte Steuergestaltung ist daher immer wieder aufs Neue auf den Prüfstand zu stellen und zu hinterfragen.

Nachfolgende Gestaltungsvorschläge sollen hierbei als Ideengeber dienen.

Ansatzpunkte für die steueroptimierte Vermögensübertragung

Den Ansatzpunkt für Steueroptimierungsmöglichkeiten im System der Erbschaft- und Schenkungsteuer bieten auf der

- ersten Ebene die Bewertung des Vermögens, auf der
- zweiten Ebene die Verschonungsregelungen aus Gemeinwohlgründen und auf der
- dritten Ebene die Steuerklassen, die persönlichen Freibeträge sowie die jeweiligen Steuersätze.

Die Bewertung von Vermögensgegenständen dient der Ermittlung des sogenannten gemeinen Wertes. Zu den einzelnen Arten der Bewertung sehen Sie nachfolgende Übersicht sowie unter der Überschrift »Immobilien richtig bewerten«.

Vermögensgegenstände	Ansatz mit gemeinem Wert
Grundstücke	• Vergleichswert • Ertragswert • Substanzwert
Unternehmen/Beteiligungen	• Börsenwert • Kaufpreise aus zeitnahen Verkäufen • Vereinfachtes Ertragswertverfahren • andere nichtsteuerliche Verfahren
sonstiges Vermögen	• gemeiner Wert des gewöhnlichen Geschäftsverkehrs

Tabelle 14

Wichtig ist hier, dass Sie nicht an die Bewertung des Finanzamtes gebunden sind, sondern über die Vorschrift des § 198 BewG einen niedrigeren Wert eines Vermögensgegenstandes (beispielsweise bei Immobilien) zum Zwecke der Besteuerung nachweisen können. Immobiliensachverständige haben daher im Rahmen von Nachfolgegestaltungsprozessen stets Hochkonjunktur. Denn der erste Schritt zur steueroptimierten Vermögensnachfolge ist ein möglichst geringer Wertansatz für die zu übergebenden Vermögensgegenstände, da deren Wert Bemessungsgrundlage für die zu erhebende Steuer ist.

Auf zweiter Ebene kommt die Nutzung der gesetzlich vorgesehenen Verschonungsregelungen in Betracht. Vergegenwärtigt man sich die Vielzahl von möglichen Steuerbefreiungen, fragt man sich, warum viele Steuerbürger diese legalen Steuerbefreiungsmöglichkeiten nicht in Anspruch nehmen. Hier nur ein kurzer Überblick über die gesetzlich vorgesehenen Steuerbefreiungen:

Vermögensgegenstände	Verschonungsmöglichkeit
Hausrat	Steuerbefreiung bis zu 41 000 Euro
PKW	Steuerbefreiung bis zu 12 000 Euro
Familienheim	Steuerbefreiung bis zu 100 Prozent
Kunstgegenstände, Kunstsammlungen, Bibliotheken	Steuerbefreiung bis zu 100 Prozent möglich
Leistungen für Pflege des Erblassers	Steuerbefreiung bis zu 20 000 Euro
Betriebsvermögen, land- und forstwirtschaftliches Vermögen, Anteile an Kapitalgesellschaften (GmbH, AG)	Steuerbefreiung von derzeit noch (Änderungen im künftigen ErbStG vorgesehen) bis zu 100 Prozent Steuerabzugsbetrag bis zu 150 000 Euro
fremd vermietete Grundstücke	Steuerbefreiung von 10 Prozent des Grundstückswerts

Tabelle 15

Gerade bei Kunst kann es sich lohnen, gezielt und legal Kunstgegenstände zu vererben bzw. zu verschenken, um dadurch in steuergünstiger Form größere Vermögen auf die nächste Generation übergehen zu lassen. Was als Kunst zählt, kann nicht allgemeingültig bestimmt werden. Vielmehr sind die von der Rechtsprechung des Bundesverfassungsgerichts entwickelten Kriterien heranzuziehen. Danach ist Kunst die freie, schöpferische Gestaltung, in der Eindrücke, Erfahrungen und Erlebnisse in einer bestimmten Formensprache mit einer gewissen künstlerischen Gestaltungshöhe zum Ausdruck gebracht werden. Der steuerrechtlich relevante Wert des Kunstgegenstandes ist nach neuerer Rechtsprechung des Bundesfinanzhofs (BFH) durch Sachverständigengutachten zu ermitteln. Die historischen Anschaffungskosten haben nunmehr keine Bedeutung. Der Steuervorteil liegt darin, dass die Kunstgegenstände, sofern sie sich im Privatvermögen befinden, in den Haushaltsfreibetrag übergehen. Der Freibetrag liegt in Steuerklasse I bei immerhin 41 000 Euro. Hinzu kommt die Möglichkeit einer 60-prozentigen bzw. 100-prozentigen Steuerbefreiung von Kulturgütern (sehen Sie hierzu auch die Seiten 102 f.).

Kunstgegenstände bieten in steuerlicher Hinsicht noch eine weitere Besonderheit. Nach § 224a Abgabenordnung (AO) ist eine Hingabe von Kunstgegenständen an Zahlungs statt möglich. Schuldet ein Steuerpflichtiger Erbschaftsteuer, kann er durch einen öffentlich-rechtlichen Vertrag das Eigentum an Kunstgegenständen und Bibliotheken dem Land übertragen, dem das Steueraufkommen zusteht, wenn an deren Erwerb wegen ihrer Bedeutung für Kunst, Geschichte oder Wissenschaft ein öffentliches Interesse besteht. Kommt ein entsprechender Vertrag zustande, erlischt die Steuerschuld in der vereinbarten Höhe. Mit anderen Worten: Sie können Ihre Steuern mit Kunstgegenständen zahlen! Zweck des Ganzen ist die Verhinderung, dass Kunstgegenstände in fremde Hände veräußert werden, um deren Erlös für die Erbschaftsteuer verwenden zu können.

Schenkungen mit zeitlichem Abstand

Schenkungen mit zeitlichem Abstand können zur Steueroptimierung eingesetzt werden. Sie verfolgen zwei Ziele: Zum einen sollen persönliche Freibeträge und zum anderen Progressionsvorteile ausgenutzt werden.

In den Freibeträgen liegt ein erhebliches Steuersparpotenzial, da sie alle zehn Jahre ausgeschöpft werden können. Somit können im Laufe der Zeit erhebliche Beträge »angespart« werden.

Steuerklasse	Verwandtschaftsgrad	Freibetrag in Euro früher (bis 31.12.2008)	aktuell
Steuerklasse I	• Ehegatte • Eingetragene Lebenspartner	307.000 5.200	**500.000**
	• Kinder u. Kinder verstorbener Kinder	205.000	**400.000**
	• Enkel	51.200	**200.000**
	• Sonstige Personen der Steuerkl. I (z. B. Eltern u. Großeltern im Erbfall)	51.200	**100.000**
Steuerklasse II	• Eltern und Großeltern bei Schenkung • Geschwister • Nichten und Neffen • Stiefeltern • Schwiegersohn, Schwiegertochter • Schwiegereltern • geschiedener Ehegatte	10.300	**20.000**
Steuerklasse III	• Sonstige	5.200	**20.000**

Tabelle 16

In der vorstehenden Übersicht sind auch die Steuerfreibetragshöhen bis zum Rechtsstand 31.12.2008 aufgeführt. Der Grund liegt darin, dass es in der Erbrechtspraxis immer wieder vorkommt, dass der Erblasser zum Zeitpunkt der Testamentserrichtung einer Person einen Geldbetrag in Höhe der geltenden Steuerfreibeträge als Vermächtnis zuwenden wollte und dies in Zahlen anhand der damals geltenden Steuerfreibeträge in seinem Testament ausführte. Wie ist nun zu entscheiden, wenn der Steuerfreibetrag für Enkel vom 31.12.2008 zum 1. Januar 2009 auf um fast das Vierfache vom Gesetzgeber erhöht wurde? Es fragt sich dann, ob der Erblasser den Betrag von 51 200 Euro einem jeden Enkel zuwenden wollte oder einen Betrag von 200 000 Euro (das ist der derzeit geltende Steuerfreibetrag für Enkel). Daher prüfen Sie bitte, ob Sie sich in Ihrem Testament noch auf alte Steuerfreibeträge beziehen, und korrigieren Sie diese gegebenenfalls.

Der Freibetrag beträgt bei Kindern 400 000 Euro. Er gilt pro Kind und pro Elternteil. Bei zwei Kindern beträgt der Freibetrag bei optimaler Steuergestaltung somit 1,6 Millionen (2 × 2 × 400 000 Euro) – und das alle zehn Jahre. Dieser Betrag halbiert sich, wenn jeweils nur der Freibetrag nach einem Elternteil ausgenutzt wird. Bei einem Freibetragsmanagement über 20 Jahre kann ein Ehepaar seinen beiden Kindern somit ein Vermögen von bis zu 3,2 Millionen Euro steuerfrei übertragen (= 2 [beide Elternteile] × 400 000 Euro [jeweiliger Steuerfreibetrag] × 2 [20 Jahre!] × 2 [2 Kinder])!

Daher kann ein Interesse daran bestehen, das Vermögen in einem ersten Schritt zunächst auf der Ebene der Ehegatten und Lebenspartner zu verteilen und dann in einem zweiten Schritt, unter Ausnutzung der jeweiligen Freibeträge, an die Kinder weiterzugeben. Hierzu folgender Fall:

Ein Ehepaar hat zwei Kinder. Die Ehefrau und Mutter überträgt an den Ehemann und Vater 500 000 Euro (Freibetrag unter Ehegatten). Dieser schenkt diesen Betrag anschließend hälftig an die beiden Kinder – wiederum unter Ausnutzung des Freibetrags nach dem Vater – weiter. Um den Freibetrag nach dem Vater ausnutzen zu können, wird der Weg mittelbar über den Vater an die Kinder gesucht.

Es handelt sich hierbei um sogenannte Kettenschenkungen. Die Finanzverwaltung steht diesen Gestaltungen äußerst kritisch entgegen und erkennt sie steuerrechtlich nicht an, wenn sie nur zur Umgehung einer Steuer gewählt werden (§ 42 AO). Bei diesen Gestaltungen ist regelmäßig nicht die Grundidee das Problem, sondern die Umsetzung. Vertragliche Weitergabeverpflichtungen und zeitlich sehr nah beieinanderliegende Vermögensübergaben lassen die Schenkungen als einen einheitlichen Vorgang erscheinen und spielen dem Fiskus in die Hände. Aber: Die Grundidee, das Vermögen auf Ebene der Ehegatten und Lebenspartner zu verteilen, ist per se nicht verwerflich und auch steuerrechtlich anzuerkennen. Vielmehr kann die Verteilung sogar interessengerecht sein. Vor allem, wenn außersteuerliche Gründe vorliegen.

Die Grundidee kann mit einer entsprechenden Gestaltung bewahrt bleiben. Hierzu kann – obwohl rechtlich nicht zwingend vorgeschrieben – beispielsweise eine gewisse Schamfrist nützlich sein, ebenso wie die Dokumentation von außersteuerlichen Gründen. Mit einer guten Dokumentation und einer geschickten Einlassung wird das Finanzamt kaum eine Chance haben, eine steuerschädliche Kettenschenkung nachzuweisen. Äußerste Vorsicht ist vor allem bei vertraglichen Weitergabeverpflichtungen geboten, da diese in der Regel eine steuerschädliche Kettenschenkung nach sich ziehen. Dies zeigt, dass mit dem Vermögensschutz frühzeitig begonnen werden sollte, um Freibeträge und Gestaltungen nicht zu verspielen.

Ein weiterer vermögensschützender Aspekt von Schenkungen mit zeitlichem Abstand besteht in dem Ausnutzen von steuerlichen Tarifstufen [Progressionsstufen]. Da der Vermögenswert nicht en bloc, sondern in Teilbeträgen übertragen wird, können niedrigere Tarifstufen [Progressionsstufen] genutzt werden. Die Steuersätze steigen nämlich mit der Höhe des Erwerbs, sodass es Sinn haben kann, beispielsweise bei Schenkungen an Kinder alle zehn Jahre unter dem Schenkungswert von 600 000 Euro zu bleiben, da hierfür nur 15 Prozent Steuern anfallen, anstatt bei einem darüber liegenden Erwerb ab 600 000 Euro, bei dem 19 Prozent Steuern zu zahlen wären.

Wert des steuerpflichtigen Erwerbs bis einschließlich	Steuersätze in Prozent		
	Steuerklasse I	Steuerklasse II	Steuerklasse III
75.000 Euro	7	15	30
300.000 Euro	11	20	30
600.000 Euro	15	25	30
6.000.000 Euro	19	30	30
13.000.000 Euro	23	35	50
26.000.000 Euro	27	40	50
darüber	30	43	50
Gemeinnützige Organisationen	Diese sind von der Erbschaftsteuer befreit, sodass der gesamte Betrag in die Arbeit der Organisation fließen kann und genau für den Zweck, für den die Zuwendung verwendet werden soll, zur Verfügung steht.		

Tabelle 17

Der Spareffekt in den niedrigeren Progressionsstufen greift selbstverständlich nur, wenn die jeweiligen Teilbeträge die jeweiligen Freibeträge überschreiten, da nur in diesem Fall eine Steuer entsteht. Des Weiteren berücksichtigen Sie bitte, dass alle Erwerbe innerhalb von zehn Jahren zum Zwecke der Besteuerung zusammengerechnet werden.

Nießbrauchsgestaltungen

Der Vermögensschutz im Rahmen der steueroptimierten Nachlassplanung sollte aus psychologischen Gründen und Versorgungszwecken nicht dazu führen, dass der Vermögensübergeber zu Lebzeiten »nur noch leere Taschen hat«. Es entspricht daher dem Wunsch vieler Vermögensübergeber, dass sie auf die laufenden Einnahmen, seien es Unternehmenserträge oder Mieteinnahmen, zugreifen können, während das Vermögen in seiner Substanz bereits bei einer anderen Person liegt.

Hierzu bietet sich das Gestaltungsinstrument des Nießbrauchs an. Auf diese Weise wird die rechtliche Herrschaft über eine Sache »aufgespalten«. Der Vermögensübergeber kann die Vermögenssubstanz übertragen und sich das Recht zur Nutzung und zur Fruchtziehung vorbehalten oder es einer anderen Person zuwenden. Der Erwerber erhält damit das »formale Eigentum«, während das »wirtschaftliche Eigentum« beim Schenker verbleibt oder einer anderen Person zugewendet wird. Bei einem vermieteten Grundstück erzielt damit weiterhin der Schenker Einkünfte aus Vermietung und Verpachtung, obwohl der Beschenkte als Eigentümer im Grundbuch steht. Der Schenker kann alle von ihm getragenen Grundstücksaufwendungen einschließlich der Gebäude-AfA als Werbungskosten steuermindernd berücksichtigen. Wenn der Nießbraucher das belastete Grundstück zur Erzielung von Einkünften aus Vermietung und Verpachtung nutzt, dann ist er im gleichen Umfang wie zuvor als Eigentümer zur »Gebäude-Abschreibung« berechtigt (AfA gemäß § 9 Abs.1 Satz 3 Nr.7 i.V.m. § 7 EStG sowie BMF 30.09.2013, IV C 1 – S 2253/07/10004, Tz 41 ff.). Da dem Erwerber keine Einnahmen zufließen, trifft ihn dann auch keine Steuerlast. Es bleibt also wirtschaftlich und steuerlich beim Alten, nur das Grundbuch wird geändert.

Der steuerliche Vorteil bei einem Nießbrauch besteht darin, dass der kapitalisierte Nießbrauchswert den steuerlichen Wert der Schenkung mindert. Der Kapitalwert des Nießbrauchs errechnet sich aus dem Jahreswert und einem Vervielfältiger, den die Finanzverwaltung jährlich bekannt gibt.

Hierzu ein Beispiel: Der Vater schenkt dem Sohn ein bebautes und vermietetes Grundstück mit einem Verkehrswert von 800 000 Euro unter Nießbrauchsvorbehalt. Der Nießbrauch hat einen Kapitalwert von 370 000 Euro.

Verkehrswert des Grundstücks	800.000 Euro
./. 10 % Bewertungsabschlag für vermietetes Grdst. (§ 13c ErbStG)	./. 80.000 Euro
Schenkungsteuerwert	= 720.000 Euro
./. Abzugsfähige Belastung durch den Nießbrauch (90 % vom Kapitalwert des Nießbrauchs, d. h. 90 % von 370.000 €)	**./. 333.000 Euro**
Bemessungsgrundlage für Schenkungsteuer	= 387.000 Euro
Abzgl. Steuerfreibetrag für Kinder	./. 400.000 Euro
= Bemessungsgrundlage für die Steuer	**= 0 Euro**

Tabelle 18

Wie Sie dem Beispiel entnehmen können, ist es möglich, einen Verkehrswert von 800 000 Euro unter geschickter Anwendung des Gesetzes steuerfrei auf die nächste Generation zu übertragen.

Nießbrauchsgestaltungen können auch im unternehmerischen Bereich nützlich sein. Aus erbschaftsteuerlicher Sicht ist bei der Übertragung an eine Personengesellschaft, die ertragsteuerlich als Mitunternehmerschaft zu qualifizieren ist, jedoch Vorsicht geboten. Häufiger Streitpunkt mit der Finanzverwaltung ist die Frage, ob die Ausgestaltung des Nießbrauchsvorbehalts der erbschaftsteuerlichen Verschonung (§ 13a Abs. 1 i.V.m. § 13b Abs. 1 Nr. 2 ErbStG) entgegensteht. Dabei geht es aus erbschaftsteuerlicher Sicht ausschließlich um die rechtliche Stellung des Erwerbers als Mitunternehmer. Mitunternehmer kann nur sein, wer Mitunternehmerrisiko trägt und Mitunternehmerinitiative entfaltet. Im Rahmen der vorweggenommenen Erbfolge stellt sich dabei die Frage, inwieweit der Übertragende bereit ist, den Erwerber mit »echten« Entscheidungsbefugnissen auszustatten, sodass dieser einen unternehmerischen Einfluss entfalten kann, oder ob »alles beim Alten« bleiben soll. Das Gelingen der steueroptimierten Gestaltung bedarf hier einer genauen Prüfung.

Ein Zwischenfazit: *Nießbrauchsgestaltungen eigenen sich ganz besonders dazu, Vermögen steueroptimiert auf die nächste Generation zu übertragen. Und beim Übergeber bleibt auch nach der Vermögensübergabe wirtschaftlich alles beim Alten.*

Das richtige gemeinschaftliche Testament

Ehegatten bzw. Lebenspartner wollen häufig das in die Ehe eingebrachte und während der Ehezeit gemeinsam erwirtschaftete Vermögen dem überlebenden Ehegatten bzw. Lebenspartner erhalten. Gleichzeitig soll sichergestellt sein, dass ihr beiderseitiges Vermögen nach dem Tod des Letztversterbenden den Kindern oder anderen nahestehende Personen zufällt. Diesem Wunsch trägt das gemeinschaftliche Ehegatten- bzw. Lebenspartnertestament Rechnung. Eheleute äußern immer wieder den Wunsch, zusammen ein Testament errichten zu wollen. Im Rahmen eines gemeinschaftlichen Ehegatten- und Lebenspartnertestaments können Ehegatten bzw. Lebenspartner ihre Verfügungen in einem gemeinsamen Testament miteinander verbinden. Hierbei werden Regelungen für zwei Sterbefälle hintereinandergeschaltet. Der Vorteil gegenüber zwei getrennten Testamenten besteht darin, dass der Text nur von einem Ehegatten bzw. Lebenspartner, dem das Schreiben eines langen Textes leichter von der Hand geht, niedergelegt werden muss und der andere das Testament lediglich um den Zusatz »Dies ist auch mein letzter Wille« ergänzen und anschließend unterschreiben muss.

Dabei stehen den Ehegatten bzw. Lebenspartnern verschiedene Modelle von Nachfolgeregelungen zur Verfügung. Nach einer Variante setzten sich die beiden beispielsweise wechselseitig zum Alleinerben ein und bestimmten nach dem Tode des Längerlebenden die gemeinsamen Kinder oder Dritte als Schlusserben zu gleichen Teilen. Man spricht dann von der sogenannten Einheitslösung. Schlusserben sind dann die gemeinsamen Kinder/Dritte. Die Freibeträge dieser für Schlusserbfall Bedachten bleiben im ersten Erbfall jedoch meist unberücksichtigt. Zudem sind dem überlebenden Ehegatten und Lebenspartner oft die Hände gebunden, weil die gegenseitige

Erbeinsetzung derart bindend ist, dass er das Vermögen nicht mehr steueroptimiert verteilen kann. Soll ihm die Möglichkeit gegeben werden, noch vorhandene Freibeträge auszunutzen, kann eine entsprechende Vermächtnisklausel Abhilfe schaffen. Diese ermöglicht Zahlungen des länger Lebenden z. B. an die gemeinsamen Kinder oder Enkel. Hierdurch können noch offenstehende Freibeträge der Kinder (Freibetrag von 400 000 Euro) oder Enkelkindern (Freibetrag von 200 000 Euro) genutzt werden. Würde eine entsprechende Klausel im Testament fehlen, wären die Steuerfreibeträge nach dem Tod endgültig verschenkt.

Nach einer anderen Variante werden der überlebende Ehegatte als »Vorerbe« und die Kinder als »Nacherben« eingesetzt. Hierbei handelt es sich um die sogenannte Trennungslösung. Der Nachlass des verstorbenen Ehegatten und Lebenspartners bildet dann ein Sondervermögen, über das der überlebende Ehegatte zu Lebzeiten nur in Grenzen verfügen kann. Nach dem länger lebenden Ehegatten und Lebenspartner gehen dann dessen eigenes Vermögen und das Sondervermögen getrennt auf die Kinder oder sonstigen zuletzt Bedachten als (Nach-)Erben über. Im Gegensatz zum Einheitsprinzip werden die Vermögensmassen der Ehegatten und Lebenspartner nicht vereinigt. Sofern sich das vorhandene Vermögen in beiden Varianten im Rahmen der Freibeträge des Erben bewegt, sind solche Erbeinsetzungen aus steuerlicher Sicht unproblematisch. Etwas anderes gilt bei Vermögen über den Freibeträgen. Dann kommt es im Regelfall im ersten Erbfall beim überlebenden Ehegatten und Lebenspartner zu einer Besteuerung und zu einer nochmaligen Besteuerung bei den Schluss- bzw. Nacherben. Daher erfordert gerade die Testamentserrichtung eine große Sorgfalt in steuerlicher Hinsicht, damit möglichst wenig Steuern im Todesfall anfallen und damit das Familienvermögen bestmöglich geschützt ist.

Vermögensschutz durch Adoption

Hohe erbschaft- und schenkungsteuerliche Freibeträge bestehen nur bei entsprechendem Verwandtschaftsverhältnis. Der Staat greift

Nichtverwandten, vor allem Neffen und Nichten, bei der Erbschaft- und Schenkungsteuer ordentlich in die Tasche. Neffen und Nichten haben beispielsweise nur einen Freibetrag von 20 000 Euro. Darüber droht die ungünstige Erbschaftsteuerklasse II mit Steuersätzen von 15 bis 43 Prozent. Sofern überhaupt kein Verwandtschaftsverhältnis besteht, schlagen Steuersätze von 30 bis 50 Prozent (Erbschaftsteuerklasse III) zu Buche.

Eine wichtige Gestaltung zur Ausnutzung von Steuerfreibeträgen und damit zur Erhaltung des Vermögens ist – besonders für kinderlose Vermögensinhaber – die Adoption eines Minderjährigen oder auch Erwachsenen. Selbstverständlich kann die Adoption auch bei Vorhandensein von leiblichen Kindern in Erwägung gezogen werden. Nach erfolgreicher Adoption werden die Adoptivkinder wie leibliche Kinder behandelt.

Wenn das Adoptivkind minderjährig ist, muss die Adoption dem Wohl des Kindes dienen. Zudem muss zu erwarten sein, dass zwischen dem Annehmenden und dem Kind ein echtes Eltern-Kind-Verhältnis entsteht. Das angenommene Adoptivkind verliert dabei die Verwandtschaft zu seinen leiblichen Eltern und seinen früheren Verwandten. Es wird aus der alten Familie »herausgelöst« und in die neue Adoptivfamilie voll eingegliedert (»Voll-Adoption«). Dies hat zur Folge, dass das Adoptivkind auch nur die »neuen« Adoptiveltern und die neuen Verwandten beerben kann, die »alten« biologischen Eltern und die alten Verwandten hingegen nicht. Ebenso verhält es sich mit der Pflichtteilsberechtigung. Das adoptierte Kind ist nur gegenüber seinen Adoptiveltern und gegenüber den »Adoptivgroßeltern« pflichtteilsberechtigt. Gegenüber seinen leiblichen Eltern und leiblichen Großeltern besteht hingegen kein Pflichtteilsrecht mehr.

Ist das »Adoptivkind« volljährig, kann es nur adoptiert werden, wenn die Annahme sittlich gerechtfertigt ist. Dies setzt voraus, dass zwischen dem Annehmenden und dem Anzunehmenden bereits ein Eltern-Kind-Verhältnis entstanden ist. Mit der Adoption bekommt das volljährige Adoptivkind zu seinen leiblichen Eltern noch weitere Eltern hinzu. Damit kann sich die Elternzahl auf vier verdoppeln. Dies hat zur Folge, dass das volljährige Adoptivkind auch vier Elternteile beerben kann. Das adoptierte Kind hat ein volles Erbrecht nach den Adoptiveltern und den biologischen Eltern. Nicht beerben kann es die Verwandten der Adoptiveltern. Das Adoptivkind bleibt im alten Familienverbund und bekommt »nur« die Adoptiveltern hinzu. Die Verwandten seiner leiblichen Verwandten kann das Adoptivkind weiterhin beerben. Das Pflichtteilsrecht besteht gegenüber den leiblichen und Adoptiveltern, aber nur gegenüber den leiblichen Großeltern, nicht gegenüber den »Adoptivgroßeltern«.

Die Voraussetzungen der Adoption prüft das Familiengericht. Bei diesem ist der Adoptionsantrag notariell beurkundet einzureichen. Das Familiengericht prüft vor allem, ob das Eltern-Kind-Verhältnis als eigentlicher Zweck der Adoption besteht oder entstehen kann. Damit die Adoption nicht scheitert, sollte dieser Zweck dem Familiengericht ausführlich dargelegt und erläutert werden. Etwaige Nebenmotive, wie beispielsweise steuerliche Erwägungen, sind unschädlich. Bei der Kommunikation muss jedoch beachtet werden, dass sie bloßes Neben- und nicht Hauptmotiv sind.

Die Adoption eines Minderjährigen und eines Erwachsenen haben gemeinsam, dass das »Adoptionskind« den Nachnamen seiner Adoptiveltern erhält. Eine Ausnahme besteht nur dann, wenn das volljährige Adoptivkind bereits verheiratet ist und der Ehepartner dem Namen der Adoptiveltern widerspricht. In diesem Fall behält das Adoptivkind seinen bisherigen Ehenamen.

Neben den aufgezeigten erbrechtlichen Auswirkungen ist zu beachten, dass die Adoptiveltern gegenüber ihrem Adoptivkind und das Adoptivkind gegenüber seinen Adoptiveltern unterhaltspflichtig sind.

Selbstverständlich kann ein Adoptivkind nur mit seiner Einwilligung adoptiert werden. Diese hat bei Kindern unter 14 Jahren sein gesetzlicher Vertreter zu erteilen. Ist das Kind 14 Jahre alt, muss es die Einwilligung selbst erteilen. Der gesetzliche Vertreter muss dann nur zustimmen. Zur Adoption eines Minderjährigen ist grundsätzlich die Einwilligung der Eltern des Kindes erforderlich.

Ausnahmen bestehen nur dann, wenn diese wegen dauerhafter Geschäftsunfähigkeit oder unbekannten Aufenthaltes zur Abgabe der Erklärung außerstande sind.

Bei der Volljährigen-Adoption ist die Einwilligung der Eltern nicht erforderlich. Sie sind am Adoptionsverfahren nicht beteiligt. Die leiblichen Eltern bleiben Eltern. Nach dem Adoptionsverfahren treten lediglich weitere Elternteile hinzu.

Durch die Adoption erhält die angenommene Person den Verwandtschaftsgrad eines Kindes, sodass diesem bei Schenkungen oder Erwerben von Todes wegen ein Steuerfreibetrag von 400 000 Euro zusteht und sich der Steuersatz nach der günstigen Steuerklasse I bemisst.

Vermögensschutz durch Steuerstreit

Zum Schutz des Vermögens gehört es auch, seine Rechte aktiv zu verfolgen. Im Bereich des Steuerrechts bedeutet dies, dass eine drohende oder eingetretene Auseinandersetzung richtig zu bewerten ist. Steuerstreitigkeiten sind dabei nicht als fehlgeschlagene Steuergestaltung zu verstehen. Selbst viele Steuerberater glauben immer noch, dass Auseinandersetzungen mit dem Finanzamt das Ergebnis einer fehlerhaften Steuerplanung sind. Rechtsstreitigkeiten gehören aber notwendig zum Recht dazu. Sie geben dem Steuerpflichtigen Freiheit. Er kann seine Rechte ausformen und den eingangs erwähnten Interessengegensatz zu seinen Gunsten auflösen. Denn die immer wieder aufgestellte Vermutung, dass die Entscheidungen des Finanzamts inhaltlich korrekt sind, trifft leider nicht immer zu. Auch wenn Steuererklärungen korrekt erstellt und bei der Finanzverwaltung eingereicht sind, kann der Steuerbescheid Fehler aufweisen. Laut dem Bund für Steuerzahler ist schätzungsweise jeder dritte Steuerbescheid fehlerhaft. Steuerbescheide sind daher genau zu prüfen und Rechtsbehelfe in Erwägung zu ziehen. Besonders relevant ist das Einspruchsverfahren beim Finanzamt, da dieses im Gegensatz zu einem gerichtlichen Verfahren keine Verfahrenskosten auslöst.

Abschirmung durch Güterrechtsverträge

Ehegatten bzw. Lebenspartner, die im gesetzlichen Güterstand der Zugewinngemeinschaft leben, können sich Güterrechtsverträge als Instrument des Vermögensschutzes nutzbar machen. Mit ihnen werden zwei Aspekte des Vermögensschutzes verfolgt:

- Zum einen soll das Vermögen des Ehegatten bzw. Lebenspartners mit dem persönlichen Haftungsrisiko durch Vermögensübertragung abgeschichtet werden.
- Zum anderen soll die Vermögensübertragung steuerfrei erfolgen.

Diese Ziele können je nach Interessenlage zusammen oder getrennt verfolgt werden.

Die Funktionsweise einer solchen güterrechtlichen Gestaltung lässt sich beispielsweise im Wege einer sogenannten *Güterstandsschaukel* – stark vereinfacht – wie folgt erklären:

Der Güterstand der Zugewinngemeinschaft wird durch notarielle Vereinbarung beendet und es wird beispielsweise in den Güterstand der Gütertrennung gewechselt. Anschließend wird der Zugewinnausgleich (§ 1378 BGB) durchgeführt. Aus dem Vermögen des stärker haftungsgefährdeten Ehegatten bzw. Lebenspartners – mit dem größeren Zugewinn – wird bei Durchführung des Zugewinnausgleichs ein bestimmter Ausgleichsbetrag gesondert und schenkungsteuerfrei in das Vermögen des weniger haftungsgefährdeten Ehegatten bzw. Lebenspartners überführt.

Die Funktionsweise im Einzelnen:

Im Ausgangspunkt steht der gesetzliche Güterstand der Zugewinngemeinschaft. Mittels Vertrag soll dieser Güterstand (nicht die Ehe!) beendet und ein anderer Güterstand vereinbart werden. Hierzu stehen die Güterstände der Gütertrennung und der Gütergemeinschaft zur Verfügung. Durch Beendigung des Güterstandes der Zugewinngemeinschaft entsteht ein Anspruch auf Zugewinn bei dem Ehegatten und Lebenspartner, der während der Ehe einen geringeren Vermögenszuwachs erzielt hat. Zur Erfüllung des Anspruchs wird Vermögen auf den berechtigten Ehegatten und Lebenspartner übertragen.

Die durch den Güterstandswechsel vermittelte Vermögensübertragung ist schenkungsteuerfrei (§ 5 ErbStG), sofern der Güterstandswechsel tatsächlich gewollt und gelebt, d. h. auch tatsächlich umgesetzt wird.

Nach erfolgtem Zugewinnausgleich und Vereinbarung eines neuen Güterstandes könnte ein erneuter Wechsel in den ursprünglichen Güterstand der Zugewinngemeinschaft vollzogen werden (sogenannte Güterstandsschaukel). Bei dieser Gestaltung ist jedoch Vorsicht geboten. Sowohl die Reihenfolge als auch der zeitliche Ablauf spielen für den Erfolg dieser Gestaltung eine wichtige Rolle. Teilweise wird die Durchführung der Güterstandsschaukel ohne Einhaltung einer gewissen Schamfrist (sogenannter fliegender Güterstandswechsel) per se für rechtsmissbräuchlich gehalten.

Schlägt die Güterstandsschaukel aufgrund der Verfolgung ehefremder Zwecke fehl, bleibt die Vermögensübertragung zwar wirksam, sie führt jedoch dann zu einer erbrechtlich ergänzungspflichtigen sowie steuerpflichtigen Schenkung. Dem kann durch eine vorausschauende Gestaltung entgegengewirkt werden. Insbesondere sind objektiv nachprüfbare Motive darzulegen, um nicht dem Vorwurf der Verfolgung »ehefremder« Zwecke ausgesetzt zu sein.

Sofern wieder in den Ausgangsgüterstand der Zugewinngemeinschaft zurückgewechselt werden soll, empfiehlt es sich, eine gewisse Zeit abzuwarten (»cooling off«). Eine zeitlich gestreckte Beurkundung zweier Verträge kann ebenfalls der Dokumentation der Ernsthaftigkeit dienen. Hierzu ist es auch ratsam, die Zugewinnausgleichsforderung möglichst genau zu ermitteln. Keinesfalls sollte ein Pauschalbetrag – auch wenn es zivilrechtlich zulässig ist – vereinbart werden. Letztlich sollte der Zugewinnausgleich zeitnah vollzogen werden.

Der Vermögensschutz läuft allerdings auch dann ins Leere, wenn die erfolgte Vermögensübertragung aufgrund eines Gläubiger- oder Insolvenzanfechtungsrechts rückgängig gemacht werden kann. Der Bundesgerichtshof (BGH) hat die grundsätzliche Möglichkeit der Gläubiger- und Insolvenzanfechtung im Jahr 2010 bestätigt [BGH U. v. 01.07.2010 Az.: IX ZR 58/09]. Demnach sind die (Erfüllungs-)Geschäfte bei der Durchführung des Zugewinnausgleichs anfechtbar. Da es sich hierbei nicht um eine Schenkung im Rechtsinne handelt, greift nur die *allgemeine* und nicht die besondere Schenkungsanfechtung nach § 4 AnfG bzw. § 134 InsO. Dies hat den Vorteil, dass die Gefahr einer Anfechtung von vier auf faktisch zwei Jahre verkürzt ist. Zudem kommt dem Schutzsuchenden die schwer nachweisbare innere Tatsache des »Gläubigerbenachteiligungsvorsatzes« zugute.

Familienheimschenkung

Vermögensübertragungen zwischen Ehegatten und Lebenspartnern sind grundsätzlich schenkungsteuerpflichtig. Das deutsche Erbschaft- und Schenkungsteuerrecht hat jedoch einige Hebel, mit denen die Steuerbelastung deutlich, in vielen Fällen auf null, reduziert werden kann. So existiert neben dem bekannten Freibetrag von 500 000 Euro und der zuvor beschriebenen steuerfreien Erfüllung einer Zugewinnausgleichsforderung eine weitere wichtige Schenkungsteuerbefreiung: die Befreiung für das selbst genutzte Familienheim (§ 13 Abs. 1 Nr. 4a ErbStG – Familienheimschenkung). Diese Regelung ermöglicht die schenkungsteuerfreie Übertragung von Vermögen zwischen Ehegatten und Lebenspartnern.

Die Steuerbefreiung für das selbst genutzte Familienheim wird nur dann gewährt, wenn sich dort am Übertragungsstichtag auch der Mittelpunkt des familiären Lebens der Eheleute und Lebenspartner befunden hat. Achtung: Dies ist bei Zweit- oder Ferienwohnungen nicht der Fall! Als Gestaltungsansatz zur schenkungsteuerfreien Übertragung einer – wohlgemerkt inländischen – Ferienimmobilie kommt aber die Verlagerung des Lebensmittelpunktes der Eheleute und Lebenspartner in die Ferienimmobilie in Betracht. Damit keine Zweifel aufkommen, dass die Immobilie den Status des (ehemaligen) Familienwohnheims verliert, kann dieses an Dritte vermietet werden. Melden sich die Eheleute und Lebenspartner hingegen nur um, wird lediglich ein Zweitwohnsitz generiert, mit der Folge, dass die Finanzverwaltung die Verlagerung des Wohnsitzes nicht anerkennen wird und gegebenenfalls eine Zweitwohnsitzsteuer droht. *Die Verlagerung des Lebensmittelpunktes der Eheleute und Lebenspartner in ausländische Ferienimmobilien kann aus steuerlichen (!) Gründen in der Regel nicht empfohlen werden.* Erbrechtlich, beispielsweise zur Umgehung von Pflichtteilsansprüchen, kann die Beurteilung anders ausfallen. Zwar greift die Steuerbefreiung nach § 13 Abs. 1 Nr. 4a ErbStG auch für ein in der EU oder im EWR belegenes Familienheim. Die Verlagerung des Lebensmittelpunktes ist aber damit verbunden, dass der Steuerpflichtige aus Sicht der einkommensteuerrechtlichen Doppelbesteuerungsabkommen (DBA) nicht mehr als ansässig zu behandeln ist. Dieses Ergebnis wirft eine Vielzahl steuerrechtlicher Fragen auf. Darüber hinaus droht eine Wegzugsbesteuerung. Im Rahmen der Wegzugsbesteuerung werden beispielsweise fiktive Veräußerungsgewinne ausgelöst, wenn die Wegziehenden im Zeitpunkt des Wegzugs oder in den letzten fünf Jahren eine Beteiligung an einer Kapitalgesellschaft (z. B. GmbH, AG) von mindestens 1 Prozent gehalten haben. Dasselbe kann bei Anteilen an einer gewerblich geprägten Personengesellschaft blühen.

Ein weiterer Vorteil der Familienheimschenkung ist, dass die anzuwendende Befreiung nicht auf die Zuwendung *eines* Familienheims begrenzt ist. Sie kann mehrmals zeitlich nacheinander für mehrere Objekte in Anspruch genommen werden, wenn nur die Immobilien am jeweiligen Übertragungsstichtag das »Familienheim« waren. Behaltensfristen, wie es das Erbschaftsteuerrecht bei Übertragungen von Unternehmen vorsieht, kennt die Familienheimklausel nicht. Darüber hinaus ist die Steuerbefreiung für Familienheimschenkungen nach § 13 Abs. 1 Nr. 4a ErbStG wertmäßig nicht begrenzt. Es macht daher keinen Unterschied, ob eine Standardwohnung oder eine Villa das Familienheim ist.

Mit Hilfe der Gestaltung der Familienheimschaukel ist es möglich, dass der steuerfreie Betrag verdoppelt wird.

Hierzu wird das Familienheim schenkungsteuerfrei an den Ehegatten bzw. Lebenspartner übertragen, anschließend nach Verstreichen einer Schamfrist (»cooling off«) von dem anderen Ehegatten bzw. Lebenspartner zurückgekauft und dann – wiederum nach Verstreichen einer Schamfrist – unter wiederholter Ausnutzung der Schenkungsteuerbefreiung zum zweiten Mal an den anderen Ehegatten bzw. Lebenspartner verschenkt. Der positive Schenkungsteuereffekt liegt darin, dass der Beschenkte nicht nur das Familienheim, sondern auch den Verkaufspreis, also wertmäßig zwei Mal das Familienheim erhält. Sofern sich zwei Immobilien im Vermögen befinden, kann im ersten Schritt die eine und im zweiten Schritt die andere Immobile – sofern diese dann das Familienheim ist – übertragen werden. Dadurch erlangt der Ehegatte das Familienheim und den Kaufpreis in bar und das schenkungsteuerfrei! Auch wenn dies innerhalb der Spekulationsfrist von zehn Jahren geschieht (§ 23 Abs. 1 Nr. 1 S. 3 EStG), wenn die Immobilie im Zeitraum zwischen Anschaffung oder Fertigstellung und Veräußerung ausschließlich zu eigenen Wohnzwecken oder im Jahr der Veräußerung und in den beiden vorangegangenen Jahren zu eigenen Wohnzwecken genutzt wurde. Darüber hinaus ist die Veräußerung zwischen Ehegatten grunderwerbsteuerfrei (§ 3 Nr. 4 GrEStG).

Neben den positiven steuerlichen Auswirkungen können mit diesem Vermögensschutzinstrument über lange Zeiträume hinweg Vermögenswerte von dem haftungsgefährdeten Ehegatten bzw. Lebenspartner auf den weniger gefährdeten Ehepartner übertragen werden.

Es existieren daher schenkungsteuerliche Gestaltungsspielräume für das Familienheim, um steuerfrei erhebliches Vermögen von dem einen Ehegatten bzw. Lebenspartner auf den anderen zu übertragen.

Gemeinnützig stiften und Steuern sparen

In der breiten Öffentlichkeit hat die Stiftung den Ruf eines Steuersparmodells. Ob die Stiftung ihrem Ruf gerecht wird, bedarf einer detaillierteren steuerrechtlichen Betrachtung. Hier ist vor allem die Beantwortung der Frage relevant, ob die Errichtung dem Stifter Steuervorteile verschafft. Dies hängt wiederum maßgeblich von der jeweiligen Ausgestaltung der Stiftung ab. Eine Steuerbegünstigung kraft Rechtsform gibt es im deutschen Steuerrecht nicht. Jeder Stiftungszweck, der mit der Stiftungserrichtung verfolgt werden soll, wird von der Finanzverwaltung unterschiedlich bewertet. Die Stiftungszwecke können eigen-, fremd- und gemeinnützig sein. Steuervorteile verschaffen vor allem die gemeinnützigen Stiftungen. Der Grund liegt darin, dass sie Zwecke verfolgen, die grundsätzlich im Aufgabenbereich des Staates liegen und nunmehr durch Private erfüllt werden. Diese private Hilfestellung und die Übernahme sozialer Verantwortung belohnt der Staat durch entsprechende Steuervorteile. Nebenbei kann sich der Stifter, aus Dankbarkeit oder um ein gesellschaftspolitisches Signal zu setzen, für das Gemeinwohl engagieren. Gelegentlich wird auch der Wunsch Pate stehen, sich zu verewigen.

Familienstiftungen werden beispielsweise von Familienunternehmen eingesetzt, wenn es keinen geeigneten Unternehmensnachfolger gibt und das Vermögen vor Zersplitterung geschützt werden soll. Sie sind regelmäßig eigennützig und damit nicht steuerlich privilegiert.

In gewissem Maß lassen sich die Vorteile einer gemeinnützigen Stiftung mit einer Familienstiftung kombinieren, solange kein überwiegendes Familieninteresse besteht und die gemeinnützigen Zwecke nicht zurücktreten. Dies nimmt die Finanzverwaltung allerdings an, wenn nach der Stiftungssatzung der Stifter, seine Angehörigen oder deren Abkömmlinge zu mehr als zur Hälfte bezugs- oder anfallsberechtigt sind oder zu mehr als einem Viertel bezugs- oder anfallsberechtigt sind und zusätzliche Merkmale das Familieninteresse belegen.

Der wohl größte steuerliche Anreiz zur Verfolgung gemeinnütziger Ziele liegt in der erbschaft- und schenkungsteuerfreien Vermögensübertragung bzw. Verlagerung auf die Stiftung (§ 13 Abs. 1 Nr. 16 lit. b ErbStG).

In einkommensteuerlicher Hinsicht können beim Stifter nach § 10b Abs. 1 EStG jährlich bis zu 20 Prozent des Gesamtbetrags der Einkünfte des Stifters bzw. bis zu 4 Prozent der Summe der gesamten Umsätze und der im Kalenderjahr gezahlten Löhne und Gehälter als Sonderausgaben abgezogen werden. Daneben eröffnet § 10b Abs. 1a EStG einen erhöhten Sonderausgabenabzug für Spenden in den Vermögensstock einer gemeinnützigen Stiftung i.H.v. bis zu 1 Million Euro. Dieser Betrag verdoppelt sich für Ehegatten und Lebenspartner, die zusammen zur Einkommensteuer veranlagt werden, auf 2 Millionen Euro. Der Höchstbetrag kann jedoch nicht jährlich, sondern nur innerhalb von 10 Jahren in der genannten Höhe insgesamt in Anspruch genommen werden. Soweit die geleisteten Spenden die Höchstbeträge übersteigen, können sie in den folgenden Jahren im Rahmen der genannten Höchstbeträge als Sonderausgaben abgezogen werden (sogenannter zeitlich unbefristeter Spendenvortrag).

Ebenso wie bei Gesellschaftsverträgen ist bei der Satzungserstellung keine vorgefertigte Lösung zu suchen, sondern eine sorgfältige Satzungsgestaltung erforderlich, damit insbesondere Destinatärsrechte nicht pfändbar sind.

Wegzug in ein Niedrigsteuerland

Es gibt viele, auch viele legale Möglichkeiten, die Standortvorteile von Ländern mit einer niedrigeren Steuerlast zu nutzen. Der Wegzug in ein Niedrigsteuerland kann daher sehr verlockend sein, ist aber, wie es der Name bereits sagt, mit einem Wohnsitzwechsel verbunden. Hauptaugenmerk bei diesen Gestaltungen ist das deutsche Außensteuerrecht (AStG). Mit dem AStG will der Gesetzgeber den Wegzug in ein Niedrigsteuerland durch eine fortgesetzte unbeschränkte Einkommensteuerpflicht über zehn Jahre im Anschluss an den Wegzug erschweren bzw. unattraktiv machen. Dies trifft Deutsche, wenn sie insgesamt mindestens fünf Jahre unbeschränkt einkommensteuerpflichtig waren, nunmehr in einem Niedrigsteuerland ansässig sind und weiterhin wesentliche wirtschaftliche Interessen in Deutschland bestehen.

Wesentliche wirtschaftliche Interessen liegen im Einzelfall immer dann vor, wenn eine Mitunternehmerstellung zu einer inländischen Personengesellschaft besteht, eine wesentliche Beteiligung, d.h. über 1 Prozent, an einer inländischen Kapitalgesellschaft besteht, das Einkommen in Deutschland über 62 000 Euro liegt bzw. dessen Anteil am gesamten Welteinkommen des »Steuerflüchtigen« über 30 Prozent liegt. Erschwerend kommt hinzu, dass sich der für die deutschen Einkünfte maßgebliche Steuersatz in dem gesamten Zehnjahreszeitraum an den gesamten Welteinkünften bemisst. Dies hat bei der Veranlagung zur Folge, dass der deutschen Finanzverwaltung alle weltweiten Einkünfte offenzulegen sind. Als Ausweg hilft hier nur die »Flucht« in den deutschen Spitzensteuersatz.

Neben den einkommensteuerrechtlichen Fragestellungen ergeben sich auch zahlreiche Fragen im Erbschaft- und Schenkungsteuerrecht. Denn auch hier hält der deutsche Gesetzgeber zahlreiche Regelungen parat, um sich »sein« Besteuerungsrecht zu sichern. Da die steuerlichen Folgen durch den Wegzug ins Ausland sowohl zugunsten, als auch zuungunsten des Steuerpflichtigen ausfallen können, bedarf es zwingend einer detaillierten Betrachtung des jeweiligen Einzelfalls.

Abstrakt ist jedoch die Aussage möglich: Wenn Ihnen der Wegzug in ein erbschaftsteuerbefreites Land wie derzeit etwa Österreich gelingt und auch die Erben ihren Wohnsitz nicht (mehr) im Inland haben und auch keine Immobilien in Deutschland vorhanden sind, kann die Vermögensnachfolge vollständig erbschaftsteuerfrei verlaufen. Am Beispiel Österreich ist jedoch zu beachten, dass dort zwar seit dem 1. August 2008 keine Erbschaft- und Schenkungsteuer mehr erhoben wird, bei Grundstücksvererbungen und -schenkungen jedoch eine Grunderwerbsteuer anfällt.

Fazit: Die nächsten Schritte auf dem Weg zum 360°-Vermögensschutz

- Steuern Sie Ihre Steuern und enterben Sie damit den Staat!
- Führen Sie sich die verschiedenen Ansatzpunkte für eine steueroptimierte Vermögensübertragung vor Augen.
- Nutzen Sie Freibeträge und gesetzeskonforme Gestaltungsmöglichkeiten.
- Gestalten Sie Ihr Testament steueroptimiert.
- Denken Sie an eine Adoption, wenn Ihr Vermögensnachfolger nicht Ihre eigenen Kinder sein sollten.
- Scheuen Sie nicht den Steuerstreit – kämpfen Sie für Ihren Vermögenserhalt.
- Stiften Sie gemeinnützig und sparen Sie damit Steuern.
- Denken Sie gegebenenfalls auch über einen Wegzug in ein Niedrigsteuerland nach.

6

Gefahrenort Familie

6.1 Risiken aus dem Bereich der Familie

Streit in der Familie als Wertevernichter

Nicht nur bei Familienunternehmen, sondern auch bei anderen Vermögenskonstellationen, bei denen verschiedene Familienmitglieder beteiligt sind, kann Streit innerhalb der Familie entstehen. Wie auch bei den Familienunternehmen führt Familienstreit zum selben Ergebnis: *Streit vernichtet Werte.* Ursachen gibt es viele. Meist dürfte es um das geliebte Geld gehen. Der Wunsch nach Anerkennung und die Verarbeitung von Kränkungen verschärfen die Situation. Es wird vor allem in Situationen gestritten, in denen man sich nicht aus dem Weg gehen kann. Das anschaulichste Beispiel hierfür sind Erbengemeinschaften als Zwangsverbindungen.

Wie teuer Streitigkeiten werden können, beweist einer der größten Erbstreitigkeiten des 20. Jahrhunderts. Beteiligt war der Thyssen-Enkel Hans Heinrich Thyssen-Bornemisza. Dieser verbrannte 120 Millionen Euro an Anwalts- und Gerichtskosten. Der Streit endete nach vielen Jahren Schlammschlacht. Zwischenzeitlich hatte der zuständige Richter angesichts 120 000 vorgelegter Dokumente und eines 66-tägigen Plädoyers des Anwalts entnervt das Handtuch geworfen.

Es muss auch nicht immer (unmittelbar) um Geld gehen. Auch über die Pflege eines Familienmitglieds kann ein zeit-, kraft- und geldaufwendiger Streit entstehen.

Scheidungen und Trennungen als Wertevernichter

Eine Folge von Familienstreitigkeiten im Sinne von Ehestreitigkeiten sind Trennungen und Scheidungen. Sie gelten gemeinhin als kostspielig. Neben Gerichts- und Anwaltskosten drohen Ausgleichs- und Unterhaltsansprüche. Unabhängig von der Zahlungswilligkeit stellt sich die Frage nach der Zahlungsfähigkeit des pflichtigen Ehegatten bzw. Lebenspartners. Eine Gefährdung für den Bestand des Vermögens droht vor allem, wenn das Vermögen in werthaltigen Immobilien oder Unternehmensbeteiligungen besteht und nicht in bar vorhanden ist.

Die Problematik entspricht der Situation, wenn das Vermögen in gleicher Weise zusammengesetzt ist und Pflichtteilsansprüche in bar zu erfüllen sind. Gerade bei selbstständigen Unternehmern, die keinen festen monatlichen Lohn beziehen, kann die Feststellung der Leistungsunfähigkeit Probleme bereiten. Da über zwei Drittel aller Trennungen und Scheidungen als »Rosenkrieg« geführt werden, kommt es zu einer Gemengelage von monetären Interessen und Emotionen. Es streiten in aller Regel zwei gegenläufige Parteien, jeweils mit dem Willen, ihre Position bestmöglich durchzusetzen. Dies macht einen präventiven Vermögensschutz unerlässlich. Hierbei sind insbesondere Überlegungen zum Güterstand sowie zu Trennungs- und Scheidungsfolgenvereinbarungen anzustellen. Die Überlegungen sollten sich nicht nur auf eine inhaltliche Lösung konzentrieren. Denn neben einer inhaltlich sachgerechten Lösung sollte die psychologische Komponente nicht vernachlässigt werden. Oft und zu schnell werden entsprechende Regelungen – insbesondere Eheverträge – als »unromantisch« abgestempelt.

Dabei wird nicht selten der Kern der Regelung verkannt. Es geht gerade um eine präventive Streitvermeidung. Entsprechend kommuniziert können ehevertragliche Vereinbarungen Klarheit für eine friedvolle und gemeinsame Zukunft bringen. Bei entsprechender Transparenz weiß jeder Ehegatte, woran er ist. Blockadehaltungen bei »Take it or leave it«-Situationen können ebenfalls durch entsprechende Kommunikation vermieden werden. Keinesfalls sollte ein Ehevertrag einseitig bestimmt und dem anderen Ehegatten bzw. Lebenspartner »vorgesetzt« werden. Im Falle einer Scheidung liefern derartige Situationen Angriffsfläche für das Vermögen.

Der Minderjährige im Rahmen der Vermögensplanung – die »heilige Kuh« des BGB

Die Beteiligung von Minderjährigen bei der Umsetzung einer Vermögensschutzplanung bedarf zusätzlicher Weichenstellungen. Die enge emotionale, wirtschaftliche und auch rechtliche Verwobenheit der Interessen der Eltern und Kinder kann zu Komplikationen führen. Hieran ändert auch der Umstand nichts, dass alle Beteiligten ausschließlich das Wohl des Kindes und das Wachstum seines Vermögens im Auge haben. Sobald minderjährige Kinder nicht nur berechtigt, sondern aufgrund des Vermögensgegenstandes auch verpflichtet werden, stellt sich die deutsche Rechtsordnung »schützend« vor sie. Der Minderjährigenschutz wird insoweit auch als »heilige Kuh« bezeichnet. Der Minderjährigenschutz ist kein geschlossenes System, sondern dockt an verschiedene Teilmaterien an. Insbesondere bei der Übertragung von Immobilien und Gesellschaftsanteilen ist Vorsicht geboten. Auch hier zeigt sich wieder, dass Vermögensschutz eine interdisziplinäre Materie ist, die beherrscht werden muss.

Rechtliche Verpflichtungen können dabei beispielsweise aus belasteten Grundstücken, Eigentümergemeinschaften und gesellschaftsrechtlichen Verpflichtungen resultieren. Wird der Minderjährigenschutz nicht beachtet, droht im schlimmsten Fall die Unwirksamkeit des vorgenommenen Rechtsgeschäfts. Der Vermögensschutz wäre damit vereitelt.

Der Schutz des Minderjährigen soll aber keinen Hinderungsgrund für den Vermögensschutz darstellen. Ein 360°-Rundumschutz muss ihn allerdings auf dem Radar haben, um seine Nachhaltigkeit nicht zu gefährden.

Eltern von Minderjährigen als unfreiwillige Vermögensschützer

Eltern von minderjährigen Kindern können mehr oder weniger unfreiwillig die Rolle eines Vermögensschützers einnehmen. Dies hat folgenden Hintergrund: Minderjährige können vollumfänglich erben, sogar ein noch nicht geborener, aber bereits gezeugter Mensch kann Erbe sein (sogenannter »Nasciturus«). Es gibt viele Gründe, warum Kinder zu Erben werden: sei es, weil ein Elternteil oder womöglich sogar beide Eltern früh versterben, weil die Großeltern zur maximalen Ausnutzung von Steuerfreibeträgen auch die Enkelkinder testamentarisch als Erben einsetzen oder weil andere kinderlose Verwandte die Kinder als Erben einsetzen, um das Vermögen in der Familie zu halten.

Für die Annahme oder Ausschlagung der Erbschaft bedarf der Minderjährige der vorherigen Zustimmung der gesetzlichen Vertreter, in der Regel sind dies die Eltern. Sind ein Elternteil und ein Kind gemeinsam an einer Erbengemeinschaft beteiligt, dann ist eine Vertretung des Kindes in der Erbengemeinschaft durch die Eltern nicht mehr möglich – auch nicht durch den Elternteil, der nicht Teil der Erbengemeinschaft ist. Vielmehr wird für jedes Kind vom Gericht ein Ergänzungspfleger bestellt, der dann die Rechte des Kindes in der Erbengemeinschaft vertritt.

Zusätzlich bedürfen Maßnahmen, deren Folgen für das Kind nicht nur rechtlich vorteilhaft sind, noch der Genehmigung durch das Familiengericht. Das ist beispielsweise bereits bei der Annahme des Erbes der Fall, aber auch beispielsweise bei der Übertragung eines Grundstückes im Rahmen der Erbauseinandersetzung. Um dem minderjährigen Erben einen schuldenfreien Eintritt in die Volljährigkeit zu ermöglichen, besteht die Möglichkeit der Haftungsbeschränkung, sobald der Erbe 18 Jahre alt geworden ist. Dazu muss der Erbe innerhalb von drei Monaten nach Erreichen der Volljährigkeit seine Miterbenstellung beenden.

Ist ein Kind Erbe oder Miterbe geworden, müssen sich die Eltern zunächst darüber klar werden, ob ihr Kind das Erbe überhaupt antreten soll. Sind die Eltern selbst oder auch nur ein Elternteil des Kindes Teil der Erbengemeinschaft, muss bereits für die Annahme oder Ausschlagung der Erbschaft ein Ergänzungspfleger für das Kind durch das Gericht bestellt werden.

Hat das Kind das Erbe angetreten, ist das Vermögen bis zum Erreichen der Volljährigkeit zu erhalten und ordnungsgemäß zu verwalten. Um dies zu gewährleisten, haben die Eltern über das von ihnen verwaltete Vermögen ein Verzeichnis anzufertigen und dem Familiengericht vorzulegen sowie dessen Richtigkeit und Vollständigkeit zu versichern. Von dieser Verpflichtung sind sie nur dann befreit, wenn der Erblasser dies ihnen ausdrücklich erlassen hat oder die Erbschaft ihres Kindes 15 000 Euro nicht erreicht. Ist ein Kind Teil einer Erbengemeinschaft geworden, folgt im Übrigen das weitere Vorgehen den Erfordernissen einer jeden Erbengemeinschaft. D. h. die Eltern oder gegebenenfalls der Ergänzungspfleger des Kindes müssen sich entscheiden, ob sie die Erbengemeinschaft durch eine Auseinandersetzung für alle Miterben beenden wollen oder ob die Erbengemeinschaft zumindest für eine bestimmte Zeit weiter bestehen soll. In beiden Fällen kann dies auch nur für einzelne Nachlassgegenstände gelten.

In der Zwischenzeit muss die Erbengemeinschaft den Nachlass in Besitz nehmen und ihn verwalten: Verträge kündigen oder weiterführen, Kontakt mit Banken und Versicherungen aufnehmen, Rechnungen bezahlen und Vermächtnisse erfüllen, um nur ein paar Aufgaben zu nennen. Die Kosten für all dies trägt der Nachlass, aber die Entscheidungen muss die Erbengemeinschaft gemeinsam treffen.

Mit Erreichen der Volljährigkeit haben die Eltern den von ihnen verwalteten Nachlass an ihr Kind zu übergeben. Von diesem Zeitpunkt an kann ihr Kind selbst frei darüber verfügen, sofern nicht der Erblasser etwas anderes angeordnet hat. Sind ein oder beide Elternteile Teil der Erbengemeinschaft, der auch ihr Kind angehört, dann sind alle diese Aufgaben durch einen Ergänzungspfleger wahrzunehmen und gegebenenfalls vom Familiengericht zu genehmigen. In jedem Fall müssen die Eltern zeitnah zum

Erbfall die Möglichkeiten, Rechte und Pflichten ihres Kindes und ihre eigenen kennen, um wirksam und im Interesse ihres Kindes handeln und auftreten zu können.

Sowohl beim Schutz des eigenen Vermögens als auch beim Schutz des Vermögens des minderjährigen Kindes sind einige Weichenstellungen zu treffen. Dabei wird es nicht nur um das Finanzvermögen gehen. Aufgrund der familiären Struktur ist zugleich immer das Sozialvermögen mit berührt. Auch dieses ist schutzbedürftig.

6.2 Vermögensschutz im Bereich der Familie

Verträge in Familiensachen

Verträge in Familiensachen betreffen in vermögensrechtlicher Hinsicht primär die Regelungstatbestände von Eheverträgen, Scheidungsvereinbarungen und Trennungsvereinbarungen. Dabei wird der Ehevertrag regelmäßig im Mittelpunkt stehen. Hierunter sind alle ehebezogenen familienrechtlichen Vereinbarungen zur Regelung der allgemeinen Ehewirkungen, des ehelichen Güterrechts und der Scheidungsfolgen, die nicht auf einen besonderen Scheidungsfall bezogen sind, zu verstehen. Bei den Eheverträgen kann in zeitlicher Hinsicht zwischen den vorbeugenden Eheverträgen, den Krisen-Eheverträgen und den Scheidungs-Eheverträgen unterschieden werden. Vorsorgende Eheverträge sind solche, die vor der Ehe oder zu Beginn der Ehe geschlossen werden und Eheverträge, die nicht anlassbezogen während der Ehe geschlossen werden. Krisen-Eheverträge sind solche, die anlässlich einer ehelichen Krisensituation geschlossen werden. Scheidungs-Eheverträge sind der Sache nach Scheidungsvereinbarungen.

Die gängigen »Checklisten« zum Inhalt von Eheverträgen zählen weit über 20 Regelungspunkte auf. Hinsichtlich des Vermögensschutzes sind vor allem folgende von besonderer Bedeutung:

- die Zuordnung von Eigentum
- Eigentumsübertragungen
- der Versorgungsausgleich
- der Unterhalt
- die Mitarbeit im Betrieb
- Regelungen für Trennung und Scheidung
- erbrechtliche Regelungen.

Auch bei Eheverträgen sollte kein Punkt isoliert betrachtet werden. Nur eine ganzheitliche Lösung kann Vermögen in seriöser Weise schützen. Hierzu sind verschiedene Szenarien, die das Leben mit sich bringen kann, und deren jeweilige Folgen gegeneinander abzuwägen. Hierzu ein Beispiel: Eine selbstständige Unternehmerin und ein verbeamteter Lehrer vereinbaren den Güterstand der Gütertrennung. Die Unternehmerehe verläuft harmonisch und endet durch den Tod eines Ehegatten. Zu diesem Zeitpunkt erfolgt dann kein Zugewinnausgleich, mit der Folge, dass das vollständige Vermögen der Erbschaftsteuer unterliegt. Die steuerfreie Vermögensübertragung durch Zugewinnausgleich nach § 5 ErbStG wird damit verspielt.

Wäre die Ehe zu Lebzeiten gescheitert, hätte der Güterstand seinen Zweck erfüllt. Verläuft die Ehe wie im Beispiel harmonisch, dürfte die im Vergleich zur Zugewinngemeinschaft höhere Erbschaftsteuerbelastung nicht im Interesse der Beteiligten sein. Eine vermittelnde Lösung wäre die Vereinbarung einer *modifizierten Zugewinngemeinschaft* gewesen, die die Interessen im Rahmen einer Unternehmerehe und die steuerlichen Interessen zusammenbringt. Im Rahmen einer modifizierten Zugewinngemeinschaft ist nämlich im Falle der Scheidung kein Zugewinnausgleich zu zahlen, der steuerfreie Zugewinn nach § 5 ErbStG hingegen bleibt im Todesfall des vermögenderen Ehegatten erhalten. Eine überaus interessengerechte Lösung.

Bei der Thematik der Eheverträge zeigt sich, dass Vermögensschutz keine statische Materie ist. Eheverträge müssen sich laufend an Gesetzesänderungen und an der Rechtsprechung zur Wirksamkeit von Eheverträgen messen lassen. Dies erfordert ein regelrechtes Vertragsmanagement, um auf etwaige Änderungen reagieren zu können. Auch dieses Vertragsmanagement ist Bestandteil eines seriösen Vermögensschutzes. Sich ändernde Familienverhältnisse und Patchwork-Konstellationen verkomplizieren die Rechtslage zusätzlich.

Vermögensschutz durch Rückforderungsrechte

Sämtliche Gestaltungen, die durch den schützenden Hafen der Ehe eine Privilegierung erfahren, tragen das immanente Risiko der Scheidung in sich. Die soeben beschriebenen Familienheim- und die Güterstandsschaukeln erreichen ihr Endziel nur, wenn die Ehe Bestand hat. Dieses Risiko kann aber auf rechtlicher Ebene durch vertragliche Rückforderungsrechte abgemildert werden. Die in der Beratungspraxis bei Schenkungen und Ehegattenzuwendungen häufig vereinbarten Rückforderungsrechte können den Übergabeentschluss des Vermögensübergebers daher deutlich erleichtern. Der Übergeber behält die Kontrolle, schützt sich selbst vor unerwünschten Weiterübertragungen und sonstigem Fehlverhalten des Ehegatten. Die Rückforderungsrechte erlauben es dem Vermögensübergeber damit, sein ursprüngliches Vermögen in andere Hände zu geben und dem Vermögensübernehmer aufzugeben, unerwünschte Verhaltensweisen zu unterlassen. Die Funktionsweise ähnelt daher denen bei Pflichtteilsstrafklauseln.

Die Funktion der vertraglichen Rückforderungsrechte kommt nicht nur zum Tragen, wenn eine zivilrechtliche Gestaltung an den Bestand der Ehe oder Lebenspartnerschaft geknüpft ist, sondern auch bei anderen Bedingungen, wie beispielsweise bei bestimmten Verhaltensweisen (Drogenkonsum, Alkoholmissbrauch, Mitgliedschaft in einer Sekte etc.).

Der BGH hat im Jahr 2007 klargestellt, dass Rückforderungsvereinbarungen grundsätzlich, auch wenn sie nur für den Fall der Insolvenz der anderen Partei vorgesehen sind, wirksam sein können. Aus Sicherheitsgründen bietet es sich zusätzlich an, den

Rückforderungsanspruch selbst wiederum zu sichern, bei Grundstücken beispielsweise durch eine Vormerkung im Grundbuch. Im Falle der Insolvenz des *Vermögensübernehmers* wäre sogar der Insolvenzverwalter zur Erfüllung des Anspruchs verpflichtet (§ 106 InsO). Der Rückforderungsanspruch wird insoweit auf Seiten des Vermögensübernehmers insolvenzfest. Dieser Hebel funktioniert allerdings nur, wenn die Lösungsklausel bereits im notariellen Überlassungsvertrag selbst vereinbart wird. Der BGH argumentiert wie folgt: Bei einer Schenkung fehlt es an gegenseitigen Leistungen. Niemand kann verlangen, dass einem mehr geschenkt wird oder dass man ein Geschenk ohne Belastung überlassen bekommt. Mangels Gläubigerbenachteiligungsabsicht kommt eine Anfechtung daher nicht in Betracht. Sollte ein Rückforderungsrecht jedoch nachträglich vereinbart werden, besteht die latente Gefahr der Gläubigeranfechtung.

In der Beratungspraxis wird angenommen, dass dies auch für sonstige Übergabeverträge gilt, etwa wenn der Zuwendende sich ein Nießbrauch oder Wohnrecht vorbehält. Auch in diesem Fall leistet der Erwerber nichts, er bekommt von vornherein »weniger«, also. z. B. ein Grundstück, in dessen voller Nutzung er durch den Vorbehalt des Vermögensübergebers beschränkt ist.

Auf Seiten des *Vermögensübergebers* lassen sich Rückforderungsrechte zum Schutz des Vermögens vor eigenen Gläubigern nicht insolvenzfest gestalten. Dies betrifft vor allem sogenannte freie oder willkürliche Rückforderungsrechte. Hierbei handelt es sich um Rückforderungsrechte, die an keinerlei Bedingung geknüpft sind. Sind die Voraussetzungen einer Pfändung beim Vermögensübergeber gegeben, müssen dessen Gläubiger nicht tatenlos zusehen, bis dieser sein Gestaltungsrecht ausübt. Sie können das Gestaltungsrecht samt Rückforderungsanspruch im Wege der sogenannten Doppelpfändung gleich mit pfänden. Geht die Ehe oder die Lebensgemeinschaft in die Brüche, wird man sich auch überlegen müssen, ob das Rückforderungsrecht tatsächlich ausgeübt wird. Denn nach Ausübung befindet sich das Vollstreckungssubstrat dann wieder im haftungsgefährdeten Vermögen. Dem nachhaltigen Vollstreckungsschutz ist damit nicht gedient. Die beste Lösung dürfte insoweit der Vorbehalt eines lebenslangen dinglichen Wohnrechts sein, welches unpfändbar ist und auf das gegebenenfalls noch nachträglich verzichtet werden kann.

Dies alles betrifft aber allein die haftungsrechtliche Seite der Medaille auf Seiten des Vermögensübergebers! Die steuerlichen Vorzüge und haftungsrechtlichen Vorteile beim Vermögensübernehmer liegen auf der Hand.

Auch hier gilt der Grundsatz der vorausschauenden Planung: Denn bei einer nachträglichen Vereinbarung besteht ohnehin die Gefahr der Anfechtung wegen Gläubigerbenachteiligung (§§ 3 Abs. 1 und 4 AnfG). Das Vermögen ist dann nicht geschützt.

Vermeidung von Familienkonflikten – Family Governance

Damit Familienfehden nicht das Familienvermögen gefährden, muss vorgesorgt werden. Vor allem in Familienunternehmen sind familiäre Konflikte folgenschwer (»Aldi-Erben-Syndrom«). Die engen familiären Bindungen der Eigentümer entscheiden über den Zusammenhalt und einen gemeinsamen und damit erfolgreichen Kurs. Zugleich nehmen die emotionalen Bindungen zwischen den Familienmitgliedern mit jeder hinzutretenden Generation ab. Der familiäre Zusammenhalt lockert sich mit der Zeit und wird sich erfahrungsgemäß irgendwann auflösen. Damit besteht auch eine gewisse Wahrscheinlichkeit dafür, dass sich das Familienvermögen auflöst. Will die Familie den Charakter des Familienunternehmens oder des Familienvermögens bewahren, müssen sich Gründer und Erben fortwährend mit sich selbst, d. h. mit sich als Familiengesellschafter beschäftigen.

Es geht um den Mikrokosmos der Unternehmerfamilie. In den meisten Familiengesellschaften und bei den meisten Familienvermögen findet man hierzu nichts. Allenfalls in Präambeln von Gesellschaftsverträgen, Eheverträgen und Testamenten finden sich einzelne Hinweise. Eine richtige Ordnung, ein System lässt sich meist nicht ausmachen.

Folgendes kommt hinzu: Eine für Außenstehende faire Lösung muss nicht zwingend innerhalb der Familie akzeptabel erscheinen. Denn es geht nicht nur ums Geld. Es geht um Emotionen, Eitelkeiten, Kränkungen und mangelnde Anerkennung.

Die Lösung des Spannungsfeldes liegt in einer sogenannten »Family Governance«. Anders als bei der Corporate Governance steht bei der Family Governance die Familie im Fokus. Zwar sind die meisten Familien von bestimmten Wertevorstellungen und Persönlichkeiten geprägt. Diese Vorstellungen sind aber üblicherweise nicht fixiert und in eine bestimmte Form gegossen. Um dies zu ändern, kann eine sogenannte *Familiencharta*, eine *Familienverfassung* errichtet werden. Dieser kommt zwar keine unmittelbare rechtliche Bindungswirkung zu. Die dort niedergelegten Regeln sind weder einklag- noch vollstreckbar. Jedoch stärkt bereits der Entstehungsprozess der Familiencharta und die Einigung auf ein gemeinsames Ziel den Zusammenhalt in der Familie und sorgt für eine konstruktive und nachhaltige Zusammenarbeit. Der aufkommenden Gruppendynamik entziehen sich einzelne Familienmitglieder in den seltensten Fällen. Diese emotionale Komponente darf nicht unterschätzt werden. Die manifestierten Ziele, insbesondere der Erhalt des Vermögens, müssen zu einer Grundüberzeugung werden. Unter einer Familiencharta bzw. Familienverfassung ist daher eine dokumentierte, langfristige Strategie zu verstehen, die die Individual- und Gruppeninteressen gleichermaßen austariert.

Die Familiencharta wäre jedoch unvollkommen, wenn sie nur die grundlegenden Werte, die gemeinsamen Ziele und das Verständnis der Familie niederlegte. Denn ohne Verfahrensregeln, wie etwa mit familieninternen Konflikten umzugehen ist, kann die Familie und damit das Vermögen kaum stabilisiert werden. Zusätzlich sollte die Familie durch Institutionen, wie etwa einen Familienrat, das Amt eines Familiensprechers, ein »Family Office« oder auch durch Familienrituale abgesichert werden.

Befindet sich in dem Vermögen der Familie ein Unternehmen, sind weitere Aspekte zu bedenken. Hier sind Vorkehrungen für einen möglichen Kontrollverlust zu treffen, der entstehen kann, wenn sich in Mehrgenerationenfamilien die Zahl der Gesellschafter deutlich erhöht und sich damit der Unternehmensanteil in jeder hinzutretenden Generation verkleinert. In solchen Fällen ist ein fremd besetztes Management in Erwägung zu ziehen.

Da der Familiencharta keine unmittelbar rechtliche Wirkung zukommt, muss sie in Eheverträgen, Testamenten und Gesellschaftsverträgen mit entsprechenden flankierenden Maßnahmen begleitet werden. Hiermit sind Schutzmechanismen und Instrumente wie Nachfolgeregelungen, Stimmrechte, Minderheitenrechte und Ausschüttungsmodalitäten oder auch Vertragsstrafen gemeint.

Herstellung von Gerechtigkeit

Viele Unternehmerfamilien, die mit dem Problem der Verteilungsgerechtigkeit konfrontiert sind, neigen dazu, das Problem entweder zu negieren, vollendete Tatsachen zu schaffen oder eine Entscheidung schlicht zu vertagen. Eine wirkliche Lösung ist hierin nicht zu sehen. Denn wer sich mit der Frage der Verteilungsgerechtigkeit nicht befasst, wird das Problem häufig nicht erkennen. Es bleibt dann nur die Hoffnung, dass sich die eigene Familie gut versteht und keine Konflikte über die Verteilung des Vermögens entstehen. Gerade Patriarchen neigen demgegenüber dazu, vollendete Tatsachen zu schaffen. Auch hierin ist keine Lösung zu sehen, denn die aufgedrückte Rolle muss nicht zwingend dem Willen und den Fähigkeiten des Nachfolgers entsprechen. Das Problem der Nachfolge ist nur verschoben und nicht gelöst. Im Ergebnis kommt dieser Ansatz der Vertagung gleich. Der Vermögensübergeber verlagert die Lösung auf die nächste Generation. *Im Rahmen einer ganzheitlichen Vermögensplanung muss dieses Problem offen kommuniziert werden.*

Teilweise wird aus Beraterkreisen empfohlen, die Substanz gleichmäßig zu verteilen und lediglich die Stimmrechte zu bündeln. Stimmrecht und Besitzrecht, Unternehmergerechtigkeit und Familiengerechtigkeit wären dann getrennt. Dies kann jedoch Probleme beim langfristigen Vermögenserhalt mit sich bringen. Denn es kann die Situation entstehen, dass in der darauffolgenden Generation die Stimmrechte bei einem Minderheiteneigentümer gebündelt sind, während die Mehrheitseigentümer vollkommen stimmlos bleiben. Stimm- und Machtverhältnisse wären diametral entgegengesetzt. Auch ist fraglich, ob die Person oder die Personen, bei denen die Stimmrechte gebündelt sind, taugliche Unternehmer sind. Eine nachhaltige Lösung ist hierin nicht zu sehen. Im Worst Case verschärft sich die Gerechtigkeitsproblematik und das Risiko für das Vermögen nur.

Im Rahmen einer nachhaltigen Vermögensschutzplanung ist das Problem anders zu lösen. An einer nicht zu 100 Prozent gleichmäßigen Verteilung wird man nicht vorbeikommen. Diese Lösung ist aber dann nicht ungerecht, wenn die Entscheidung nicht einsam, sondern in einem längeren gemeinsamen Findungsprozess gegebenenfalls unter Einbeziehung aller Betroffenen gefunden wurde. Wenn alle in einem Boot sitzen, kann der gordische Knoten durch Akzeptanz durchschlagen werden. Familiengerechtigkeit und Unternehmergerechtigkeit wird durch Verfahrensgerechtigkeit gelöst. Das in dem Verfahren gewonnene Ergebnis ist gerecht.

Fazit: Die nächsten Schritte auf dem Weg zum 360°-Vermögensschutz

- Prüfen Sie, ob Ihr Ehevertrag, Ihre Scheidungs- oder Trennungsvereinbarung noch Ihren Anforderungen entspricht.
- Nutzen Sie Rückforderungsrechte bei Vermögensübertragungen an Ehe- und Lebenspartner oder auch bei Übertragungen an Ihre Kinder.
- Beugen Sie Familienkonflikten vor und bauen Sie eine Familienstrategie auf.
- Versuchen Sie, Gerechtigkeit herzustellen.

7

Gefahrenort soziales und gesellschaftliches Umfeld

7.1 Risiken aus dem sozialen und gesellschaftlichen Umfeld

Gefahren aus Vorsorgeregelungen: Haben Sie eine Vorsorgevollmacht?

Ein Großteil der Bevölkerung fühlt sich in dem Gedanken sicher, dass Angehörige für sie handeln können, wenn sie hierzu selbst nicht mehr in der Lage sind. Leider ist dem nicht so. Nach deutschem Recht können lediglich Eltern ihre minderjährigen Kinder vertreten. Eine Vertretung in anderen Fällen scheidet aus. Volljährige Familienmitglieder, Ehegatten und Lebensgefährten können sich daher nicht von Gesetzes wegen vertreten. Dabei kann es jeden treffen, plötzlich nicht mehr selbst entscheiden zu können. Und jeden kann es treffen, plötzlich nicht mehr selbst entscheiden zu *dürfen*. Kann ein Volljähriger auf Grund einer psychischen Krankheit oder einer körperlichen, geistigen oder seelischen Behinderung seine Angelegenheiten ganz oder teilweise nicht mehr besorgen, sieht der gesetzliche Regelfall vor, dass das Betreuungsgericht entweder auf eigenen Antrag oder von Amts wegen einen Betreuer für ihn bestellt. Gegen den freien Willen des Volljährigen darf ein Betreuer allerdings nicht bestellt werden. Eine Vorsorgeplanung ermöglicht einem daher Selbstbestimmung. Die Grundlagen einer Vorsorgeregelung bilden

- Vollmachten (§§ 164 ff BGB),
- Betreuungsanordnungen (§§ 1896 ff BGB) und
- in schweren Krankheitssituationen Patientenverfügungen.

Mit Hilfe einer *Vorsorgevollmacht* können andere (Vertrauens-)Personen ermächtigt werden, für einen rechtswirksam zu handeln. Der Umfang der Vollmacht kann sich dabei auf alle Lebensbereiche erstrecken mit der Folge, dass die bevollmächtigte (Vertrauens-) Person alle Entscheidungen betreffend das Vermögen, die Gesundheit, den Wohnort usw., also in sämtlichen Bereichen treffen kann. Die Vollmacht kann hinsichtlich Dauer und Umfang beschränkt werden.
Im Unterschied zu einer Vollmacht, die ohne Bezug auf eine wie auch immer geartete Handlungs- und Entscheidungsunfähigkeit erteilt wird, spricht man von einer Vorsorgevollmacht immer dann, wenn die mögliche spätere Hilfsbedürftigkeit Grund für die Erteilung der Vollmacht ist.

Im Rahmen einer *Betreuungsverfügung* besorgt der Betreuer als gesetzlicher Vertreter des Betreuten dessen Angelegenheiten. Seine Tätigkeit unterliegt dabei dem deutschen Betreuungsrecht. Das Betreuungsgericht bestellt in aller Regel eine Person, die nicht zur Familie des Betreuten gehört. Allerdings kann der Betreute durch eine Betreuungsverfügung Einfluss auf die Auswahl des Betreuers und die Wahrnehmung der Betreuung nehmen.

Bei einer *Patientenverfügung* handelt es sich um eine vorsorgliche Willensäußerung einer Person im Hinblick auf ihre medizinische Behandlung oder Nichtbehandlung in einem Notfall. Diese vorsorgliche Willensäußerung soll den Willen eines Patienten also für den Fall dokumentieren, dass ihn der Patient selber nicht mehr äußern kann.

Alle diese Instrumente haben gemeinsam, dass sie einer anderen Person Macht verleihen. Die Machtstellung ist auf der einen Seite positiv, weil deren Begründung gerade Ausdruck des freien Willens desjenigen ist, der vorsorgen möchte. Andererseits besteht bei Macht immer die Gefahr, dass sie ausgenutzt werden kann. Aus diesem Grund muss ein Rundum-Vermögensschutz für entsprechende Sicherungsmechanismen sorgen.

Einstandspflichten innerhalb der Familie

Eltern sind ihren Kindern gegenüber zu Unterhalt verpflichtet. Diese Pflicht ist allerdings keine Einbahnstraße. Denn auch Kinder haben Pflichten gegenüber ihren Eltern. Solange die Eltern sich selbst versorgen und eigenständig leben können, besteht selbstverständlich keine Zahlungspflicht der Kinder. Auch im Falle einer Arbeitslosigkeit der Eltern springt »Vater Staat« mit dem Arbeitslosengeld in die Bresche. Dennoch kann es innerhalb der Familie zu unerwarteten Einstandspflichten kommen. Der Elternunterhalt kann dabei Überraschungen parat haben. In einem kürzlich vom Bundesgerichtshof (BGH) entschiedenen Fall brach ein Sohn nach dem Abitur den Kontakt zu seinem Vater ab. Aufgrund dessen und nach gut 27 Jahren Funkstille enterbte der Vater schließlich seinen Sohn. Die letzten vier Jahre seines Lebensabends verbrachte der Vater in einem Heim. Er bezog Sozialleistungen. Der Sozialhilfeträger forderte dann rund 10 000 Euro Ersatz von dem Sohn. Der Bundesgerichtshof gab dem Sozialhilfeträger Recht. Er stellte dabei fest, dass selbst ein vom unterhaltsberechtigten Elternteil ausgehender Kontaktabbruch wegen der Pflicht, Beistand zu leisten und Rücksicht zu nehmen (§ 1618a BGB), zwar regelmäßig eine Verfehlung darstellt. Er führt aber nur bei Vorliegen weiterer Umstände, die das Verhalten des Unterhaltsberechtigten auch als schwere Verfehlung (§ 1611 Abs. 1 Satz 1 Alt. 3 BGB) erscheinen lassen, zur Verwirkung und damit zum Entfall des Elternunterhalts.

Der BGH sah zwar, dass der Vater durch sein Verhalten das familiäre Band zu seinem volljährigen Sohn aufgekündigt hat. Er war aber andererseits der Meinung, dass sich der Vater gerade in den ersten 18 Lebensjahren seines Sohnes um diesen gekümmert und damit seinen Elternpflichten im Wesentlichen genügt habe. Die Errichtung des Testaments selbst stelle keine Verfehlung dar, weil der Vater insoweit lediglich von seinem Recht auf Testierfreiheit Gebrauch gemacht habe.

Vorsorge im Alter und Ruhestandsplanung

Die hohe durchschnittliche Lebenserwartung macht eine Planung für das Wohnen im Alter erforderlich. Das ursprüngliche Familienbild, in welchem man auch noch im hohen Alter mit der Familie in einem Haus bzw. Haushalt lebt, ist überholt. Vor allem bei Veränderungen, beispielsweise wenn die Kinder aus dem Haus gezogen sind, wenn das Berufsende naht, machen sich Menschen Gedanken über die Zukunft. Bei diesen Überlegungen sollte man sich auch die Frage stellen, wie man sich das Leben und Wohnen im hohen Alter vorstellt. Möglicherweise leben die eigenen Kinder an einem anderen Ort und es ist kein Ehegatte oder Lebenspartner mehr da, der sich um einen kümmern kann. Mit dem Älterwerden ändern sich auch die persönlichen Ansprüche an das Wohnen und die Anforderungen an die Wohnbedingungen, hervorgerufen durch unvermeidliche körperliche Einschränkungen. Zum Schutz des Humanvermögens, insbesondere zur Wahrung der Selbstständigkeit, ist es daher erforderlich, sich frühzeitig Gedanken darüber zu machen, wie man im Alter leben und wohnen möchte. Hierfür steht eine Fülle von Möglichkeiten zur Verfügung, angefangen von eigenem Pflegepersonal, der Wohnungsanpassung bis hin zu speziellen Wohnungsangeboten für ältere Menschen, die sich unter dem Begriff »Betreutes Wohnen« als Alternative zum Altenwohn- und Altenheim gebildet haben und die Selbstständigkeit kombiniert mit Sicherheit bieten und im »Ernstfall« Betreuung bereithalten.

Cybercrime und Datensicherheit

Das »Big-Data-Zeitalter« ist angebrochen. Seitdem das Internet zum täglichen Leben der breiten Masse gehört, werden Daten als das Gold der Zukunft gehandelt. Trotz des unumstrittenen Nutzens sind mehr oder weniger berechtigte Datensammlungen ein Eingriff in die Privatsphäre, ebenso wie Hackerangriffe und andere »Cyberkriminalität«. Dies ist vor allem bei sensiblen Daten problematisch. Zu diesen gehören vor allem Informationen zur Person, Fotos, Videos und Bankdaten. In der jüngsten Vergangenheit kam es mehrfach vor, dass Tausende Kundendaten von renommierten Unternehmen ausgespäht und für kriminelle Machenschaften verwendet wurden. Die jährliche Schadenssumme wird in Deutschland auf ca. 1,6 Prozent des Bruttoinlandsprodukts geschätzt. Dies ist ein Schaden von ungefähr 700 Euro pro Kopf. Dabei werden jedem Fünften persönliche Informationen gestohlen, was besonderes Unbehagen bereitet, denn dann ist neben dem Finanzvermögen auch das Sozialvermögen betroffen.

Für viele Vermögensinhaber, die ihr Privatleben mühsam geheim halten, ist ein Datenklau ähnlich intensiv wie ein Einbruch in die eigenen vier Wände. Störanfällig sind vor allem soziale Netzwerke. Die Dienstanbieter der sozialen Netzwerke haben ein Interesse daran, aus den gesammelten Profil und Nutzungsdaten der Mitglieder (z. B. Informationen zu Kommunikationsverbindungen, IP-Adressen zur Ortsbestimmung, besuchte Seiten und Werbebanner, Kommentare auf anderen Seiten, versendete und empfangene Nachrichten) wirtschaftliche Vorteile zu ziehen. Einer von vielen Wegen dazu ist das »Targeted Advertising«, mit dem Dienstanbieter Dritten kundenspezifische Werbung zugänglich machen. Zudem kann die herstellende Industrie entsprechend auf das Kundenverhalten reagieren. Darüber hinaus fühlt man sich leicht angreifbar, wenn Fotos, Videos und persönliche Nachrichten in fremde Hände gelangen und die Privatsphäre gestört ist. Bedauerlicherweise mehren sich die Fälle von sogenannten »Online-Erpressungen« mit privaten Informationen.

Auch im unternehmerischen Bereich ist eine Zunahme von Hackerangriffen und Datendiebstahl zu verzeichnen. Schätzungsweise jedes zehnte mittelständische Unternehmen wurde bereits einmal Opfer von Cyberattacken. Die entstandenen Schäden kennen hier keine Obergrenze. Gefährdet sind vor allem Betriebsgeheimnisse wie gewerbliche Schutzrechte. Experten monieren, dass Mittelständler zwar Mitarbeiterausweise an der Pforte kontrollieren, aber nicht in ihre IT-Struktur investieren und ihre Mitarbeiter schulen.

Im Lichte der rasanten Entwicklung ist davon auszugehen, dass zukünftig auch Family Offices angegriffen und ausgespäht werden. Hier muss vorgesorgt werden.

Der Datenschutz ist für Unternehmer noch aus einer anderen Perspektive relevant. Nach europäischem Datenschutzrecht dürfen personenbezogene Daten außerhalb der Europäischen Union nur weitergegeben werden, wenn im Empfängerland sichergestellt ist, dass ein angemessenes Datenschutzniveau vorliegt. Der Datentransfer an amerikanische Unternehmen galt im Rahmen von Safe-Harbor-Vereinbarungen bislang als zulässig, wenn sie sich einem Zertifizierungsverfahren unterwerfen und dies an die US Federal Trade Commission (FTC) melden.

Diese Praxis hat der Europäische Gerichtshof gekippt. Nach seiner Meinung ist die Grundlage für eine solche Safe-Harbor-Vereinbarung zwischen der Europäischen Kommission und der US Federal Trade Commission nicht gegeben. In der Begründung heißt es, dass amerikanische Behörden auf die übermittelten personenbezogenen Daten zugreifen und diese in einer Weise verarbeiten können, die mit der Zielsetzung der Übermittlung unvereinbar war und über das hinausging, was zum Schutz der US-amerikanischen Sicherheit absolut notwendig und verhältnismäßig gewesen wäre. Dies ist vor allem für Unternehmer relevant, die Server im Ausland nutzen. Betroffen sind aber auch Unternehmen, die Dienstleister im Rahmen einer Auftragsdatenverarbeitung einschalten, wenn der Dienstleister seine Leistungen in den USA erbringt oder ein Zugriff auf personenbezogene Daten aus den USA nicht ausgeschlossen ist. Bei Verstößen drohen nun Bußgelder bis zu 300 000 Euro.

Die Risiken des Big-Data-Zeitalters betreffen daher sowohl das Finanz- als auch das Sozialverhalten. Hier muss mit entsprechendem Know-how vorgebeugt werden.

Cybercrime und Kidnapping

Internet, soziale Netzwerke, Online-Auskünfte der Einwohnermeldeämter, Fotos von Zielpersonen im Internet und Aufklärung der

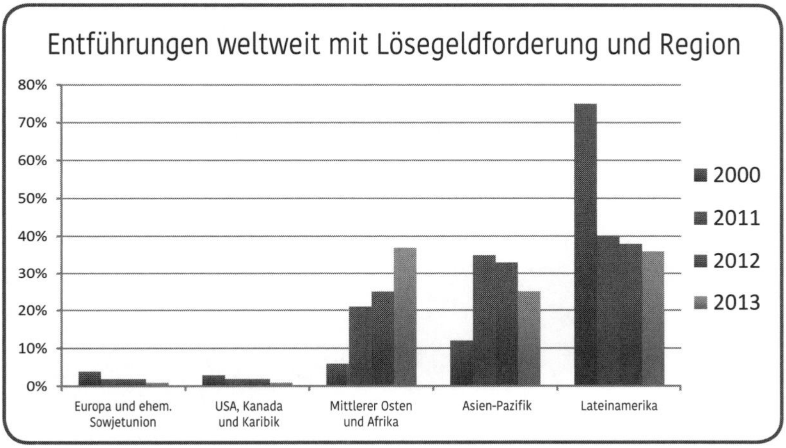

Abbildung 26: Weltweites Kidnapping, Quelle: red24, Allianz SE

örtlichen Gegebenheiten über Google Earth machen es potenziellen Entführern heute leicht, sich über ins Ziel genommene Personen und deren Umfeld schnell Informationen und einen umfassenden Überblick zu verschaffen.

Im Fokus stehen in der Regel wohlhabende Personen und deren Familien oder Menschen, die in verantwortlichen Positionen in Unternehmen sind. Weltweit betrachtet sind es aber auch immer mehr Mitarbeiter von Unternehmen, Hilfs- und Regierungsorganisationen oder Touristen.

Das Risiko einer Entführung mit Lösegeldforderung ist in Deutschland im Vergleich etwa zu Kolumbien, dem Irak oder Indonesien zwar gering, doch werden auch hierzulande pro Woche ein bis zwei Personen entführt. Weltweit sind es jedes Jahr rund 30 000 mit Lösegeldforderungen von 500 Millionen Dollar.

Beim Kidnapping geht es in den meisten Fällen um hohe Lösegeldforderungen. Wie aktuelle Fälle zeigen, richten sich die Taten immer häufiger nicht gegen die Zielpersonen selbst, sondern gegen Angehörige. Die »Entscheider« können dann immer noch agieren und die Zahlung von Lösegeld veranlassen. Auch wird die körperliche Gegenwehr bei einem gekidnappten Kind oder einer Ehefrau als sehr viel geringer eingeschätzt, doch der Leidensdruck bei den Angehörigen umso höher. Damit soll die Bereitschaft gesteigert werden, schnell auf Lösegeldforderungen einzugehen.

In solchen Fällen kann nur ein professionelles Krisenmanagement Risiken bei Verhandlungen mit den Entführern vermeiden.

Der gefährdete Personenkreis kann sich dagegen nur durch hohe Sensibilisierung und professionelle Voraufklärungsmaßnahmen

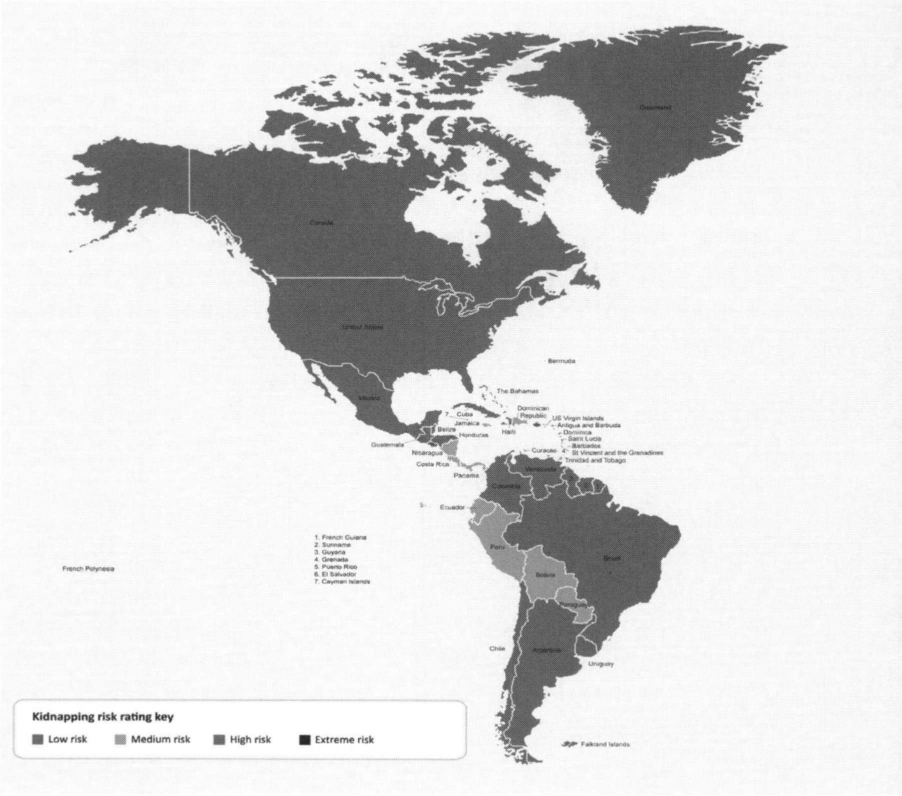

Abbildung 27: Schutzmaßnahmen gegen Kidnapping sind Teil eines effizienten Vermögensschutzes, Quelle: red24, Allianz SE

schützen. Täter dürfen erst gar nicht so weit kommen, dass sie ihre Opfer entführen können. Sie müssen bereits bei der Vorbereitung – also beim Ausspionieren – auffallen. Die Voraufklärung erfolgt in der Regel durch ausgebildete Personenschützer, welche die Verhaltensweisen von Entführern kennen, permanent das Umfeld gefährdeter Personen beobachten und so Auffälligkeiten sofort registrieren können. Darüber hinaus gibt es eine Reihe weiterer Maßnahmen zum Schutz gegen derartige Angriffe.

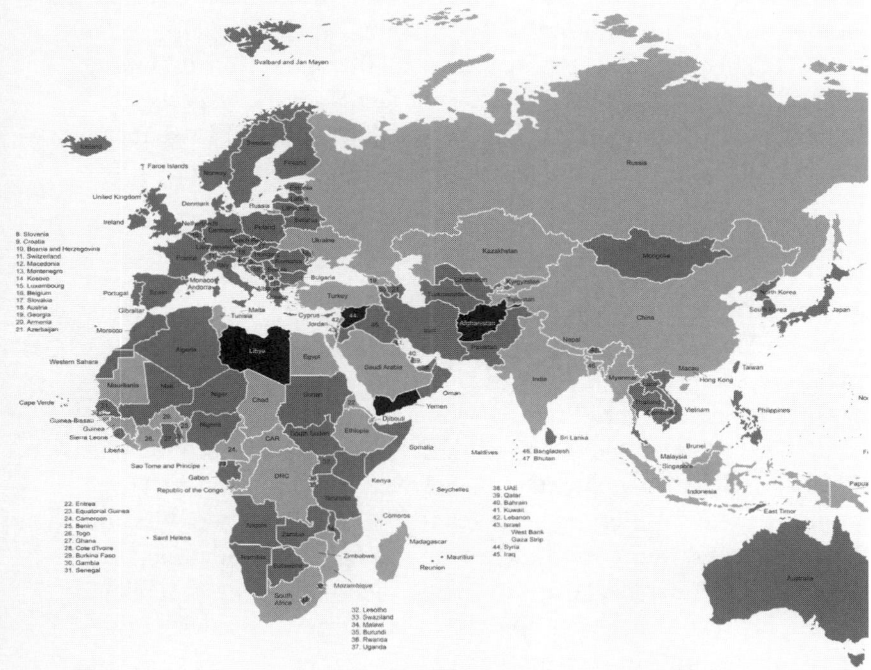

Je früher ein Überfall bemerkt wird, desto höher die Chance, schnell eingreifen und das Opfer befreien zu können. Miniaturisierte Notrufsender, mit deren Hilfe beim Überfall Alarm ausgelöst werden kann, sind heute für vermögende Personen und ihr Umfeld ein Muss. Die zunehmende Vernetzung von Geräten und Cloud-Diensten sowie die für Laien immer schwieriger zu begreifende Technik erfordert zudem für gefährdete Personen auch im IT-Bereich einen »Administrator«, der sämtliche Sicherheitsaspekte mit berücksichtigt.

Personenschutz wird heute in aller Regel »abgesetzt« durchgeführt, sodass die Schutzperson, vor allem aber ihre Kinder und Ehepartner, nicht in der normalen Lebensführung beeinträchtigt werden. Solche Familien sollten in jedem Fall über eine Notruf-Hotline verfügen, um jederzeit den Kontakt mit den Sicherheitsspezialisten aufnehmen und rund um die Uhr auf ein Netzwerk von Krisenberatern zugreifen zu können. Versicherungsschutz gehört dazu.

Online Reputation

Im engen Zusammenhang mit den Risiken des Big-Data-Zeitalters steht das Thema der Online Reputation. Hierbei geht es um den guten Ruf im Internet. Dies betrifft vor allem Freiberufler und Unternehmer, da sie und ihre Produkte von dem guten Ruf leben. Dieser kann in der (vermeintlich) anonymen Welt des Internets schnell und nachhaltig Schaden nehmen. Auf Bewertungsseiten und in Foren können negative Äußerungen rasant geschäftsschädigende Wirkung entfalten. Selbst wenn Anschuldigungen völlig falsch und unbegründet sind, bleibt der negative Ruf haften. Dies stellt eine erhebliche Gefahr für das Sozialvermögen dar und kann Wechselwirkungen beim Finanz- und Humanvermögen zeitigen.

Abschaffung des Bargeldes

Wenn die Politik verlautbart, dass sie etwas abschaffen will, freut sich der Bürger in aller Regel. Als Pläne bekannt wurden, die Einschränkungen im deutschen Bargeldverkehr vorsehen, war der Aufschrei groß. Über Sinn und Unsinn der Verabschiedung vom bekannten und bewährten Bargeld ist eine heiße Diskussion entbrannt. Zwar hat der Bundesverband Deutscher Banken betont, es gebe keine konkreten Schritte in Richtung Bargeldabschaffung. Fakt ist jedoch, dass bargeldlose Zahlungen vielmals begünstigt werden, wie beispielsweise im öffentlichen Nahverkehr. Darüber hinaus können Rechnungen teilweise nur dann steuerlich geltend gemacht werden, wenn sie per Überweisung beglichen wurden. Damit geht eine schleichende Verabschiedung des Bargelds einher. Zudem wird – neben der Abschaffung des 500-Euro-Scheins – über die Einführung einer Bargeldobergrenze von 5 000 Euro nachgedacht.

Das Finanzministerium erhofft sich durch die Beschränkung von Bargeldzahlungen eine positive Auswirkung im Kampf gegen Geldwäsche, Schwarzarbeit und Terror. Außerhalb des Finanzministeriums glaubt hieran jedoch kaum jemand. Es wäre aber ein Bruch mit einer jahrtausendealten Tradition. Die dem Bargeld innewohnende Anonymität wäre vernichtet, wenn sämtliche Transaktionen lückenlos überwacht und nachvollzogen werden könnten. Dies wäre de facto ein Eingriff in die Privatsphäre, der beispielhaft für das Big-Data-Zeitalter ist.

Die nächsten Gedanken zum 360°-Vermögensschutz

- Denken Sie an die Risiken bei Vorsorgeregelungen.
- Machen Sie sich Gedanken zur Vorsorge im Alter und über Ihre Ruhestandsplanung.
- Denken Sie an das Thema »Datensicherheit«.
- Machen Sie sich auch Gedanken über das Thema »Online Reputation«.

7.2 Vermögensschutz im sozialen und gesellschaftlichen Umfeld

Der Kontrollbevollmächtigte als Aufpasser?

Der Volksmund behält recht, wenn er sagt: »Wo die Macht ist, flieht der Geist; wo der Geist ist, fehlt die Macht.« Dort, wo Macht ausgeübt wird, ist Kontrolle des Geists immer ein Thema. Dies gilt in sämtlichen Bereichen des politischen, wirtschaftlichen und sozialen Lebens. Sobald die persönliche Freiheit betroffen ist, erlangt die Sicherung der Kontrolle eine besondere Bedeutung, dies gilt gerade für den Bereich der rechtlichen Betreuung.

Im Bereich der Testamentsvollstreckung haben sich bei komplexen Nachlässen sogenannte Testamentsvollstreckergremien etabliert. Das System der »checks and balances« kann auch im Bereich der Betreuung durch einen sogenannten *Kontrollbevollmächtigten* angewendet werden. Ein Kontrollbevollmächtigter kann im Rahmen einer Betreuungsverfügung ernannt oder gerichtlich bestellt werden. Das Betreuungsgericht bestellt einen weiteren Betreuer zur Kontrolle des Bevollmächtigten, wenn es Zweifel hat, dass der Vollmachtgeber den Bevollmächtigten noch ausreichend kontrollieren kann, und Anhaltspunkte für eine nicht ordnungsgemäße Tätigkeit des Bevollmächtigten vorliegen. Das Gericht kann sich dabei an Verfügungen des Vollmachtgebers orientieren. Der Kontrollbevollmächtigte überwacht die Vollmachtsbefugnisse des Erstbevollmächtigten.

Der Aufgabenbereich des Betreuers ist in diesem Fall also ausschließlich die Wahrnehmung der Rechte des Vollmachtgebers gegenüber seinem Bevollmächtigten – gegebenenfalls bis hin zum Widerruf der Vollmacht in Missbrauchsfällen. Er kann von diesem bereits bei Erteilung der Vorsorgevollmacht benannt werden. Er kann dann die Rechte des Vollmachtgebers ausüben, also Auskunftsansprüche und den Anspruch auf Herausgabe des Vermögens.

Cybersicherheit

Der Schutz vor Cyberkriminalität erfordert ein Bündel von Maßnahmen, um auf die täglichen Bedrohungen aus dem Internet reagieren zu können. Grundvoraussetzung ist die Abwehrbereitschaft des Vermögensinhabers und der Wille zur Prävention. Ebenso wie in anderen Bereichen sollte ein Frühwarnsystem installiert werden. Tritt der Worst Case ein, empfiehlt es sich, eine Art Notfallplan und Maßnahmenkatalog parat zu haben, der der Schadensminimierung und Wiederherstellung dient. Auf die vielen Einzelmaßnahmen, angefangen vom Virenschutz auf Computern, über den richtigen Umgang mit Passwörtern, das sichere Speichern von Daten, sicheres Online-Banking, bis hin zum Schutz vor Phishing und vielen weiteren Maßnahmen haben sich eine Reihe von Dienstleistern spezialisiert, die das Finanz- und Sozialvermögen vor Angriffen aus dem Netz abschirmen können.

ORM – Online Reputation Management

Damit der Vermögensinhaber seinen guten Ruf im Internet nicht verliert, bieten sich sogenannte Online-Reputation-Systeme an.

Unter Online Reputation Management (ORM) wird die Überwachung und bewusst positive Beeinflussung des (guten) Rufs einer Person oder eines Produkts in digitalen Medien verstanden. In einem ersten Schritt werden hierzu Suchanfragen mit dem Namen der Person, des Unternehmens oder des Produkts in Online-Suchmaschinen formuliert. Diese Ergebnisse müssen im Rahmen eines Monitorings kontinuierlich kontrolliert werden. Sofern hierbei negative oder unrichtige Angaben ermittelt werden, versucht man, durch aktive Maßnahmen gegenzusteuern. Derartige Maßnahmen sind beispielsweise die Streuung von eigenen positiven Beiträgen, Bewertungen und Kommentaren. Der Versuch, unerwünschte Beiträge, Bewertungen oder Kommentare entfernen zu lassen, hat eher selten Erfolg. Online-Reputationsmanagement ist keine einmalige Maßnahme, sondern eine kontinuierliche Arbeit.

Mittlerweile gibt es hier ORM-spezialisierte Dienstleister, die gezielt und ergänzend im Rahmen der Vermögensschutzplanung eingesetzt werden und Abhilfe schaffen.

Fazit: Die nächsten Schritte zum 360°-Vermögensschutz

- Beugen Sie dem Missbrauch von Vollmachten vor (Stichwort Kontrollbevollmächtigter).
- Schützen Sie Ihre Daten.
- Machen Sie sich Online-Reputation-Management-Systeme zunutze.

8 Gefahrenquelle Todesfall

Vermögensschutz von Todes wegen umschreibt den Schutz des Vermögens nach dem Ableben des Vermögensinhabers. In dieser Situation treffen verschiedene Vermögensmassen aufeinander: das Vermögen des Erblassers und das Vermögen des Erben. Prinzipiell sind daher zwei Vermögen zu schützen. Dies erfordert unter anderem eine optimale Nachlassplanung, die auch als sogenanntes Estate Planning bezeichnet wird.

8.1 Risiken im Bereich der Gefahrenquelle Todesfall

Testamentsgestaltung

In Deutschland gibt es zwei Wege, wie Vermögen im Todesfall auf eine andere Person übergeht. Vorrangig ist der Wille des Erblassers, sofern er diesen in einer wirksamen *letztwilligen Verfügung*, das heißt in einem *Testament* oder *Erbvertrag*, niedergelegt hat. Ist eine solche Regelung nicht vorhanden, kommt die *gesetzliche Erbfolge* zum Zug. Auf den Willen des Erblassers wird dann keine Rücksicht genommen. Trotz der immensen Bedeutung, die einem Testament oder einem Erbvertrag beigemessen wird, haben ca. drei Viertel der Deutschen kein Testament. 20 Prozent haben laut statistischen Erhebungen ein mangelhaftes Testament und nur etwa 5 Prozent haben ein vollständig einwandfreies Testament errichtet.

Das Problem an der gesetzlichen Erbfolge ist, dass es keine Regelung des Vermögensinhabers, sondern des Gesetzgebers ist. Die gesetzliche Erbfolge beruht noch auf dem mittelalterlichen Grundsatz: »Das Gut fließt wie das Blut.« Diese Verteilung des Vermögens nimmt auf die Vorstellungen des Erblassers – sofern er diese eben nicht wirksam niedergelegt hat – keine Rücksicht. Streng genommen ist es keine Vermögensregelung, sondern eine Vermögensverteilung. Das kann zu dem Ergebnis führen, dass die Erbfolge nicht den Vorstellungen des Erblassers entspricht, und kann neben Streitigkeiten unter Angehörigen auch zu einer höheren Steuerlast führen. Diese Nachteile können durch eine klare testamentarische Regelung vermieden werden.

Ein Testament ist verhältnismäßig schnell und kostengünstig errichtet. Kostenintensive Notartermine sind nicht zwingend notwendig. Denn der Gesetzgeber hat den Bürgern bewusst verschiedene Möglichkeiten eingeräumt, ihren Willen über den Tod hinaus festzuhalten. Dabei ist es ein landläufiger Irrtum, dass ein notarielles Testament einem handschriftlichen Testament in der Wirkung überlegen ist. Für eine erfolgreiche Nachfolgeregelung ist allein entscheidend, dass die inhaltliche Regelung klar und unmissverständlich ist. Dazu gehört auch, dass nur ein Testament existiert. Tauchen nach dem Tod des Erblassers unterschiedliche Fassungen des letzten Willens auf, ist grundsätzlich die Regelung maßgeblich, die als letzte erstellt wurde, sofern die maßgeblichen Formvorschriften eingehalten wurden.

Im Kreise der für einen Erbfall regelungsbedürftigen Punkte gibt es auch Angelegenheiten, die nicht in einem Testament geregelt werden sollten. Hierzu zählen beispielsweise Passwörter und Mailadressen. Denn jedes Mal, wenn ein Passwort geändert wird, was aus Datensicherheitsgründen in regelmäßigen Abständen empfehlenswert ist, müsste das Testament geändert werden. Zudem wird das Testament im Erbfall vom Nachlassgericht eröffnet mit der Folge, dass Abschriften an Beteiligte versandt werden. Zu den Beteiligten zählen beispielsweise Vermächtnisnehmer oder Pflichtteilsberechtigte. Auf diesem Weg können die Daten in Hände gelangen, für die sie nicht bestimmt sind.

Gefahr für den Nachlass

Vermögen ist schutzbedürftig, wenn es seinen Inhaber bzw. Eigentümer wechselt. Direkt nach dem Erbfall ist das Vermögen besonders sensibel. Die Erledigung notwendiger Dinge wird durch Trauer und Schmerz erschwert. Leider bedarf es dennoch einer Reihe von Maßnahmen, um Vermögenswerte wie Kunst, Edelmetalle, Schmuck, Bücher usw. vor dem Zugriff von unberechtigten Personen zu schützen. Unberechtigt sind vor allem diejenigen Personen, deren Erbrecht entweder dem Grunde nach oder in der geltend gemachten Höhe nicht feststeht. Es gilt, das Vermögen zusammenzuhalten und berechtigte Ansprüche zu erfüllen, unberechtigte Ansprüche hingegen abzuwehren. Die Aufgabe der Nachlassabwicklung darf sich dabei nicht in bloß administrativen Aufgaben erschöpfen. Dies würde dem Lebenswerk desjenigen, der das Vermögen aufgebaut und erhalten hat, nicht gerecht werden. Auch im Rahmen der Nachlassplanung muss der Wille des Erblassers fortgeführt und als oberste Richtschnur für jegliches Handeln beachtet werden.

Im Rahmen der Nachlassabwicklung sollten zur Vermeidung von Vermögensgefahren zeitnah die vom Erblasser abgeschlossenen *Versicherungen* geprüft und die Versicherungsträger vom Todesfall benachrichtigt werden. Auch sollten alle *Konten* und *Vollmachten* so schnell wie möglich geprüft und gegebenenfalls vom Erben gekündigt werden. Vor allem, wenn der Verstorbene *Verträge zugunsten Dritter* abgeschlossen hat, sind diese gegebenenfalls zu widerrufen.

Ein relativ neuer, aber aus der Rechtswirklichkeit nicht mehr wegzudenkender Aspekt der Nachlassabwicklung ist die Behandlung des »digitalen Erbes«. Im digitalen Nachlass befinden sich vor allem Benutzerkonten, E-Mail-Accounts und Daten auf privaten und beruflichen Rechnern. Es stellt sich die Frage, was mit dem digitalen Nachlass beim Tod des Inhabers passiert, welche Rechte Angehörige und Erben haben und welche Pflichten Provider haben. Diese Fragen betreffen auf der einen Seite das Sozialvermögen und stellen insoweit eine Gefahr für dieses dar, weil die persönlichen Daten sehr sensibel sind. Auf der anderen Seite betreffen sie auch das Finanzvermögen, da die aus den Verträgen resultierenden Pflichten die Erben treffen und zu erfüllen sind. Dies gilt selbst dann, wenn die Erben mangels Kenntnis der Zugangsdaten nicht auf die Accounts zugreifen können. Es sollten daher Anordnungen getroffen werden, die den Erben handlungsfähig machen und den Umgang mit den Daten im Sinne des Erblassers ermöglichen.

Gefahr durch den Nachlass – Gesamtrechtsnachfolge

Ein umfassender Vermögensschutz darf aber auch das Vermögen des Erben als Vermögensnachfolger nicht außer Acht lassen. Im Nachlass kommt es zu einer Kumulierung sämtlicher zu Lebzeiten entstandenen Gefahren. Das deutsche Erbrecht ist geprägt vom Grundsatz der Gesamtrechtsnachfolge, auch Universalsukzession genannt (§ 1922 Abs. 1 BGB). Das bedeutet, dass mit dem Tode einer Person deren Vermögen als Ganzes auf den Erben übergeht. Durch die Gesamtrechtsfolge tritt der Erbe in sämtliche Rechte, aber auch in sämtliche Pflichten ein. Damit bündeln sich viele Gefahren in der Person des Erben, die möglicherweise noch in der Person des Erblassers entstanden oder veranlagt sind.

Hinzu kommt, dass der Zeitpunkt einer Nachfolge zu Lebzeiten frei bestimmt werden kann, die Nachfolge durch Erbgang außerhalb des Strafrechts allerdings nicht. Dadurch werden Chancen und Gestaltungsmöglichkeiten ungenutzt liegen gelassen.

Im Rahmen eines Vermögensschutzkonzepts sollte auch bedacht werden, dass das plötzliche Hineinwachsen in sämtliche Rechtspositionen zu einer Überforderung der Erben führen kann. Durch eine lebzeitige Nachlassplanung kann der Erbe sukzessive an die Verantwortung herangeführt werden. So kann sich der Erbe mit dem zu übergebenden Vermögen vertraut machen und könnte, sollte sich herausstellen, dass er das Vermögen – aus welchen Gründen auch immer – nicht aus eigener Kraft fortführen kann, Hilfe zur Seite gestellt bekommen. Letzteres bietet sich beispielsweise an, wenn sich Immobilien oder Wertpapiere im Nachlass befinden, dem Erben aber das nötige Know-how zur Verwaltung des Nachlasses fehlt.

Schwarzgeld im Nachlass

Die Vertreibung von Anlegern aus den internationalen Steuerparadiesen ist in vollem Gange. Ist Vermögen mit Schwarzgeld behaftet, betrifft dies auch den Vermögensschutz und damit die Nachlassplanung.

Dabei sind bei einem mit Schwarzgeld behafteten Vermögen die zivilrechtlichen Gestaltungen des Erblassers und die Handlungsmöglichkeiten der Erben zu unterscheiden.

Fest steht jedenfalls, dass Planungen des Erblassers zu Vermögenstransfer und zur Nachfolge bei Vorhandensein von Schwarzgeld störanfällig sind. Im Lichte des Entdeckungsrisikos wird sich der Erblasser schwertun, das Schwarzgeld im Testament namentlich zu benennen. Er wird versuchen, das Entdeckungsrisiko auszuschalten bzw. zu minimieren. Damit sind dem Erblasser erbrechtliche Gestaltungsinstrumente genommen. Beispielsweise kann er keinen Testamentsvollstrecker ernennen, denn dieser hat unmittelbar nach seinem Amtsantritt ein Vermögensverzeichnis zu erstellen (§ 2215 Abs. 1 BGB) und eigene steuerliche Pflichten zu beachten. Das Schwarzgeld würde somit zutage treten und in einem Verzeichnis aufgeführt werden. Ähnlich wie beim Testamentsvollstrecker hat auch der Vorerbe dem Nacherben auf Verlangen ein Verzeichnis der zur Erbschaft gehörenden Gegenstände mitzuteilen (§ 2121 BGB). Daher ist auch die Anordnung einer Vor- und Nacherbschaft risikobehaftet.

Problematisch sind auch vertragliche Erb- und Pflichtteilsverzichte, die regelmäßig ein wesentlicher Bestandteil im Rahmen der Unternehmensnachfolge sind. Erfährt der weichende Erbe zu Lebzeiten des Erblassers von dem Schwarzgeld, droht eine Anfechtung des geschlossenen Vertrags. Erfährt der Erbe erst nach dem Ableben des Erblassers von dem Vermögen, droht ein Ausgleich seiner Vermögensnachteile aus dem Nachlass, womit der bezweckte Effekt ausgehebelt wird. Zudem wird der Erblasser bei der Wahl des Erben mehr bedenken müssen, wenn der Erbe neben steuerlichen auch berufsrechtliche Konsequenzen wie Disziplinarstrafen zu befürchten hat. Beamte und Richter können beamtenrechtlich verpflichtet sein, bestimmte Delikte ihren Dienstherren zu melden. Dies selbst dann, wenn sie eine wirksame Selbstanzeige abgegeben haben. Im Worst Case droht eine Amtsenthebung.

Die Erben treten als Gesamtrechtsnachfolger vollständig in die Stellung des Erblassers ein. Dies gilt auch für sämtliche steuerrechtliche Folgen. Führt der Erbe eine vom Erblasser in die Wege geleitete Steuerstraftat fort, begeht er automatisch auch eine eigene Straftat. Ist dem Erben die Existenz von Schwarzgeld bekannt und entscheidet er sich, den Weg über die Brücke der Selbstanzeige zurück in die steuerliche Legalität zu gehen, treffen den Erben die Steuernachzahlungen zzgl. gesetzlicher Zinsen.

Vermögensinhaber mit schwarzen Vermögenswerten im Ausland sollten also rechtzeitig vor ihrem Ableben aus Rücksicht auf ihre Erben Selbstanzeige erstatten. Das ist seit Mai 2014 zwar teurer, erspart den Erben aber viel Ungemach. Auch das gehört zum Thema Vermögensschutz.

Störfaktor Pflichtteilsansprüche

Die deutsche Rechtsordnung gewährt bestimmten Verwandten eine Mindestbeteiligung am Nachlass mit der Folge, dass der Erblasser in seiner Freiheit, über sein Vermögen verfügen zu können, eingeschränkt ist. Andere Länder wie beispielsweise viele Bundesstaaten der USA kennen dieses System nicht. Pflichtteilsansprüche werden regelmäßig – genauso wie Steuern – als lästiger Faktor beim Vermögensschutz und als Gefahr für das Finanzvermögen angesehen. Eine Gefahr geht von Pflichtteilsansprüchen zum einen wegen der einschränkenden Wirkung aus und zum anderen, weil Pflichtteilsansprüche einen Barzahlungsanspruch begründen, ohne dass Barmittel vorhanden sein müssen. In vielen Fällen müssen Nachlasswerte veräußert, d.h. zerrupft werden. Pflichtteilsansprüche sind, wie es der Name schon sagt, Pflichten, die dem nach Vermögensschutz Strebenden auferlegt werden. Umso größer wird sein Ansporn sein, die Pflichten durch entsprechende Gestaltungen zu umschiffen.

Eine große Gefahr geht von Pflichtteilsansprüchen freiwillig oder unfreiwillig weichender Erben aus. Rein statistisch betrachtet wird bei jedem dritten Erbrechtsprozess um Pflichtteilsansprüche gestritten. Das Wort Streit ist hier wörtlich zu verstehen. Es wird regelmäßig mit harten Bandagen gekämpft. Der Wille zur Maximierung des Geldanspruchs ist dabei besonders ausgeprägt. Der unfreiwillig weichende Erbe wird dadurch bestärkt, dass er sich emotional zurückgesetzt fühlt und nicht an der Verwaltung und Verwertung des Nachlasses teilnehmen kann. Umso härter wird seine Gangart sein, wenn er aus der Ferne seinem Anspruch Geltung verleihen will. Dabei stellt die mit dem Erbfall sofortige Fälligkeit und Einklagbarkeit ein erhebliches Druckmittel dar.

Problematisch sind darüber hinaus neu hinzutretemde Pflichtteilsberechtigte, wie beispielsweise neue Ehegatten und Lebenspartner im Falle einer Wiederverheiratung / Wiederverpartnerung. Möchte der Erblasser ausschließen, dass ein neuer Ehegatte im Falle einer Wiederverheiratung am Nachlass partizipiert, kann er etwa durch sogenannte Wiederverheiratungsklauseln vorsorgen. Andernfalls droht eine Teilhabe Fremder am eigenen Vermögen.

Störfaktor Pflichtteil bei Stiftungserrichtungen

Wie bei jeder »lebzeitigen Aussonderung von Vermögen« muss bedacht werden, dass der potenzielle Nachlass geschmälert wird, was vor allem bei Pflichtteilsangelegenheiten Bedeutung erlangt. Das deutsche Erbrecht sieht zum Schutz des Pflichtteilsberechtigten (d. h. der testamentarisch enterbten Ehefrau oder der enterbten Kinder) vor, dass bestimmte Schenkungen vor dem Tod des Erblassers bei der Pflichtteilsberechnung im Rahmen eines sogenannten Pflichtteilsergänzungsanspruchs zu berücksichtigen sind (§ 2325 BGB). Hierdurch soll verhindert werden, dass der Erblasser zu Lebzeiten Teile seines Vermögens verschenkt und dadurch den pflichtteilsrelevanten Nachlass reduziert. Dadurch käme es zu einer Entwertung des Pflichtteils. Auch die Errichtung einer Stiftung gilt als Schenkung im Sinne des Pflichtteilsrechts. Der Wert des gestifteten Vermögens wird dennoch gemäß § 2325 BGB dem Nachlass hinzugerechnet. Unter Umständen kann sich der Pflichtteilsberechtigte auch an die Stiftung halten (§§ 2325, 2329 BGB), weshalb diese durch Erb- und Pflichtteilsverzichte abgesichert werden sollte.

Gefahren bei einem internationalen Erbfall

Vor allem Erbfälle mit Auslandsberührung bedürfen besonderer Aufmerksamkeit. Europaweit soll jedes Jahr im Rahmen von 450 000 grenzüberschreitenden Erbfällen insgesamt ein Vermögen von rund 120 Milliarden Euro übertragen werden. Internationale Erbfälle unterscheiden sich von einem nationalen Erbfall dadurch, dass der Erbfall nicht nur durch das deutsche Erbrecht bestimmt wird, sondern möglicherweise auch durch ausländisches Recht. Dabei muss nicht nur das jeweilige Erbrecht, sondern auch das jeweilige Familien- und Steuerrecht bedacht werden, um nur zwei rechtliche Aspekte zu nennen. Die Gefahr für das Vermögen besteht also darin, dass Rechtsordnungen kollidieren und ungewünschte Fallstricke entstehen, die sich nachteilig auf das Vermögen auswirken können. Internationale Erbfälle erfordern regelmäßig einen höheren Zeit- und mitunter auch Kostenaufwand bei der Nachlassplanung und dem Vermögensschutz. Auslandsberührungen können beispielsweise entstehen, weil der Erblasser Berührung mit dem Ausland hatte, die Erben im Ausland leben oder das Vermögen (teilweise) im Ausland belegen ist. Gleiches gilt für eine lebzeitige Vermögensübertragung.

Erbschleicherei

Erbschleicherei ist ein Massenphänomen. Menschliche Bedürfnisse werden mit betrügerischer Absicht ausgenutzt. Das Ergebnis: Familien sind zerstritten, Bankkonten geplündert. Erbschleicherei ist in allen Vermögensschichten zu finden. Die Erbschleicher zerstören dabei systematisch Familien und gehen nahezu immer nach gleichem Muster vor: In einem ersten Schritt wird die betroffene Personen von ihrem Umfeld und ihrer Verwandtschaft *isoliert*. Briefe werden nicht mehr weitergegeben, Telefongespräche abgeblockt, die erbberechtigten Verwandten in ein möglichst schlechtes Licht gerückt. Der so isolierte Erblasser wird aufgestachelt, Ängste und Hass werden geschürt, bis zwischen Täter und Opfer ein starkes Abhängigkeitsverhältnis entsteht. Der Täter macht sich unersetzlich. Der Erbschleicher beginnt, bei seinem Opfer ein schlechtes Gewissen entstehen zu lassen. Den Betroffenen wird folgende Botschaft eingetrichtert: *Wenn ich mich nicht um dich kümmern würde, dann wärst du ganz allein*. Erbschleicher sind nicht nur unter Pflegekräften, Einkaufshilfen oder Bekanntschaften zu suchen. Sie sind mitunter direkt in der Familie zu verorten. Besonders gefährdet sind hilfsbedürftige Personen in Heimen oder heimähnlichen Situationen.

Das deutsche Strafrecht macht es den Erbschleichern leicht. Denn die Erbschleicherei mag sich zwar in einer Grauzone bewegen. Strafbar ist sie aber nicht. Die Erbschleicherei macht auch ein Testament nicht per se unwirksam. Erbschleicherei ist eine Frage der Moral und der Sitte. Es dürfte auf der Hand liegen, dass es moralisch und sittlich mehr als bedenklich ist, wenn eine Person Vertrauen nur mit dem Ziel aufbaut, dieses Vermögen für sich auszunutzen. Die Erbschleicherei verlässt erst dann den legalen Boden, wenn der Erblasser gegen seinen Willen testieren und verfügen muss, also zu einer Handlungsweise gezwungen wird.

Der berühmte Fall »Georg Luxi« hat gezeigt, dass eine Vollmacht genügt, um das Vermögen einer Person zu plündern. Luxi hatte seiner Lebensgefährtin und deren Sohn eine Generalvollmacht ausgestellt, kurz darauf übertrugen die beiden sechs Doppelhaushälften auf sich. Das Barvermögen von geschätzt 1 Million Euro war spurlos verschwunden, ebenso wie dessen Eigentümer, Herr Luxi. Nach einem gewollten oder ungewollten Auslandsaufenthalt – das wurde nie aufgeklärt – tauchte Luxi unterernährt in einem Krankenhaus auf. Seine letzten Lebenswochen verbrachte er als Sozialfall in einem Heim. Die beiden Töchter des ehemaligen Millionärs sahen von ihrem eigentlichen Erbe nichts.

Die nächsten Gedanken auf dem Weg zum 360°-Vermögensschutz

- Überdenken Sie Ihre Nachfolgeregelung.
- Machen Sie sich Gedanken zur Nachlassabwicklung.
- Prüfen Sie die Gefahren für Ihren Nachlass.
- Denken Sie auch an die Gefahren, die von Ihrem Nachlass ausgehen (Stichwort Schwarzgeld im Nachlass).
- Vergessen Sie bei Ihrer Nachlassplanung Pflichtteilsansprüche nicht.
- Denken Sie an Erbschleicherei!

8.2 Vermögensschutz im Gefahrenbereich Todesfall

Während beim Vermögensschutz unter Lebenden die (steuerneutrale) Verlagerung einer potenziellen Haftungsmasse im Vordergrund steht, gilt es beim Vermögensschutz von Todes wegen, den Anfall von pfändbaren Vermögen bei der haftungsgefährdeten Person zu vermeiden. Haftungsgefährdet ist somit nicht der Erblasser, sondern der Erbe. Ziel muss es daher sein, dass beim haftungsgefährdeten Erben entweder kein Vermögen anfällt oder nur in der Form, auf die kein Zugriff von Eigengläubigern besteht.

Die Errichtung eines Testaments

Da die gesetzliche Erbfolge oft nicht dem tatsächlichen Willen und den Interessen des Vermögensinhabers entspricht, sollte jeder Vermögensinhaber ein wirksames Testament haben. Der Erblasser kann darin mehr als nur Erben bestimmen oder Personen enterben. Er kann Vermächtnisse aussetzen, Teilungsanordnungen treffen, Vor- und Nacherbschaft anordnen, einen Testamentsvollstrecker benennen, Ersatzbestimmungen treffen und vieles mehr. Ein Testament kann entweder als eigenhändiges oder als öffentliches Testament errichtet werden. Für ein eigenhändiges Testament genügt es, dass der Erblasser seinen letzten Willen handschriftlich verfasst und unterschreibt. Es empfiehlt sich zusätzlich, den Ort und das Datum der Errichtung anzugeben, um Zweifel an der Wirksamkeit aus der Welt zu schaffen. Demgegenüber ist es für ein öffentliches Testament erforderlich, dass es beim Notar zur Niederschrift gebracht wird (sogenanntes notarielles Testament).

Bei Ehegatten besteht darüber hinaus die Möglichkeit eines Ehegattentestaments. Dies hat den Vorteil, dass es nur von einem Ehegatten niedergelegt und von dem anderen Ehegatten unterschrieben werden muss. Zusätzlich können beide Ehegatten gegenseitig bindende Verfügungen treffen, die nur unter bestimmten Voraussetzungen widerrufen werden können. Da es nicht »das richtige Einheitstestament« gibt, bedarf die Testamentserrichtung einer längeren Planung und Beratung durch einen Fachmann. Die nachfolgende Checkliste sollte jedoch beachtet werden.

- Der Erbe sollte klar und eindeutig bestimmt werden.
- Neben dem Erben sollten Ersatzerben benannt werden.
- Begründen Sie keine streitigen Erbengemeinschaften.
- Klären Sie die Frage einer Bindung im Ehegattentestament.
- Denken Sie an das Pflichtteilsrecht.
- Beachten Sie die steuerlichen Folgen.
- Formulieren Sie klar und eindeutig.
- Sorgen Sie dafür, dass Ihr Testament von den richtigen Menschen aufgefunden wird.

Testamentsvollstreckung

Eine in der Praxis teilweise vernachlässigte Form des Vermögensschutzes bei haftungsgefährdeten Erben ist das Instrument der Testamentsvollstreckung. Die Testamentsvollstreckung ist dadurch gekennzeichnet, dass die Verwaltung des Nachlasses dem Erben entzogen und dem Testamentsvollstrecker als Fremdverwalter übertragen ist (§ 2205 S. 1 und 2 BGB). Während der Dauer der Testamentsvollstreckung ist ein Vollstreckungszugriff von Eigengläubigern des Erben ausgeschlossen (§ 2214 BGB). Möglich ist ausschließlich eine Befriedigung der Nachlassgläubiger aus dem Nachlass. Zeitlich gilt die Zugriffssperre ab dem Erbfall. Auch eine Vollstreckungsmaßnahme eines Privatgläubigers, die erst bei Beendigung der Verwaltung wirksam werden soll, ist nicht statthaft. Die Zugriffssperre endet mit der Testamentsvollstreckung.

Sachlich verhindert das Zugriffsverbot jede Zwangsvollstreckung in verwaltungsunterworfene Nachlassgegenstände durch Privatgläubiger des Erben. Das Zugriffsverbot kann der Erbe auch nicht dadurch umgehen, dass er Verpflichtungsgeschäfte ohne Zustimmung des Testamentsvollstreckers eingeht. Er kann sich dann nur persönlich verpflichten, aber keine Nachlassverbindlichkeiten begründen.

Das Zugriffsverbot entfaltet auch in der Insolvenz des Erben Wirkung. Grundsätzlich gilt, dass der Nachlass, für den Testamentsvollstreckung angeordnet ist, Bestandteil der Insolvenzmasse des Erben wird. Die Annahme oder Ausschlagung der Erbschaft steht ausschließlich dem Erben zu (§ 83 Abs. 1 InsO). Die Testamentsvollstreckung besteht während des Insolvenzverfahrens fort mit der Folge, dass die Verfügungsbeschränkung des Erben (§ 2211 BGB) auch für den Insolvenzverwalter gilt. Die Erbengläubiger können dann keine Befriedigung aus den der Testamentsvollstreckung unterliegenden Gegenständen verlangen. Nur der Testamentsvollstrecker kann im Rahmen seiner Befugnisse den Nachlass verwalten und über Nachlassgegenstände verfügen. Bis zur Beendigung der Testamentsvollstreckung kann daher der Insolvenzverwalter den Nachlass nicht verwerten. Danach unterliegt der Nachlass seinem Verwertungsrecht. Der unter Testamentsvollstreckung stehende Nachlass bildet im Insolvenzverfahren eine Sondermasse, aus der nur die Nachlassgläubiger zu befriedigen sind, während den anderen Gläubigern nur die übrige Masse bleibt.

Ansprüche des Erben gegen den Testamentsvollstrecker, z. B. auf Überlassung von Nachlassgegenständen (§ 2217 Abs. 1 BGB), auf Schadensersatz (§ 2219 BGB) und namentlich auf Auszahlung von Nachlasserträgen, kann der Privatgläubiger pfänden, sich zur Einziehung überweisen lassen und dann einklagen.

Wird das Institut der Testamentsvollstreckung mit anderen erbrechtlichen Gestaltungen wie beispielsweise der Vor- und Nacherbschaft kombiniert, lässt sich zudem ein generationsübergreifender Vermögensschutz erreichen. Diese Kombination findet man regelmäßig bei sogenannten Behindertentestamenten. Hierbei soll gewährleistet werden, dass der Nachlass, der einer behinderten Person zufällt, nicht dem Sozialhilfeträger zufällt. Insoweit schafft ein sorgfältig ausformuliertes Testament den Schutz des Vermögens vor staatlichem Zugriff im Rahmen der Sozialhilfegrenzen (siehe nachfolgende Ausführungen).

Bei einer ganzheitlichen Nachfolgeplanung müssen auch hier die interdisziplinären Spannungsfelder berücksichtigt werden. Beispielsweise ist darauf zu achten, dass eine Testamentsvollstreckung an Gesellschaftsanteilen ausscheidet, wenn der Gesellschaftsvertrag nur eine rechtsgeschäftliche Nachfolge zulässt oder nur bestimmten Personen Eintrittsrechte beim Ableben des Gesellschafters gewährt. Denn ein solcher Übergang erfolgt unter Lebenden und nicht kraft Erbrechts, weshalb die Testamentsvollstreckung als erbrechtliches Institut ausscheidet. Das gilt selbst dann, wenn der zum Eintritt Berechtigte Erbe oder Vermächtnisnehmer ist oder ihm das Recht zur Nachfolge oder zum Eintritt durch Verfügung von Todes wegen zugewandt wird. Ist daher die Testamentsvollstreckung als Instrument der Asset Protection erwünscht, ist der Gesellschaftsvertrag auf diesen Punkt hin zu überprüfen.

Behinderten-/Überschuldetentestament

Zwei speziell für den Vermögensschutz zugeschnittene Testamentsgestaltungen sind die sogenannten *Behindertentestamente* und *Überschuldetentestamente.*

Hintergrund des Behindertentestaments ist folgender: Menschen mit körperlichen oder geistigen Behinderungen beziehen oft Sozialleistungen. Diese sind allerdings abhängig vom Vermögen und Einkommen. Erbt der Begünstigte Vermögen, so kann dieses dem Sozialleistungsträger zufallen, da der behinderte Erbe bei Überschreiten des Schonbetrags (§ 90 SGB XII) »Selbstzahler« wird. Dies hat zur Folge, dass er sich zunächst aus dem Vermögen finanzieren muss und erst dann wieder Sozialhilfeleistungen erhält, wenn das Vermögen verzehrt ist. Der Erbe stellt den Staat damit faktisch von seiner Leistung frei. Das Vermögen wäre dann für die weiteren Generationen verbraucht. Zum Erhalt des Vermögens und um dem förderungsbedürftigen Erben ein Leben über dem Sozialhilfeniveau zu ermöglichen, wird der Behinderte testamentarisch als Vorerbe und andere Personen als Nacherbe eingesetzt. Dies hat zum einen den Vorteil, dass der nicht befreite Vorerbe nach dem deutschen Erbrecht (§§ 2112 ff. BGB) in seinem Verfügungsrecht über Nachlassgegenstände, insbesondere über Immobilien, beschränkt ist. Zum anderen werden ihm Zuwendungen aus dem Erbe ermöglicht. Damit der Sozialhilfeträger nicht »durch« den behinderten Erben in den Nachlass pfänden kann, wird zusätzlich Dauertestamentsvollstreckung angeordnet mit der Folge, dass die Abschirmwirkung von § 2214 BGB greift. Durch die Einsetzung des Behinderten zum nicht befreiten Vorerben werden dessen Gläubiger gemäß § 2115 BGB i.V.m. § 773 ZPO und § 83 Abs. 2 InsO an der Verwertung der Nachlassgegenstände gehindert.

Zuvor ergriffene Vollstreckungsmaßnahmen sind zwar während der Dauer der Vorerbschaft zulässig, werden aber durch die abschirmende Wirkung der Dauertestamentsvollstreckung abgewehrt. Mit Eintritt des Nacherbfalls sind jegliche Zwangsverfügungen gegen den Vorerben unwirksam. Mit einer etwaigen Insolvenz des Behinderten fällt das vererbte Vermögen als Sondermasse in die Insolvenzmasse. Das bedeutet, dass ausschließlich Nachlassgläubiger, also Gläubiger, die im Zeitpunkt des Todes des Erblassers schon vorhanden waren, Befriedung aus dem der Testamentsvollstreckung unterliegenden Vermögen erlangen können. Eigengläubiger des Behinderten, also Insolvenzgläubiger, bleiben mithin erfolglos.

Das Finanzvermögen wird insoweit geschützt. Nebenbei wird das Human- und Sozialvermögen des Behinderten geschützt, da der Testamentsvollstrecker auch eine soziale Verantwortung übernehmen kann.

Der Sozialhilfeträger wird also gehindert, auf den Nachlass zuzugreifen, weil der Behinderte nur Vorerbe ist und die ihm gewährten Vorteile nach Sozialrecht nicht angetastet werden dürfen.

Eine ähnliche Funktionsweise haben die sogenannten *Bedürftigentestamente.* Mit ihnen wird das Ziel verfolgt, das Vermögen vor dem Verbrauch durch den Überschuldeten zu schützen, diesem trotz der Sozialleistungen nach dem SGB II (Arbeitslosengeld II) finanzielle Vorteile zukommen zu lassen und einen Vollstreckungszugriff von Eigengläubigern des Erben sowie des Sozialversicherungsträgers zu verhindern. Das Bedürftigentestament kann auch dort zum Einsatz kommen, wo nicht unmittelbar der Erbe überschuldet ist, sondern der Ehe- oder Lebenspartner. Denn bei einer sogenannten Haushalts- bzw. Bedarfsgemeinschaft wird auch das Vermögen des Ehepartners oder Lebensgefährten herangezogen, sodass die gleichen Probleme auftauchen, wenn zwar nicht der Erbe, sondern dessen Partner Sozialhilfe oder ALG II bezieht.

Unpfändbare Wohnrechte

Als weiteres Instrument der Asset Protection lassen sich das dingliche Wohnrecht nach § 1093 BGB und das Dauerwohnrecht nach §§ 33 ff. WEG nutzbar machen. Als beschränkt persönliche Dienstbarkeiten sind sie nicht übertrag-, belast- und pfändbar (§ 1092 Abs. 1 BGB i.V.m. §§ 857 Abs. 1, 851 Abs. 1 ZPO). Sie können vor allem dann zum Einsatz kommen, wenn eine werthaltige Immobilie nach dem Erbfall durch eine haftungsgefährdete Person genutzt, aber dennoch vor dieser bzw. deren Gläubigern geschützt werden soll. Im Grunde begründen diese Rechte die Nutzung einer Immobilie zu Wohnzwecken unter Ausschluss des Eigentümers. Berechtigt ist dann die haftungsgefährdete Person, die das Recht im Wege eines Vermächtnisses erhält (§ 1093 i.V.m. §§ 1937, 2147 BGB). Das Eigentum selbst wird einem Dritten vererbt. Dieses Instrument wäre auch bereits zu Lebzeiten denkbar. In diesem Fall dürfte der haftungsgefährdete Nutznießer keinesfalls zum Eigentümer »aufsteigen«, da der gewünschte Effekt andernfalls zunichte gemacht würde. Ein Fallstrick kann sich ergeben, wenn der Berechtigte die Ausübung des Wohnrechts einem Dritten überlassen kann. In diesem Fall wäre eine Pfändung möglich. Aus diesem Grund sollte die Überlassung an Dritte ausdrücklich untersagt werden.

Vermögen unsterblich machen

Die Stiftung ist einer der schillerndsten Begriffe im Bereich des Vermögensschutzes und der Nachfolgeplanung. Jedes Jahr werden geschätzt 1000 Stiftungen gegründet. An die Rechtsform der Stiftung werden hohe Erwartungen gestellt. Ob eine Stiftung für den Schutz des Vermögens im Einzelfall wirklich von Vorteil ist, muss genau geprüft werden. Denn es gibt nicht »die Stiftung« schlechthin. Der Begriff der Stiftung ist gesetzlich nicht definiert. In der juristischen Praxis ist eine Vielzahl an Rechtsformen unter der Bezeichnung »Stiftung« anzutreffen. Es gibt privatrechtliche, öffentlich-rechtliche und kirchliche Stiftungen, die durch die jeweilige Motivlage des Stifters geprägt werden.

Im Bereich des Vermögensschutzes und der Nachfolgeplanung sind allein die selbstständigen Stiftungen des Privatrechts von Bedeutung. Hierbei handelt es sich um einen selbstständigen

Rechtsträger mit eigenem Vermögen zur Verfolgung eines bestimmten Zwecks. Das Besondere an der Rechtsform der Stiftung ist, dass sie Vermögen selbstständig und »unsterblich« macht. Damit kann das Vermögen vor einer Zersplitterung geschützt und dauerhaft erhalten werden. Die Stiftung ist dabei ihr eigener Eigentümer. Anteilseigner wie bei einer Gesellschaft gibt es nicht. Das bedeutet jedoch nicht, dass der Stifter keinen Einfluss mehr auf das Vermögen hat. Das Steuerungsinstrument sind dann die Stiftungssatzung und das Stiftungsgeschäft.

Erbschleicherei verhindern

Erbschleicherei verhindern bedeutet, Kontrolle zu behalten. Denn eines muss betont werden: Nur weil jemand sein Vermögen einem Fremden vererbt oder überträgt, ist diese Person noch lange kein Erbschleicher. In Deutschland herrscht Willens- und Testierfreiheit. Niemand ist – außerhalb des Pflichtteilsrechts – gezwungen, sein Vermögen innerhalb der Familie zu verteilen oder zu vererben. Hat der engste Umkreis des Vermögensinhabers den Verdacht, dass ein Erbschleicher am Werk ist, sollten sie dringend zu Lebzeiten eingreifen. Familiäre Nähe ist der beste Schutz, Isolation ist die Gefahr! Das Vermögen sollte zu seinem eigenen Schutz durch bindende Regeln festgemacht werden. Ergänzend sollten Vertrauenspersonen ohne eigene monetäre Interessen als Betreuer und Testamentsvollstrecker eingesetzt werden. Darüber hinaus sollten wichtige Dokumente, wie Vollmachten und Testamente, sicher und sorgfältig aufbewahrt werden, damit sie nicht »verschwinden«, sondern bei Gericht vorgelegt werden können.

Fazit: Die letzten Gedanken auf dem Weg zum 360°-Vermögensschutz

- Gestalten Sie Ihr Testament.
- Schützen Sie Ihren Nachlass.
- Schützen Sie Ihre Erben vor dem Nachlass (Stichwort: Schwarzgeld im Nachlass).
- Vermeiden bzw. reduzieren Sie ungeliebte Pflichtteilsansprüche.
- Denken Sie bei Ihrer Planung an eventuelle Pflichtteilsansprüche, bevor Sie Ihr Vermögen auf eine Stiftung übertragen.
- Koordinieren Sie den internationalen Erbfall.
- Verhindern Sie Erbschleicherei!

NACHWORT

DER 360°-VERMÖGENSSCHUTZ

Brexit, Türkei, Niedrigzinsniveau, anhaltende Eurokrise, Geldpolitik der Zentralbanken, schleichende Inflation, Vertrauensverlust gegenüber Banken und Finanzdienstleister, demografischer Wandel, Flüchtlingskrise, religiöser Terrorismus – was die Welt bewegt und die Entwicklung der Finanzmärkte massiv beeinflusst, hat auch Auswirkungen auf die Entwicklung und den Erhalt von Vermögen. Anleihen werfen kaum mehr etwas ab, Aktien werden gekauft, weil es nichts Besseres gibt, die Preise an den Börsen und den Immobilienmärkten sind verzerrt. Denn trotz der vielen politischen Risiken boomen die Börsen. Es gibt ein Thema an den Aktienmärkten, das alles andere überstrahlt: das viele Geld, das die Notenbanken in die Märkte pumpen, um 2016 immer noch die Finanzkrise zu bekämpfen.

Und als ob das für den Erhalt und die Entwicklung von Vermögen nicht schon schlimm genug wäre, drohen auch aus dem persönlichen Umfeld der Familie, dem Unternehmen und aus dem Vermögen selbst Gefahren. Doch nur wer diese Gefahren erkennt, kann sein Vermögen ungefährdet durch unruhiges Wasser in einen sicheren Hafen manövrieren. Ohne ein effizientes Risikomanagement funktioniert Vermögensschutz aber nicht. Und da ein Vermögensinhaber immer nur *aus* dem Vermögen heraus an bestimmte Problemstellungen herangeht, sollte sein Risikobewusstsein durch fachkundige Berater erweitert werden. Denn die blicken von außen *auf* das Vermögen. Erst durch richtige Beratung und wirkungsvolle Symbiose ergibt sich eine erweiterte Sichtweise, die dem Vermögen zugutekommt und es vor möglichen Gefahren schützt.

Dabei muss der 360°-Vermögensschutz die Wechselwirkungen zwischen den verschiedenen Vermögensarten erkennen, um hierauf reagieren zu können. Das gilt auch für künftige Entwicklungen und Trends auf wichtigen Märkten. Die im Buch aufgezeigten Gefahren haben nicht den Anspruch, jeden möglichen Fall eines 360°-Vermögensschutzes abzudecken. Es geht darum, Vermögensinhaber für Gefahren, Risiken, aber auch Chancen zu sensibilisieren und ihnen ein Handling für die Gefahrenthematik zu bieten, um einen Einstieg in den ersten schwierigen Schritt – *die Selbstanalyse* – zu ermöglichen. Mit Hilfe der hier aufgezeigten Gefahren, Risiken und Chancen kann das Vermögen dann auf vorhandene Schwächen analysiert und – falls erforderlich – neu aufgestellt und optimiert werden.

Vermögensschutz ist ein immerwährendes Thema. Solange es gut geht und keine Streitigkeiten drohen oder bereits ausgebrochen sind, konzentrieren sich Vermögensinhaber in aller Regel allein auf die positive Entwicklung ihres Vermögens. Um Vermögen jedoch umfassend zu schützen, sollte es in regelmäßigen Zeitabständen einer Kontrolle unterzogen werden. Nur so lassen sich Schutzlücken aufzeigen und schließen. Dabei gilt es, vor allem kritische und unbequeme Themen ohne konkreten Anlass aufzugreifen. Das kostet im Einzelfall Überwindung, zahlt sich mittel- und langfristig aber aus. Denn im Zweifel werden diese Themen zur Unzeit akut – dann häufig zum Schaden vorhandener Vermögen. Vorsicht ist besser als Nachsicht.

Aber nicht nur die Analyse und die daraus zu ziehenden Konsequenzen ermöglichen einen 360°-Vermögensschutz. Die Überwachung – das Monitoring und Controlling – gehört dazu. Vermögen verändern sich, Gefahren auch. Vermögen und ergriffene Vermögensschutzmaßnahmen sollten daher laufend überwacht werden.

Plakativ gesagt handelt es sich dabei um die »Nachsorge- und Vorsorgeuntersuchungen« der Vermögensschutzplanung. Dabei gibt es – wie bei der zugrunde liegenden Planung – auch im Bereich des Reporting und Controlling kein Standardprogramm für jedes Vermögen. Es kommt auf den jeweiligen Einzelfall an. Welche Gestaltungsform im Einzelfall für einen Vermögensinhaber sinnvoll ist, lässt sich nur individuell klären. *Vermögensschutz ist keine Massenware, er ist immer ein »Maßanzug«.*

Vermögen schützen – Quellen

Advokaturbüro Norbert Seeger – Allianz Economic Research – Allianz Global Corporate & Speciality – Allianz Global Investors – ArComm Treuhand Anstalt – Artnet – Bank für Internationalen Zahlungsverkehr – Bank of America Merrill Lynch – Bank of Japan – Berenberg Bank – Berenberg Capital Partners – Bethmann Bank – BILANZ – biotechnologie.de – BlackRock – Bloomberg – Börsen-Zeitung – Bomhard, Nikolaus von – Boston Consulting Group – Bundesbank – Bundesfinanzhof – Bund für Steuerzahler – Bundesgerichtshof – Bundesverband Deutscher Banken – Bundesverfassungsgericht – CAA – CBRE – C'M'S' – Commerzbank – Credit Suisse Research Institute – Datastream – Dealogic – Der Spiegel – Deutsche Bank – Deutsche Bundesbank – Deutsche Rentenversicherung – Deutsches Institut für Altersvorsorge – Diamond Council – Die Welt – Die Zeit – Donner & Reuschel Research – DZ Bank – Ernst & Young – Europäische Kommission – Europäische Zentralbank – Europäischer Gerichtshof – Eurostat – EZB – FAO – FAZ – FAZaS – Federal Reserve – Feri Trust – Finanzagentur – Fitch – Flossbach von Storch – FMA – FMHFinanzberatung – Focus – Forest Research Group – FuchsBriefe – Goldman Sachs – Handelsblatt – Handelszeitung – Henley & Partners – House of Finance Liechtenstein – HWWI – Institut der Deutschen Wirtschaft IdW – International Monetary Fund – Internationale Energieagentur IEA – International Land Coalition – JURICON Treuhand Anstalt – Knight Frank – KPMG Luxembourg – LCG International – Lipper – Lombard International Insurance – manager magazin – McKinsey – Moody's – Mossack Fonseca – OECD – OPEC – Oxfam – Princeton-University-Press – red24 – Robert-Koch-Institut – rohstoffSPIEGEL – R&V Versicherung – RWI – Schuhmann Rechtsanwälte – Scope – Skreiner & Partner Consulting – Standard & Poor's – Star Capital – Statista – Statistisches Bundesamt – Stuttgarter Zeitung – Süddeutsche Zeitung – Taylor Wessing – Thomson Reuters – UBS – Universität Köln – Universität Liechtenstein – UN-Population Report – US Federal Trade Commission – VWD – VZVermögensZentrum – Walser Privatbank – Waterfacts – Weltbank – WHO – World Energy Council – World Gold Council – WRI

Die Autoren

Hans-Lothar Merten ist gelernter Bankkaufmann und Dipl. Betriebswirt. Er arbeitet als freier Publizist mit den Schwerpunkten Finanzen, Offshore sowie Steuern und ist seit mehr als 20 Jahren erfolgreicher Fachautor.

Dr. Markus Schuhmann ist Rechtsanwalt und Fachanwalt für Erbrecht, Fachanwalt für Handels- und Gesellschaftsrecht, Fachanwalt für Steuerrecht sowie zertifizierter Testamentsvollstrecker (AGT). Er ist auf steueroptimierte Vermögens- und Unternehmensnachfolge spezialisiert, Lehrbeauftragter sowie gefragter Referent in der Anwaltsfortbildung und zu Fragen der Vermögensnachfolge.

Stichwortverzeichnis

Betriebsvermögen 22, 105, 120, 162, 175, 211, 226

P

R

S